KB040020

**매혹적인
스토리텔링의 탄생**

매혹적인 스토리텔링의 탄생

초판 1쇄 발행 2019년 5월 15일
초판 7쇄 발행 2022년 12월 10일
개정판 초판 1쇄 발행 2023년 11월 10일

지은이 김태원
펴낸이 정해종

펴낸곳 ㈜파람북
출판등록 2018년 4월 30일 제2018 - 000126호
주소 서울특별시 마포구 양화로12길 8-9, 2층
전자우편 info parambook.co.kr **인스타그램** param.book
페이스북 www.facebook.com/parambook/ **네이버 포스트** m.post.naver.com/parambook
대표전화 (편집) 02 - 2038 - 2633 (마케팅) 070 - 4353 - 0561

ISBN 979-11-92964-67-6 (03680)
책값은 뒤표지에 있습니다.

매혹적인 스토리텔링의 탄생

팔리는 스토리 창작의 절대법칙,
플롯과 후크의 마술

김태원 지음

파람북

개정판을 내며

책의 초판이 출간된 지 벌써 4년이란 시간이 흘러 이제 개정판을 내놓게 되었다.

'개정판'이라고는 하지만, 플롯 등 중요한 내용은 보충하고 캐릭터와 스토리 셋업 등 부족했던 내용은 새로 쓰기도 했으니, 새로운 독자뿐만 아니라 이전의 독자들에게도 더 만족스럽게 읽히지 않을까 기대한다.

2019년 5월에 내놓은 『매혹적인 스토리텔링의 탄생Recipe of Desire : New Paradigm of Storytelling』이 지금까지도 과분한 사랑을 받고 있다. 처음 출간할 때만 해도 출판사에 폐만 끼치지 않으면 좋겠다고 생각했지만, 출간 후 수개월 동안 인문 분야 베스트셀러에 올랐고, 이번 개정판이 여덟 번째 인쇄하는 책이라니, 감사한 일이다. 2022년 8월에는 중국 북경과학기술출판사에서 『爆款故事的誕生베스트셀러 스토리의 탄생』이란 제목으로 출간되었다. 처음 목표한 바가 '한국 나아가 아시아를 대표하는 스토리이론을 세워 보자!'였는데, 적어도 그럴듯한 외양은 갖춘 것이다. 또한 2023년 4월부터 4막-24블록 스토리규칙에 기초한 창작지원 온라인 플랫폼 스토리피아(https://storypia.com)가 서비스를 시작했다. AI창작 논란이 일어나는 시점에, 그에 대응하는 기반까지 만들어졌으니, 이 한 권의 책으로 대단한 항해를 계속하고 있음에 감사한 일이 아닐 수 없다. 이렇게까지 달려오고 앞으로 더 날아오를 수 있도록 도와주신 독자 여러분들에게 진심으로 감사드린다.

'욕망의 레시피: 4막-24블록 스토리텔링'이 많은 관심과 사랑을 받았던 원동력은, 미국 할리우드 스토리 이론서('작법서')만 범람하는 현실에서, 한국적인 스토리이론에 대한 창작자들의 열망이 컸기 때문이 아닐까 생각한다. 세계 콘텐츠 시장에서 미국 할리우드와 어깨를 나란히 하는 한국 스토리산업의 위상과 영향력을 감안한다면, 한국의 역사와 경험을 반영한 우리만의 스토리이론이 없었던 것이 더 이상한 일이다. 실전 스토리 창작에 도움이 되는 체계적인 매뉴얼을 바로 세우기 위해서는, 나만이 아니라 더 많은 스토리이론들이 발표되고 공유되는 게 마땅하다.

가내 수공업 시대에는 스토리 창작의 노하우가 장인(마스터)에서 제자로 계승되는 도제徒弟적 방식이 중심일 수밖에 없다. 그러나 공장제 대량생산에 이은 고객 맞춤 생산의 시대, 그것을 넘어 챗GPT와 같은 AI와 경쟁해야 하는 시대에서는 개인에서 개인으로 이어지는 도제적 방식만으로 스토리산업의 획기적인 성장과 발전을 도모하기 어렵다. 장인을 꿈꾸는 사람은 수만 명인데, 단 몇십, 몇백 명의 장인이 그 많은 꿈둥이Dreamer들을 모두 가르치기는 어렵기 때문이다. 그래서 스토리산업의 지속 가능한 성장과 발전을 위해서는, 장인 개개인의 창작 노하우들을 종합해, 그를 뛰어넘는 원칙과 규칙으로 정리하는 이론 작업이 필수적으로 요청된다.

    미국 할리우드에는 백가쟁명이라고 할 만큼 다양한 스토리이론이 넘쳐난다. 나의 스토리이론이 할리우드의 스토리이론에 하나의 이론을 더 보태는 작업이었다면, 아예 시도도 하지 않았을 것이다. 한국에서 처음으로 시도된 스토리이론이라는 타이틀은 나에게 별로 중요하지 않았다. 정작 중요하게 생각한 것은. 미국 할리우드 스토리이론을 뛰어넘는 한국만의 독창적인 스토리이론을 만드는 일이었다. 실제로 한국 사람들이 좋아하는 스토리는 서양의 그것과 다르고, 더구나 같은 아시아 나라들의 그것과도 많이 다르다. 소위 사회성이 짙은 스토리, 정의와 대의 그리고 공동체적 가치를 생각하게 만드는 스토리에 대한 애정이 무척 강하다. 미국 할리우드 스토리를 시민주의 가치관에 기초한 스토리라고 정의한다면, 한국 스토리에 대해 민중주의 가치관에 기초한 스토리라고 부르고 싶다. 자본력과 콘텐츠 제작시스템에서 '쨉'이 안 되는 한국 스토리 콘텐츠가 미국 할리우드와 어깨를 나란히 하며 세계시장을 주름잡고 있는 원동력이 바로 여기에 있다고 믿는다. 형식과 포맷에서는 선진적인 미국 할리우드를 따라가되, 스토리에 담긴 가치관에서는 한국 것을 지켜야 하는 이유이다. 그렇게만 된다면, 한류의 붐은 계속 성장 발전 확대해 나갈 것이다.

    내가 중요하게 생각한 또 하나는, 스토리 창작자들에게 실전에 활용될 수 있는 이론과 지침을 만드는 일이었다. 그런 점에서 미국 할리우드 스토리이론이 아무리 많다고 해도, 내 판단기준으로는 만족스럽지 않다. 그럴듯한 논리와 지식을 담고 있어도, 막상 그 이론을 활용해 스토리 창작을 하려 하면 그때마다 독해하는 데서나 활용하는 데서 바위 같은 장애물을 만나는 느낌이었다. 그를 뛰어넘고 싶었다.

직업으로서의 창작자는 취미로서의 창작자와 무엇이 다를까? 상상력 또는 창의력이 뛰어나냐 아니냐의 차이가 아니고, 글을 잘 쓰냐 못 쓰냐의 차이도 아니다. 취미로서의 창작자는 떠오르는 대로 글을 쓰고, 직업으로서의 창작자는 플롯으로 스토리를 짠 후에 글로 옮긴다는 게 결정적인 차이이다. 플롯 또는 스토리구조는 그만큼 중요하다. 건물을 지을 때 튼튼한 구조를 잘 설계하고 세워야 사상누각이 되지 않듯이, 플롯은 '스토리라는 건물'의 설계도를 만드는 유일한 도구이다. 나아가 플롯은 소재와 정서, 다양한 이벤트와 캐릭터를 담는 최선의 그릇이기도 하다. 그러니 플롯은 스토리의 매력과 완성도를 좌우하는 필수조건이라고 말할 수 있다. '욕망의 레시피Recipe of Desire'라고 이름 붙인 나의 스토리 이론에서 '플롯Plot'에 대한 새로운 개념을 정의하는 것으로부터 시작하는 이유가 여기에 있다.

지금까지 '플롯'의 개념은, '원인과 결과의 상관관계로 이어지는 의미심장한 시퀀스의 배치'라고 정의했다. 좀 더 쉽게 말하면, '이러저러한 주인공이 의미심장한 사건에 휘말려, 결국 어떤 문제를 해결하는 이야기'로 정의하는 것이다. 그러나 이런 모호한 정의는 실전의 스토리를 창작하는 데서 유용한 지침이 되지 못한다. 그래서 나는 '플롯'에 대해 '결핍과 욕망의 인과因果구조'라고 새롭게 정의하고, 구체적으로 '4막-24블록'의 스토리구조에 기초해 창작하는 게 효과적이라고 제시하였다. 여기서 말하는 4막 구조란 '기起-승承-전轉-결結'의 동양문학의 플롯 개념과 같은 뜻이다.

사실 플롯의 개념을 모르는 창작자라고 해도, 플롯을 활용해서 스토리를 창작한다. 어떻게? 바로 벤치마크 창작이다. 기존에 유사한 콘셉트의 스토리들을 분석하여 스토리의 뼈대를 추려서 마이스토리를 새로 얹히는 방법이다. 여기서 난관에 봉착한다. 하나의 스토리를 창작할 때마다 최소한 하나 이상의 벤치마크 작품을 찾아서 맞춰가는 노력을 계속 해야 한다는 뜻이기 때문이다. 마이스토리에 적당한 벤치마크 작품을 찾는 일도 쉽지 않지만, 벤치마크 작품의 스토리라인(줄거리)을 피해 나만의 창의성을 발휘하는 일은 너무 번거롭고 불편한 일이다. 이제는 벤치마크 창작을 통하지 않더라도 쉽게 플롯을 구축할 수 있다. 바로 '4막-24블록의 스토리구조를 활용하면 되기 때문이다. 흥행에 성공한 수많은 작품의 스토리 구조를 분석해 보면, 모두 '4막-24블록'의 스토리구조로 구성되어 있음을 알 수 있다. 반대로 말하면, 한 편의 스토리를 창작하는 데서 '4막-24블록 스토리텔링'의 규범에 충실한 것이 성공의 전제이자 필수조건이라는 뜻이다.

건물을 짓는 일을 예로 들면, 무게를 계산하고 기둥을 세우는 일은 지극히 공학적인 작업의 산물이다. 우리가 놓치지 말아야 할 것은, 아무리 아름답고 멋진 건물이라도 그 안에 튼튼하고 안정적인 구조로 받쳐지지 않으면 금세 무너질 뿐이듯이, 스토리도 마찬가지라는 사실이다. 지금껏 스토리를 감성의 산물로만 여겨왔던 탓에, 우리는 스토리의 공학적 측면을 몰라도 되는 것으로 여기거나 심지어 무시하고 외면해야 하는 것으로 단정짓고 살아왔다. 이제는 우리의 생각을 풍성하게 바꿔주어야 한다. 우리가 멋지다고 여기는 모든 예술작품은 그 출발점에서 공학적 측면을 고려해야 한다는 생각, 공학에 기초하되 그를 뛰어넘는 감성을 붙여야 한다는 생각이 그것이다.

물론 플롯이 스토리 창작의 '모든 것'은 아니다. 맞다. 주제와 소재 또는 정서와 콘셉트도 중요하고, 우리의 감정을 대입할 수 있는 등장인물의 캐릭터셋업이나 참신한 스토리 이벤트들이 던져주는 재미도 중요하며, 장르에 고유하고 특화된 재미도 중요하다. 이것이 후크Hook의 요소들이다. 후크는 매우 감각적이고 직관적으로 떠오르는 요소들이다. 그렇다고 해서 일정한 규칙과 방법이 없는 것인가? 나에게는 플롯을 연구할 때보다 훨씬 어려운 도전과제였지만, 이 또한 해답을 찾을 수 있었다. 흥행을 성공으로 이끈 탁월한 창작자들의 인터뷰와 고민들을 함께 나누듯 집중해 보니, 사실 거의 같은 과제들을 안고 있었고 나아가 크게 다르지 않은 해법을 가지고 있었다는 사실을 깨닫게 되었다. 하나둘 그것을 정리하다 보니 보편적인 해답을 정리할 수 있었다. "하늘은 스스로 돕는 자를 돕는다."는 속담이 있다. 집요하게 붙들고 고민하고 노력하는 사람에게는 미처 예상하지 못했던 보상과 축복이 주어진다는 뜻이다. 결국 보상과 축복은 노력의 산물일 뿐이다. 만일 내가 제시하는 '후크와 플롯의 마술'이 신통치 않다면, 그것은 나의 노력이 아직 부족한 탓일 게다. 그러나 내가 노력을 멈추지 않는 까닭, 창작자들에게 '4막-24블록 스토리텔링의 규칙'을 따르라고 말할 수 있는 까닭은 내가 제시하는 방향과 콘셉트에 대한 확신이 있기 때문이다.

이 개정판에서 적지 않은 부분을 보완하고 새로 쓰기도 했다.

가장 핵심 부분인 플롯에 대해서는 일부 보완하는 데 그쳤지만, 특히 캐릭터와 스토리셋업, TV드라마나 웹소설/웹툰과 같은 긴 호흡의 스토리에 대해서는 거의 새로 쓰다시피 했다. 아마 책 전체 분량의 30% 정도를 새로운 내용으로 채운 것 같다. 그래서 출판사에게는 많이 미안한 마음이다. 편집해야할 분량이 많아졌다는 것은 그만큼 새로운 비용이 투자되기 때문이다. 그렇다고 개정판이란 것 자체가 새 책처럼 붐업을 일으킬 수 있는 것도 아니니,

투자를 회수하기에 어려움이 있기 때문이다. 저자의 의욕과 도전을 흔쾌히 받아준 도서출판 파람북의 정해종 대표님께 진심으로 감사를 드린다. 점점 더 어려워지는 출판시장에서 의미있는 성취와 보람 가득하기를 바란다.

감사한 분들이 참 많은데, 일일이 인사드리지 못함을 죄송스럽게 생각한다. 지지와 격려와 응원을 보내주신 모든 분들의 건강과 건투와 건승 그리고 행운의 기운까지 넘치시기를 기도드린다.

2023년 11월

시작하며

어느 제작자의 행복한 발걸음

오늘도 TV드라마나 영화의 촬영장을 찾아간다. 여름에는 덥고 겨울에는 추운 곳이 촬영장이다. 실내 스튜디오라면 견딜 만하지만, 야외 세트장은 아무 시설도 없는 허허벌판에 세워져 더위와 추위가 쌓이고 쌓인다. 그래도 설레는 마음에 촬영장으로 향하는 발걸음은 바빠진다. 이 고생을 하며 만든 콘텐츠가 얼마나 많은 사람들을 울리고 웃길 수 있을지를 기대하고 상상하는 것만으로도 가슴이 뛰기 때문이다.

내가 제작을 주도했던 〈주몽〉(2006~2007, 총 81부작)의 평균 시청률은 40.6퍼센트였다. 우리나라 총인구가 5천만 명이고, TV 보급률이 92퍼센트라고 하니, 단순하게 계산해도 40.6퍼센트(평균 시청률) × 92퍼센트(TV 보급률) × 5천만 명(총인구 수) × 81회(본방송의 방영횟수) = 연인원 약 15억 명(한 회 시청자 수로는 약 1,870만 명)이 시청했다는 뜻이다. 본방송을 본 시청자 수만 그러하니, 재방송이나 케이블 또는 IPTV와 인터넷VOD, 여기에 해외 시청자까지 계산하면, 아마도 〈주몽〉 한 편만으로도 연인원 20억 명의 시청자를 모았을 것으로 예상한다.

그동안 제작과 사업에 참여했던 주요 애니메이션과 드라마 〈런딤(RUN=DIM)〉(2001년, TV 13부작, 극장 영화) 〈올인〉(2003) 〈불새〉(2004) 〈불량주부〉(2005) 〈프라하의 연인〉(2005) 〈황진이〉(2006) 〈황금신부〉(2007) 〈쾌도 홍길동〉(2008) 〈타짜〉(2008) 〈선덕여왕〉(2009) 〈드림하이〉(2011) 등의 시청률을 계산하면 시청자 수가 연인원 50억 명은 넘지 않을까 싶다.

〈주몽〉을 일본에서 방영할 때 제작자 자격으로 후지TV에 방문하였다. 그때 후지TV뿐만 아니라 TBS 등의 방송국 드라마본부장들로부터 "이렇게 훌륭한 작품을 만들어주어서 고맙다"며 적지 않은 인사를 받았고, 사인 공세에 시달리기도 했다. 초청을 받아 간 말레이시아의 강연회에서는 그곳 국영TV 방송사의 프로듀서들로부터 몇 차례 기립박수까지 받았다. 그야말로 나는 '운運 좋은' 제작자 가운데 한 사람이다.

보통 사업의 성패를 좌우하는 것은 운칠기삼運七氣三이라고 하지만, 흥행을 다루는 콘텐츠산업에서는 운이 90퍼센트를 차지한다는 뜻으로 '운구기일運九氣一'이라고 하기도 한다. 매력적이고 흥미진진한 스토리 아이템을 만나야 하고, 좋은 작가와 감독에다 매력적인 배우와 실력 있는 스태프들과 인연을 맺어야 하며, 배급사·방송사와 투자자의 지지와 신뢰가 필수이고, 제작지원 단체의 도움도 더없이 중요하다. 더욱이 같은 시기에 방영(상영)하는 경쟁작이 무엇인지에 따라서도 성패가 갈리니, 사실 운이 90퍼센트 이상을 차지한다고 해도 과언이 아니다.

내가 받은 행운의 절반이라도 갚아야겠다는 생각에서, 스스로 두 가지 과제를 정했다. 하나는 신인 창작자를 발굴·육성하는 과제고, 다른 하나는 지역 콘텐츠산업 진흥을 위해 미약하나마 힘을 보태겠다는 과제다. 주위 사람들로부터 "정작 본업인 제작은 안 하고, 작가교육과 강의에만 너무 열중하는 것 아니냐"는 핀잔을 듣기도 하지만, 제작 일 못지않게 작가교육과 강의는 내게 큰 행복과 보람을 주는 일이기에 강의실로 향하는 발걸음을 멈출 수가 없다.

다행히 그렇게 뛰어다닌 보람으로, 교육을 받은 사람 가운데 웹소설과 웹툰의 작가로 활동하며 본격적인 직업의 세계로 들어선 사람도 생기고, 대한민국 스토리공모대전의 수상자도 나오고, 한국콘텐츠진흥원의 지원을 받는 작가도 탄생했다. 또 〈검은 사제들〉(2015)을 비롯해 유명 상업영화와 독립영화의 작가 겸 감독으로 데뷔한 인재들도 생겼다. 더없이 기쁘고 감사한 일이 아닐 수 없다.

지금도 가장 소망하는 일이 있다면, 많은 창의인재들이 창작자로서의 꿈을 잃지 않고 창작 일 하나만으로도 먹고사는 문제를 해결할 수 있는 환경이 만들어지는 것이다. 그래서 누군가 "작가가 되겠어요!"라고 할 때, 엄청난 결단이 필요하진 않았으면 좋겠고, 주변 사람들로부터 걱정과 한숨을 듣지 않아도 되기를 바랄 뿐이다.

이 책에 담긴 내용은 익숙하면서도 새로운 것들이다. 스토리 창작에 관심이 있다면 누구나 한번쯤 읽어봤을 할리우드의 스토리이론들과 같은 연장선상에 있는 내용이기 때문이다. 하지만 그들과는 다른 철학과 이론과 방법을 제안하기에 새롭게 보이기도 할 것이다.

내가 처음부터 새로운 스토리이론을 정립하겠다고 생각한 것은 아니다. 처음에는 신인 창작자들에게 도움이 될 만한 스토리이론 또는 작법들을 소개하고, 그것을 이해하기 쉽고 활용하기 편하게 해석하는 데 주력했다. 실제로 로버트 맥키의『STORY 시나리오 어떻게 쓸 것인가』나 크리스토퍼 보글러의『신화, 영웅 그리고 시나리오 쓰기』, 블레이크 스나이더의『Save the Cat!』을 비롯한 수많은 스토리 작법서들에는 그들 나름대로의 멋진 영감과 지식이 가득하다. 그럼에도 정작 실전 창작에 크게 도움이 되지 못하는 현실이 안타까웠다. 그래서 할리우드 이론들의 모호하거나 어려운 대목을 재해석하거나 보충하기도 하고, 빈 부분을 메우는 과정을 계속하다보니, 새롭게 정리한 내용들이 점점 많아졌다.

'학습과 모방, 해석과 성찰이 새로운 창조를 낳는다'는 격언이 이렇게 딱 들어맞을 수 있을까? 새로 정리한 내용들을 모아서 스토리 창작에 필요한 철학과 이론과 방법을 새로운 패러다임과 체계로 정리했다. 그리고 이 체계에 '욕망의 레시피Recipe of Desire'라는 이름을 붙였다.

우리가 스토리의 주인공에 대해 관심과 기대, 설렘을 갖게 되는 것은 그가 본질적으로 우리와 별다르지 않은 인간임을 알게 되면서부터다. 그때부터 우리는 부자든 가난한 사람이든, 권력자이든 평범한 사람이든 '우리와 별다르지 않은' 결핍을 가진 주인공이 자신의 결핍을 어떻게 넘어서려고 하는지, 또 그를 통해 과연 무엇을 깨닫게 되는지, 그 깨달음으로 어떻게 더 크고 대의적인 욕망을 추구하게 되는지 관심 있게 지켜보게 된다. 결국 스토리 창작의 핵심과제는 주인공의 결핍과 욕망을 세팅하고, 그것을 어떻게 이끌어 나갈지 결정하는 것이다. 그래서 나는 스토리의 뼈대, 즉 플롯을 '결핍과 욕망의 인과구조'라고 새롭게 정의하였다.

흥행에 성공했던 1백 편이 넘는 영화와 TV드라마·소설 등을 분석하면서, 스토리 창작작업에 실질적인 도움이 될 수 있는 플롯 개념을 새롭게 정리했다. 수학의 원리와 공식을 하나하나 알지 못해도 구구단을 모르는 사람은 없듯이, 스토리 창작을 잘하고 못하고를 떠나서 반드시 익혀야 할 기초 개념이 바로 플롯과 플롯구조다.

"결핍과 욕망의 인과관계로 플롯을 짜고, 4막 — 24블록의 플롯구조로 스토리를 채워라."

이것이 내가 새롭게 정리한 스토리 창작의 방법론이다. 물론 창의의 도전 과제는 여전히 남아 있다. 하나의 레시피를 가지고 만든다고 해서 똑같은 풍미의 음식이 만들어지는 것이 아니듯이, 스토리 창작자가 가진 영감의 크기와 창의의 에너지가 스토리의 매력을 좌우할 수밖에 없다. 플롯 개념을 정리하면서 내가 오직 바랐던 바는 창작자가 가진 창의력을 온전히 발휘하는 것이고, 내가 제안하는 가이드를 뛰어넘어 더 멋지고 매력적이며 재미있고 가치 있는 스토리를 만들어내는 것이다.

내가 원하는 우리나라

나는 우리나라가 세계에서 가장 아름다운 나라가 되기를 원한다.
가장 부강한 나라가 되기를 원하는 것은 아니다.
우리의 부력富力은 우리의 생활을 풍족히 할 만하고,
우리의 강력強力은 남의 침략을 막을 만하면 족하다.
오직 한없이 가지고 싶은 것은 높은 문화의 힘이다.
문화의 힘은 우리 자신을 행복되게 하고,

나아가서 남에게 행복을 주겠기 때문이다.

인류가 현재에 불행한 근본 이유는

인의仁義가 부족하고, 자비가 부족하고, 사랑이 부족한 때문이다.

인류의 이 정신을 배양하는 것은 오직 문화다.

나는 우리나라가 남의 것을 모방하는 나라가 되지 말고,

이러한 높고 새로운 문화의 근원이 되고, 목표가 되고, 모범이 되기를 원한다.

'홍익인간弘益人間'이라는 우리 국조國祖 단군의 이상이 이것이라고 믿는다.

– 김구 『백범일지』 중에서

1940년대 이제 갓 나라를 되찾은 시절, 나라의 틀도 제대로 갖추지 못했던 그 시절에, 우리에게 이런 지구적·인류적 사상을 가진 지도자가 있었다는 사실이 경이롭지 않은가? 오늘날 '글로벌 한류'로 세계 엔터테인먼트 시장을 뒤흔들고 있는 한국 콘텐츠산업의 위상과 비전이 백범 김구의 사상에서 시작된 것이 아니었을까 하는 생각마저 든다.

지금은 인터넷에서 쉽게 찾을 수 있는 글이지만, 1990년대 초 어렵사리 구했던 『백범일지』에서 「내가 원하는 우리나라」라는 글을 읽으며 느꼈던 감동과 흥분의 마음을 지금까지 잊지 못하고 있다. 이것이 나의 초심初心이다. 그래서 어디에서든지 강연을 할 때마다 김구 선생의 '문화강국론'을 소개하며 이야기를 시작한다. 나의 초심을 늘 기억하고자 하는 스스로의 다짐이자, 나라가 어려웠던 시절에도 문화의 힘으로 더 좋은 대한민국을 만들고자 했던 우리 영웅의 비전을 함께 나누기를 바라는 마음에서다. 이 책을 읽는 분들께도 백범 김구 선생의 '문화강국론' 사상을 전한다.

내 스토리이론이 이렇게 책으로 정리되고, 나아가 특허출원(10-2018-0167993)을 하기까지 나를 따라준 많은 창작자, 함께 일한 동료들과 아카데미 교육생들의 도움이 컸다. 기꺼이 나의 동지가 되어주었고, 때로는 제자나 조수로, 심지어 나의 실험대상을 자처하기도 하였다. 나아가 그들의 질문과 의견이 내 스승이 되었고 잠들어 있던 영감을 자극하기도 하였다. 그들과 함께한 시간이 없었다면, '욕망의 레시피'라고 이름 붙인 내 스토리이론은 만들어지지 않았을 것이고, 이렇게 책으로 내놓을 수도 없었으리라.

함께 만들어낸 성과이기에 나 혼자만의 자산으로 삼아서는 안 되는 일이지만, 내 생각과 손을 통해 썼다는 이유 하나만으로 나의 것이 되었다. 그저 감사하고 또 감사할 따름이고, 나의 이름만 적혀 있다보니 미안한 마음이다. 함께한 사람들의 이름을 하나하나 열거하지 못함을 용서해 주기 바란다.

2014년에 글로 정리하고도 망설임과 게으름을 핑계 삼았고, 한편으로는 수정과 보완을 계속 거듭하여 출간의 과제를 지금까지 미루어두었다. 늦게나마 이렇게 책으로 나오게 된 것은 격려와 응원을 아끼지 않았던 아내의 덕이다. 출판시장이 무척이나 어려운 시절에 흔쾌히 출간을 허락해 준 파람북 출판사 정해종 대표 등 출판사 가족들께도 마음으로부터의 감사를 드린다. 더불어 이 책이 나오는 데 함께 애써준 모든 분들께 무한 사랑과 감사의 마음을 전한다.

2019년 봄
김태원

글 싣는 순서

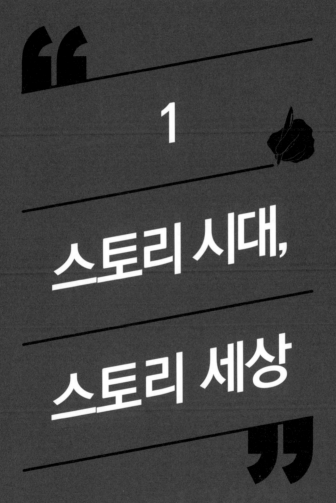

1

스토리 시대,
스토리 세상

"스토리텔링은
  어디로 어떻게 진화해 나아갈까?"

내가 샀던,
어떤 이의 꿈

2023년 5월 어느 지역의 문화재단에서 정규직 사원 1명을 뽑는데, 180여 명이 지원했다는 소식을 들었다. 180명에 이르는 지원자들이 지원신청서와 자기소개서를 쓰고, 필기시험을 거쳐 최종 면접에 이를 때까지 얼마나 마음고생이 심했을까 하는 생각에 이르니, 짠한 마음이 들었다. 어쨌든 모두가 180 대 1의 경쟁률을 뚫고 최후의 1인으로 남아야 한다. 마지막 관건은 자기소개서에 있을 것 같다. 어떻게 자신을 어필할 수 있을까?

내가 사회에 첫발을 떼고부터 30년의 세월 동안 몇 개의 회사를 만들고 경영하면서 직원으로 채용한 사람이 아마도 3백 명이 넘는 것 같다. 그 3백 명을 뽑기 위해서 읽은 이력서와 자기소개서는 최소 1천 건은 넘으리라 짐작한다. 보통 이력서와 자기소개서를 검토한 후 면접을 보게 되는데, 신기하게도 거의 모든 응시자가 부모님 또는 가정환경에 관한 내용으로 자기소개서를 시작했다. 왜 그럴까? 일반적으로 인간은 자기 자신의 기억을 연대기로, 다시 말해서 시간의 흐름대로 떠올리고 기록하는 습관이 있어서일까? 누가 이것만 쓰라고 정한 것도 아닌데, 어느 한 사람 예외 없이 천편일률적이고 동어반복만 일삼는 이력서가 많았다. 그런데 생각해 보라. 내가 응시자의 부모님이나 가정환경에 대해서 관심을 가져야 할 이유는 없지 않은가? 지금이야 지원 신청을 할 때부터 출생지나 거주 지역, 부모님의 직업이나 출신 학교까지도 적지 않는 게 원칙이지만, 불과 3~5년 전까지만 해도 수없이 보아왔던 내용이다.

지금도 또렷이 기억하는 한 사람이 있다. 2005년의 일이다. 그는 자기소개서의 첫 줄에 이렇게 적었다.

"지구의 절반을 밟아봤습니다. 나머지 절반을 귀사에서 채우고 싶습니다."

대학교를 다닐 때부터 아르바이트를 해서 번 돈과 부모님이 주시는 용돈을 모아 무전여행에 가까운 세계여행을 다니며 세계를 주름잡을 미래의 비전과 희망을 꿈꾸었다는 내용이었다. 나는 그가 쓴 제목만으로, 면접도 보기 전에 그의 꿈을 사기로 결정했다. 아마도 누구든지 나와 같은 결정을 내렸을 것이다. 그는 마케터로서 활동하다가, 지금은 K-POP을 이끄는 작곡가이자 프로듀서로 활약하고 있다.

자신이 살아온 인생을 연대기로 말하는 것이 잘못되었다는 뜻은 아니다. 그러나 응시자에게 중요한 과제는 자신이 말하고자 하는 바를 상대에게 전하고 공감하게 만드는 일이다. 그러려면 응시자 자신이 보여주고 싶은 바를 말하는 것도 중요하지만, 상대방이 자신의 무엇을 듣고 싶어 할지를 상상하고 그에 부합하여 말하는 것도 중요하다. 결국 이 두 가지가 동전의 양면처럼 모여야 무엇을 말할 것인지를 정할 수 있다.

자신을 한 줄로 요약하려면 어떻게 해야 하고, 뭐라고 표현해야 할까?

그 한 줄 표현이 미지의 상대로 하여금 호기심과 기대감을 불러일으킬 수 있을까? 한 줄 소개에 대한 충분한 고민과 노력, "이것이다!" 싶을 정도의 해답이 따르지 않는다면, 아무리 장문의 자기소개서를 쓰더라도 면접관의 호응을 얻기는 쉽지 않다. 이것이 바로 스토리, 스토리텔링이다.

2005년의 그가 자기소개서 표지에 썼던 제목(지구의 절반을 밟아봤습니다. 나머지 절반을……)은 나의 관심을 집중시키기에 충분했다. 스토리의 후크Hook이다. '지구의 절반을 밟아봤다고? 이제 기껏 30살밖에 안 되는 나이에?' 표지를 넘기면서 나는 반신반의하는 마음으로 다음 쪽 또 다음 쪽을 읽었다. 20대 초반의 고민과 결심, 그리고 어떻게 돈을 모아 어디를 다녔는지, 그래서 무엇을 느꼈는지 등을 기승전결의 맥락으로 설명했다. 완성도 높은 플롯Plot으로 구성한 것이다. 그의 자기소개서를 다 읽고 난 후 나는 왠지 모를 감동에 뭉클해졌고, 하루라도 빨리 그를 만나고 싶어 바로 전화를 걸었다. 내가 느낀 감동은 스토리의 카타르시스이다.

어떤 사람의 삶을 대하면서 우리는 "스토리가 있다"는 말을 한다. 도대체 어떤 점에서 스토리가 있다고 하는 거지? 궁금해 할 수 있다. 어떤 삶과 사연, 사건의 전말을 들었을 때 공감과 감동을 느꼈다면, 그것이 바로 스토리이다. 특히 공감과 감동의 울림 수준이 높았다면 "드라마틱하다"고 표현하는데, 그래서 "스토리가 있다"는 말은 "드라마가 있다"는 말과 동의어라고 할 수 있다. 스토리를 좀 더 드라마틱하게 만드는 방법은 무엇일까?

나는 스토리 스토리텔링, 즉 스토리를 창작하는 일은 "후크와 플롯의 마술"이라고 표현하기를 좋아한다. 관심과 임팩트(궁금함 또는 놀라움)를 불러일으키는 요소가 후크이고, 그 후크가 신기루나 모래성이 되지 않도록 구성하는 방법이 플롯이다. 여기에서 끝나지 않는다. "후크와 플롯의 마술"로 얻고자 하는 궁극의 목표이자 목적은 그 스토리를 소비하는 독자나 관객 시청자의 공감과 감동, 즉 카타르시스이다. 다시 말하면, 스토리 소비자로 하여금 높은 수준의 카타르시스를 만끽하게 만드는 첫 번째 요소가 후크지만, 그것은 완성도 높은 구성 즉 플롯으로 완결되어야 한다는 뜻이다.

군이 따지자면, 후크와 플롯 중 어느 것이 더 중요할까?
지금으로부터 2천 년 전, 그리스의 철학자 아리스토텔레스(BC 384년~BC 322년)가 명쾌한 답을 내려주었다. 아리스토텔레스의『시학』제6장에 다음과 같이 적혀 있다.

> "한 작가가 인물의 캐릭터를 보여주려고 아무리 멋진 대사를 한데 이어놓는다 해도, 그것만으로는 스토리의 궁극적인 목적(카타르시스)을 달성할 수 없다. 비록 언어 표현과 사고력 제시에 다소 결함이 있더라도, 플롯 즉, 사건의 구조가 잘 짜여진 스토리가 훨씬 더 바람직한 효과를 낼 것이다."

세계적 명품 브랜드의
스토리마케팅

그 어떤 대가를 치르고서라도 얻고 싶은 것이 있다. 허영과 사치의 상징이랄
수도 있지만, 우리 시대 가치 있는 삶과 품격의 상징이기도 한 소위 '명품'은
스토리의 위력을 극단적으로 보여준다. 많은 사람들이 세계 최고의 명품으
로 꼽는 패션 브랜드라면, 프랑스의 샤넬(1909~)과 루이뷔통(1854~), 에르메
스(1837~)와 까르띠에(1847~), 이탈리아에서 탄생한 프라다(1913~), 미국을
대표하는 보석 브랜드인 티파니(1837~) 등이 있다.

이 중에서 1837년 프랑스 파리에서 문을 연 에르메스와, 같은 해 미국
뉴욕에서 문을 연 티파니는 무려 180여 년의 역사와 전통을 가지고 있다.
1837년이라면 우리 역사에서는 조선 제24대 왕인 헌종 3년이다. 정조 임금
이 조선의 22대 왕이었으니, 헌종 3년이면 서양문물이 본격적으로 들어오기
시작할 무렵이다. 그 당시 우리나라에는 에르메스나 티파니 같은 장인과 공
방이 없었을까? 나는 '있었다'에 한 표를 던진다. 하지만 역사가 오래되었다

고 무조건 명품의 자리에 오르는 건 아니다. 특히 에르메스라는 브랜드를 들여다보면, 오랜 역사만큼이나 아주 드라마틱한 스토리를 가지고 있다. 마구용품을 제작하는 회사로 유명했던 에르메스는 1837년 패션사업에 뛰어든다. 마구용품을 만들던 회사니 당연히 가죽제품에 관한 한 최고의 품질을 자신할 수 있었다. 그래서 에르메스를 대표하는 첫 번째 제품이 가죽가방이다.

최적의 기후조건에서 최고의 장인이 만든 제품, 그 가운데에서도 마니아들에게 인기 높은 가죽제품은 주문하고 5~6년을 기다려야 받을 수 있다고 한다. 그런 에르메스의 명성을 높여준 가방 가운데 하나가 '버킨백'이라는 가방이다. 한국에서도 인기 높았던 미국 드라마 〈섹스 앤 더 시티〉(1998~2004)에서 주인공 사만다는 버킨백을 사기 위해 5년을 기다려야 한다는 매장 직원의 말을 듣고 낙담한다. 하지만 유명 배우의 이름을 도용하면서까지 결국 사고야 마는데, 그러다 길에서 강도를 만난다. 사만다가 강도에게 "다른 것은 모두 줄 수 있어도, 이 가방만은 안 돼!"라고 소리치며 저항하는 장면이 나온다. 사만다가 목숨을 걸고서라도 지키려 했던 것은 무엇이었을까?

〈섹스 앤 더 시티〉에서도 암시하고 있지만, 에르메스는 세계에서 최초로 스타마케팅을 접목한 브랜드다. 에르메스를 대표하는 가방이 '켈리백'과 '버킨백'인데, 켈리백은 미국의 유명 여배우이자 모나코의 왕비가 된 그레이스 켈리가 딸을 임신하자 만삭이 된 배를 가릴 수 있도록 에르메스가 그녀에게 헌정한 가방이다. 이때가 1956년이었으니, 60년이 넘는 역사를 가진 가방이다. 이 가방을 든 그레이스 켈리의 모습이 잡지 『라이프』의 표지사진으로 게재되면서, 전 세계 여성들로부터 주문이 쇄도하였고, 에르메스에서 모나코 왕실에 허락을 받아 이 가방에 '켈리백'이라는 이름을 붙이게 되었다.

그러면 버킨백의 '버킨'은 누구일까? 영국 출신의 배우이자, 프렌치 팝 가

수로서 한국에서도 세 차례나 공연을 가진 바 있는 제인 버킨이다. 1984년 에르메스의 사장 장 루이 뒤마는 당시 최고 스타이던 제인 버킨과 함께 비행기를 타게 되었다. 그런데 우연히 엿본 제인 버킨의 가방 안에는 온갖 잡동사니가 어지럽게 들어 있었다. 장 루이 뒤마는 그녀를 위해 수납이 용이한 가방 디자인을 제안했고, 제인 버킨의 요구대로 많은 물건을 정리할 수 있고, 게다가 수첩까지 넣을 수 있는 포켓을 단 가방을 만들어주겠다고 약속했다. 이렇게 탄생한 것이 현재 세계 최고의 명품백으로 사랑받는 버킨백이다.

세계적 스타 배우의 유명세를 활용해 자신의 가치를 알리는 기법! 에르메스는 세계 최초로 스타마케팅을 활용한 기업이자, 스토리텔링을 마케팅에 접목한 기업이기도 하다. 제품 하나하나에 스토리텔링 기법을 접목해 마케팅으로 연결한 에르메스의 세심한 노력이, 마구용품 제작회사에 불과하던 에르메스를 샤넬과 어깨를 나란히 하는 세계 최고의 명품 브랜드로 성장시킬 수 있었던 요인이 아니었을까?

하나 더 짚을 것이 있다. 과연 오랜 역사적 전통과 스타·스토리마케팅이 에르메스를 세계 최고의 명품 패션으로 만든 진정한 이유일까? 에르메스의 제품에는 그 제품을 제작한 공방과 장인의 이름이 명시되어 있다. 에르메스의 애프터서비스 매뉴얼을 보면 '이 패션 브랜드가 괜히 세계 1등이 아니구나' 하는 경탄이 저절로 나온다.

판매된 지 수년이 지났어도 소비자가 수선 요청을 하면 수선할 제품을 본래 만들었던 공방과 장인에게 보내, 제품을 만들 당시의 소재를 사용해서 수선을 해준다고 한다. 품질 좋은 가죽을 구하기도 힘든데, 향후 몇 년 뒤에 있을지 없을지도 모를 수선에 대비해 그 가죽의 일부를 동일한 솜씨의 공방과 장인이 보관하고 있다는 뜻이 아닌가!

이런 에르메스의 사례는 '스토리가 위력을 발휘하기 위해서는 진정성을 전제하지 않으면 안 된다'는 사실을 말해 준다. 스토리의 경쟁력은 창작자의 재능과 기교에서 나오는 것이 아니라, 진정성에서 나오는 것임을 에르메스는 알려준다.

스토리텔링 기법으로
수학과 과학을 가르친다고?

'스토리' '스토리텔링'이 유행이다보니, 어렵고 딱딱하기만 한 수학 공부까지 쉽고 재미있게 가르치는 방법으로 스토리텔링 기법이 등장했다. 스토리텔링으로 배우는 수학이라고? 수학에서 과학에 이르기까지 '스토리텔링 지도사'라는 자격증이 생겼다니, 당혹스럽기만 하다. 솔직히 나는 수학과 과학을 스토리텔링 기법으로 가르쳐도 되는지 의문이 든다. 논리와 계산이 필요한 복잡성의 학문을 쉽고 재미있게 가르친다고 해서 과연 깊이 있게 이해할 수 있을지 모르겠고, 오히려 학문의 본질과 의의를 훼손할 수 있다는 생각도 든다. 아무리 스토리가 대세라고 해도, 스토리가 문제해결의 만능열쇠는 아니다.

그럼에도 2014년 하반기에 한국에서 유독 인기를 끌었던 할리우드 영화 〈인터스텔라〉를 보면, 스토리텔링의 위력이 얼마나 크고 강한지 실감하게 된다. 이 영화가 아니었다면 아인슈타인의 상대성이론이 우주적 현상인 블랙홀 또는 웜홀과 긴밀한 상관관계에 있음이 이렇게 널리 알려졌겠는 가? 〈인터스텔라〉의 크리스토퍼 놀란 감독은 이전 작품인 〈인셉션〉(2010)에 프로이트의 정신분석학과 칼 융의 분석심리학 개념을 담아 전 세계적인 반향을 일으키기도 했다. 그는 세계 최고의 과학 스토리텔링 지도사라 할 만하다.

영화를 보거나 TV를 보고, 연극을 관람하거나 소설을 읽고, 이처럼 스토리를 소비하는 행위에 대해서 시간을 낭비한다고 우려하는 사람들도 있다. 오죽하면 영화나 TV드라마를 보는 행위를 가리켜 '킬링 타임'이라고 하겠는 가? 그러나 한 편의 소설, TV드라마, 영화, 뮤지컬 같은 스토리 콘텐츠를 통해서 얼마나 많은 정보와 지식을 얻고 있는지 안다면 깜짝 놀랄 것이다.

예를 들어 조선시대 사람들의 복장服裝을 그려보라고 하면, 사람들은 한결같이 비슷한 그림을 그린다. 조선시대 사람들이 어떤 말투를 썼는지, 심지어 역사 위인들의 삶과 사상에 관해서도 비슷한 정보와 지식을 가지고 있다. 한국의 역사뿐만 아니라, 고대 로마제국의 생활에 대해서도 어디에서 알게 되었는지 별다른 고민 없이 설명하거나 그릴 수 있다. 직접 보거나 체험한 것도 아니면서, 어떻게 사람들은 비슷한 정보와 지식을 공유할 수 있었을까? 교도소를 묘사해 보라고 하면, 그 역시 마찬가지다. 교도소를 가보았는지 물으면, 가보지 않았다고 한다. 그런데 어떻게 사람들은 교도소의 모습을 알고 있을까?

이처럼 다양한 소재와 장르의 스토리를 통해서, 우리는 직접 경험하지 못한 역사시대의 일상과 예법과 말투까지도 아는 체할 수 있고, 심지어 숱한 과학지식과 자연의 섭리까지도 알게 된다. 직장인의 애환을 함께 고민하기도 하고, 삶의 지혜를 성찰하기도 하고, 연애의 기술을 깨닫고 터득하기도 한다.

스토리를 소비하는 가장 중요한 목적은 '즐거움을 얻기 위함'이다. 하지만 사람들은 '즐거움(재미)'에 국한되지 않고 그 이상의 것, 다양한 정보와 지식 나아가 삶의 성찰과 지혜를 얻기도 한다.

스토리로 채워진
골목길

보통 나이가 들면서 옛일을 떠올리고 그리워하는 것은 사람이기 때문에 당연한 일인지 모른다. 때로는 삶의 궤적에 영향을 미쳤던 사건과 사람과 풍경을 떠올리기도 하고, 또 돌아가신 부모님이나 옛 친구들과의 추억을 그리워하기도 한다. 내 기억 속에 남아 있는 모든 옛것은 결국 나만의 스토리이지만, 같은 시대를 살았던 사람들과 함께 공유하고 추억하는 것이기도 하다. 내가 살았던 시대를 상징하는 유산 중 하나로 '골목길'이 있다. 지금은 성냥갑 같은 아파트가 삶의 주된 공간이 되었지만, 그리 오래지 않은 기억 속에 남아 있는 골목길은 한국 특유의 전근대성을 상징하기도 하고, 그 이상의 의미인 끈끈한 지역공동체를 상징하는 공간이기도 하다. 또 골목길은 그 자체만으로도 탁월한 아름다움을 과시하는 하나의 예술품이기도 하다.

그런 골목길이 오늘날 미개발된 낙후지역으로 인식되어 구도심 또는 원도심原都心이라 불리며 마치 버려진 땅처럼 외면당하는 현실에 마음이 쓰였는

데, 최근 골목길의 재생과 부활을 위해 애쓰는 모습들이 눈에 띈다. 반갑고 기쁘고 감사하기까지 한 일이다.

나는 제주도를 말할 때면 늘 '하늘이 우리 민족에게 준 축복과 감동의 땅'이라고 한다. 그런 제주에 지금도 해마다 두세 차례 이상 꼭 찾는다. TV드라마 〈올인〉(2003)의 제작에 참여해 '제주올인하우스'를 만든 인연 덕분이다.

제주도에서 내가 가장 좋아하는 공간은 '이중섭거리'다. 화가 이중섭이 한국전쟁 중에 잠깐 머물렀다는 더부살이 집을 중심으로 조성된 서귀포시의 이중섭거리는 골목길 재생과 부활의 상징이다. 어디서나 볼 수 있는 평범한 동네가 이중섭을 통해서 매력적인 거리이자 골목길이 되어 수많은 사람의 발길을 끈다는 게 참으로 놀랍다. 게다가 이중섭의 대표작들이 가로등이나 골목길 바닥의 안내표시로, 집 담벼락의 벽화로 꾸며져 있는 거리를 걷다보면, 위대한 화가 이중섭의 드라마틱한 일생뿐만 아니라 한국전쟁을 비롯한 여러 전쟁의 참화 속에서 고통받았던 문화예술인들과 수많은 사람들의 스토리가 떠오른다.

전라북도 전주시가 10년 넘게 조성해 오픈했던 '전주한옥마을'은 지역에서 문화와 스토리를 활용한 모범적인 사례로 자주 거론되는 곳이다. 수많은 사람으로 북적대는 넓은 상점거리를 걷다보면, 사이사이 이어지는 작은 골목길을 만나게 되는데, 그 길들과 옛집이 어우러진 거리 디자인이 매우 인상적이다. 전주한옥마을 끝자락에서 이어지는 건너편 벽화마을까지 자연스레 발걸음이 향한다. 지나친 상업화로 겪는 몸살과 후유증을 우려하는 사람들도 있지만, 그조차도 행복한 고민이라 여겨질 만큼 부럽기만 하다. 특히 인근 남부시장의 청년몰 활성화 사례는 스토리텔링의 성공이 지역경제 활성화에 어떻게 기여할 수 있는지 단적으로 보여준다.

이런 모범적인 사례가 제주나 전주에만 있는 것은 아니다. 인천광역시 송월동 동화마을이나 대구광역시의 김광석거리 등 여러 곳에서 찾을 수 있다.

한 가지 아쉬운 점은 모든 지역의 스토리가 그곳을 찾는 관광객만을 향해 있다는 것이다. 우리는 지역 스토리 작업이란 대부분 지역의 관광산업에 스토리텔링과 문화 콘텐츠의 포장을 입히는 일이라고 생각한다. 그런데 정작 지역 안에서 일상을 살아가는 사람들을 위해 창의적인 환경을 만들기 위한 시도는 부재한 것이 현실이다. 관광산업의 진흥이나 도시마케팅도 중요하지만, 지역민의 삶에 대한 배려와 존중 나아가 자부심을 가지게 하는 일이 훨씬 더 중요하다고 생각한다.

정치도 결국
스토리로 승부한다

2008년 겨울, 우리는 새로 쓰는 미국 역사를 읽게 된다. 민주당 대통령 후보로 나선 버락 오바마가 공화당의 존 매케인 후보를 전국 대의원 수 364 대 174의 압도적인 표차로 누르고 제44대 미국 대통령에 당선되었다는 소식이 그것이다. 당시 미국 언론에서 "오바마의 승리는 스토리의 승리!"라고 대서특필한 기사를 본 적이 있다. 영국계 미국인인 백인 어머니와 아프리카인인 아버지 사이에서 혼혈아로 태어난 오바마. 대학을 다닐 때는 반전운동을 하며 마리화나와 코카인 등 마약을 복용했던 전력의 소유자가 대통령이 되었다는 사실만으로도, 사그라진 아메리칸드림의 새로운 상징이 되기에 충분했다. 미국인들의 '세계 70억 인구를 이끄는 1등국가 미국'이라는 자부심에 불을 지피는 계기이기도 했다.

그 이전 빌 클린턴을 통해 미국 역사상 가장 인기 높은 대통령이었던 케네디를 추억하고 열망했듯이, 미국인들은 오바마를 통해 미국의 흑인노예제도

폐지를 이끌어낸 대통령 링컨을 떠올렸을 것이다. 링컨의 '노예해방선언'에서 시작된 남북전쟁 그리고 그 결과로 개막된 자유·평등·인권 그리고 아메리칸드림의 시대가 미국 최초의 흑인 대통령을 통해서 완성되었고, 이제 새로운 미국의 전성기를 열 수 있으리라 기대했을 것이다. 스토리의 힘이다.

이런 스토리의 위력은 비단 미국 대통령선거에서만 나타나는 게 아니다. 긴 설명을 하지 않더라도, 한국의 최근 대통령선거만 보아도 알 수 있다. 현대 정치선거는 공약의 선거에서 인물의 선거로, 이미지의 선거에서 한 걸음 더 나아가 스토리의 선거로 진화하고 있다. 그래서 스토리는 반대로 정치에 '동원'되기도 한다. 이것은 옳고 그름의 문제가 아니다. 스토리를 열광적으로 소비하는 우리 시대의 자화상을 그대로 보여주고 있을 뿐이다.

1996년에 개봉한 〈인디펜던스 데이〉라는 영화를 기억하는지? 이 영화에는 특별한 사연이 있다. 〈인디펜던스 데이〉에서 대통령 배역의 비중은 주인공인 윌 스미스의 존재감을 압도할 정도로 매우 높다. 외계인의 침공에 백악관까지 파괴당하고 전 세계가 파멸의 위험에 놓이자 영화 속 휘트모어 대통령은 공군 비행사 출신인 전력을 살려 직접 전투기를 몰고 외계인의 전투모함으로 돌진한다. 미국의 이익과 지구의 생존을 위한 그의 분투는 존경받을 만하고 감탄을 자아냈다. 배역의 비중에 비해 빌 풀먼이라는 조연급 배우가 캐스팅된 게 의아할 정도였다.

우연의 일치였을까? 영화가 개봉되고 4개월 뒤인 1996년 11월, 50세인 젊은 대통령 빌 클린턴은 73세인 공화당 밥 돌 후보를 근소한 차이로 이기고 연임에 성공한다. 우연의 일치일 수도 있으나, 〈인디펜던스 데이〉는 빌 클린턴의 연임선거를 목전에 두고 개봉되었고, 대통령 역을 맡은 빌 풀먼은 이름부터 외모에 이르기까지 빌 클린턴과 흡사하다. 빌 클린턴의 대통령 재선을 위해 헌정된 영화라고 해도 과언이 아니다.

사실 미국 민주당 지지기반의 핵심은 할리우드와 ICT기업들이다. 할리우드는 드러내놓고 민주당을 지지하는 영화나 TV드라마를 제작하고 상영(방영)한다. 2013년 7월 27일 미국 NBC유니버설은 미국 TV평론가협회 포럼에서 "1998년부터 현재까지 아내·엄마·정치인·각료로서 힐러리 클린턴의 다양한 면모를 TV드라마를 통해 조명할 예정"이라고 발표했다. 공화당 측의 거센 항의로 인해 2개월 뒤 NBC유니버설은 "방영하지 않겠다"라고 공식 발표를 해야만 했다. 그러나 제작사는 제목만 '힐러리'에서 '마담 세크리테리'로 바꾸고, 여성인 전직 CIA 요원이 국무부장관에 취임하면서 자신의 일과 가정을 어떻게 조화롭게 이끌어 나가는지를 다루겠다고 발표했다. 그리고 방송채널을 NBC에서 CBS로 변경해 2014년 9월 21일 첫 방송을 내보냈다.

한국에서도 화제가 되었던 미국 TV드라마 〈뉴스룸〉(2012)은 특정 인물을 내세우지는 않았지만, 정치적 이슈를 중심으로 미국 극우세력인 티파티TeaParty 와 공화당의 우편향을 공격하는 데 모든 힘을 쏟아부었다. 미국의 이라크 침공부터 현실의 정치공방에 이르기까지, 다루는 이슈가 워낙 예민해서, 이게 실제상황을 다룬 탐사보도 프로그램인지 TV드라마인지 분간이 안 될 정도였다. 정치를 소재로 재미있고 매력적인 스토리를 풀어나가는 역량에 감탄이 절로 나온다.

물론 수많은 선거에서 스토리텔링 기법을 활용하면서 때로는 진정성이 결여된, 심지어 진실과는 상반된 스토리까지 난무하는 상황을 대할 때면 안타까운 마음도 든다. 하지만 우리는 선거(투표)라는 가장 중요한 선택과 결정까지도 스토리를 통해 감성을 자극받고, 합리적이어야 할 선택마저 흔들리는 시대에 살고 있음을 분명히 알아야 한다. 나라의 운명을 좌지우지하는 정치 행위에서도 이러하니 경제와 산업, 사회와 직장, 교육과 진로, 사교와 일상생활에서야 더 말할 것도 없다. 크고 작은 정보와 지식을 얻을 때도, 중요한 결정을 내릴 때도, 스토리의 위력은 알게 모르게 우리의 모든 것에 영향을 미치고 있다.

스토리,
복잡계시대의 필수품

초밥 식당을 준비한다는 선배 한 분이 전화를 해 "식당의 스토리가 필요한데, 뭐가 좋을까?"라고 물었다. "식당이면 맛이 있고 깨끗하면 되지, 뭐 그런 걸 제게 물어보세요?"라고 했더니 대번에 서운해하는 기색이 느껴졌다. 해서 한 시간이 넘게 통화하며 조언을 해준 적이 있다. 하기는 외계 운석이 발견되었다는 한 지역에서는, 아무 상관도 없는 비빔밥과 국수에 '운석비빔밥'과 '운석국수'라는 이름을 붙여 대박을 쳤다니, 스토리 열풍은 가히 끝이 없을 듯하다.

오늘날 스토리(텔링)의 위력이 이토록 커진 이유는 무엇일까? 스토리의 역사는 곧 인류의 역사와 궤를 같이한다고 할 만큼 오래되었지만, 비단 어제보다 오늘의 사람들이 스토리를 더 좋아하기 때문은 아닐 것이다. 결론부터 말하면, 스토리야말로 복잡다단한 세상을 이해하는 최적의 도구이기 때문이다.

인류가 걸어온 역사는 다양한 관점으로 해석되고 정의된다. 단순하게 구분하면 '고대 – 중세 – 근대 – 현대'로 정의하지만, 예를 들어 마르크스처럼 '원시 공동체 – 고대 노예제 – 중세 봉건제 – 근대 자본주의 사회'같이 정의할 수도 있다. 나는 인류학자도 철학자도 아니지만, 지금까지 인류가 살아온 시대를 '단순계單純界'라고 한다면, 이제 인류는 '복잡계複雜界'로 이행하고 있다고 말하겠다.

세상이 복잡계로 이행하게 된 계기 또는 원동력은 '디지털과 인터넷 혁명'이다. 인터넷은 세계 모든 지역을 실시간으로 소통하고 공감하게 만들어주었다. 첨단 물질문명의 시스템 속에서 사는 사람과 여전히 헐벗고 가난한 원시문명 속에서 사는 사람이 서로 동시대를 살아가고 있음을 알 수 있게 했고, 서로의 문화와 라이프스타일을 지역과 시간의 제한 없이 여과하지 않고 공유할 수 있게 했다. 인터넷 세상은 실재하는 세상이자, 디지털로 만들어진 또 다른 가상의 세상이기도 하다.

복잡계시대를 만든 원동력이 디지털과 인터넷이라면, 복잡계시대의 가장 중요한 키워드는 '융합Convergence'이다. 나 또한 이 단어를 자주 쓰고 있지만, 가장 이해하기 어려운 단어 중 하나다. 소통언어의 표준화된 형식(디지털)과 세계적 차원의 개방과 공존(인터넷)은 서로 다른 영역과 높고 낮은 수준을 결합시키며, 서로 교감하는 가운데 지금까지 경험할 수 없었던 새로운 차원의 '무언가'를 창조한다. 이것이 바로 '융합'이다. 융합의 결과물이 갖는 가장 중요한 특징은 지금까지 우리가 경험하지 못했던 '새로움'을 제공한다는 점이다. TV보다 이용률이 더 높은 스마트폰이 우리의 생활을 바꾸고, 사물인터넷으로 연결된 냉장고를 통해 요리 레시피를 보거나, 무인자동차를 통해 SF영화의 한 장면 같은 경험을 하는 등 다양한 예를 들 수 있다. 이제는 인공지능AI과 생성형 챗GPT까지 등장해 이를 둘러싼 논쟁이 뜨겁게 달궈지고 있다. 하지만 그렇다고 융합의 전체 모습을 이해하기 편하게 보여주기는 쉽지 않다. 복잡계시대가 갖는 '이해하기 어려움' 때문이다.

객관적인 사실들을 이해하기 어려워진 측면도 있다. 하지만 우리가 현재 살고 있는 시대를 '복잡계'로 정의할 수밖에 없는 가장 중요한 이유는 객관적인 사실 이면에 숨겨진 진실과 그를 판단할 가치의 혼란 탓이다. '아니 땐 굴뚝에서 연기 날까' 같은 속담에서 알 수 있듯, 과거에는 모든 일에 원인이 있어 결과가 있다고 생각했다. 하지만 오늘날에는 그 원인이 하나가 아니고 몇 가지가 중첩되어 있거나, 원인이 하나더라도 그 원인 자체에 많은 히스토리가 축적되어 있어서 그 옳고 그름을 판단하는 데에 어려움을 겪게 된다. 인터넷 등을 통해 너무 많은 정보가 흘러 다니면서 겪게 되는 어려움이다. 심지어 여기에 (정치적) 음모론과 사상적 편향성까지 덧붙여진다면, 진실은 왜곡되거나 접근 불가능한 암흑의 동굴 속에 가두어진다.

또 '될성부른 나무는 떡잎부터 알아본다'라는 속담에서 보듯, 과거에는 타고난 재능을 숨길 수 없다고 생각했다. 그러나 한국의 과열된 입시교육 열풍 속에서 돈과 권력만 있으면 없던 재능도 만들어지거나 조작될 수 있는 시대를 살고 있는 오늘날, '될성부른 나무는 오직 부와 권력의 정원에서만 자라는 게 아닌가' 하는 회의감에 사로잡히게 되었다.

돌아보면 '물은 위에서 아래로 흐른다'는 속담처럼, 인류가 걸어왔던 단순계의 시대에서는 어르신이나 선생님 또는 선배, 정치 지도자나 소위 명망 있는 리더, 학자나 언론 등이 사회적 담론을 이끌어왔다. 그러나 오늘날은 어떠한가? 세상을 살아가는 데 필요한 모든 지식과 정보, 진리와 삶의 지혜까지 인터넷에 고스란히 담겨 있다. 그런 까닭에, 과거에는 고개를 갸웃거리면서도 존경받는 윗사람의 말 한마디에 단일한 대오가 만들어졌지만, 인터넷을 통해 누구나 옳고 그름을 가릴 수 있는 오늘날의 환경에서는 사회적 담론을 형성하기 힘들다. 그만큼 사람들의 의식수준과 시대를 보는 안목 그리고 주체성이 높아졌다고 생각할 수도 있지만, 모두를 이끌 리더가 없는 세상이라고도 해석할 수 있다.

특히 한국같이 빠르게 개인주의화되는 사회에서, 양심 불량인 정치인들이 장사꾼처럼 활개를 치고, 탐욕스러운 기업인들이 시장경제와 나아가 사회문화를 지배하며, 학자도 언론도 상업주의의 노예가 된 현실에서는 더더욱 리더의 부재, 리더십의 부재현상이 극으로 치달을 수밖에 없다.

스토리는 허구와 상상의 산물이다. 사람들은 현실에서 가능하지 않더라도 상상과 허구에서는 내가 꿈꾸는 바가 실현되기를 바라고 욕망한다. 무엇이 선이고 정의인지 모호해진 가운데 사람들은 스토리를 따라서 세상을 이해하고 해석하며 나름대로 주관을 세운다. 누구의 스토리가 더 흥미롭고 매력적이며 귀 기울일 만한가에 따라, 사람들은 스토리를 좇아 그 '누구'에 대한 취사선택을 하게 된다. 심각하게 말하자면, 사람들은 더이상 무엇이 진리고 진실인지 궁금해하지 않는다. 오히려 무엇이 진리기를 또는 진실이기를 바라는가에 자신의 눈과 귀를 집중하고 있다.

스토리는 그것을 소비하는 사람들에게 비전과 희망, 로망과 판타지를 제공하기도 하지만, 거꾸로 그럴듯한 거짓말로 현혹하기도 한다. 그나마 다행인 것은 거짓말은 언젠가 들통나기 마련이고, 들통나는 순간 거짓말의 당사자는 하루아침에 매장당한다는 사실이다. 그러나 그 거짓말에 현혹되어 지내는 동안의 시간과 수고와 손실은 누가 보상해 줄 것인가? 그래서 많은 스토리 창작자(스토리텔러)들에게 마음으로 절절히 당부하고 싶다.

'99퍼센트'라고 칭해지는 많은 사람들이 시대의 결핍을 겪으며 살고 있고,

스토리텔러들은 그런 사람들의 결핍을 위로하고 간절한 소망을 추구하고 성취할 수 있도록 응원해야 한다고 말이다.

그렇다면 스토리를 잘 창작하기 위해서는 어떻게 해야 할까? 무엇을 통해 배우고 역량을 키울 수 있을까? 우리 시대 최고의 스토리, 최고 수준의 작가를 따라하는 방법을 추천한다.

누가 보더라도 우리 시대 스토리산업의 최고봉에는 영화와 TV드라마가 있다. 가장 큰돈이 움직이는 시장이고, 가장 많은 사람을 대상으로 하기 때문이다. '최고 중에 최고'의 스토리만이 세상에 빛을 보게 되니, 당연히 스토리 콘텐츠의 최고봉에는 영화와 TV드라마가 있다. 영화와 TV드라마, 그중에서도 흥행에 성공한 영화와 TV드라마, 때로는 흥행은 못 했어도 작품이 훌륭하다고 평가받는 영화와 TV드라마, 그 스토리를 분석하고 연구하고 어떻게 배울 것인지를 고민하면, 그에 걸맞은 수준까지 따라잡을 수 있다.

영화나 TV드라마는 지겨울 만큼 본다고 반문할 수도 있다. 그러나 일주일이 멀다 하고 미술관을 찾아 뛰어난 예술작품을 감상한다고 해서 그 사람이 훌륭한 예술작품을 만드는 최고의 작가가 될 수 있는 것은 아니다. 스토리를 읽거나 보는 것 또는 분석하고 평가하는 것이 다르고, 한 걸음 더 나아가 짧든 길든 한 편의 스토리를 창작하는 일은 전혀 새로운 행위다. 많이 읽고 보고 분석하고 평가하는 것을 잘한다고 해서 창작을 잘할 수 있는 것은 아니다.

창작의 재능은
타고나는 것일까?

창작자는 하나의 직업이다. 그러나 직업과 생계보다 더 중요한 것이 있음을 기억해야 한다. 세상의 나팔수가 되어야 한다는 것이다. 물론 자본주의 시대에 살고 있는 창작자들은 흥행 성공에 대한 책임에서 자유롭기 힘들다. 그러나 흥행 성공보다 더 중요한 것이 있음을 기억하기 바란다. 세상의 불평등하고 불합리한 질서 속에서 살며 숱한 결핍에서 자유롭지 못하고, 정당한 욕망조차 꿈꾸지 못하는 사람들을 위로하고 응원하는 책무가 그것이다. 그것은 선택의 문제가 아니라 창작자가 걸머진 숙명이다.

'전문적인' 또는 '직업적인' 창작자에 대해서 창조의 성역聖域에 사는 특별한 사람, 마치 하늘의 구름 위에서나 사는 고고한 사람이라고 오해하는 경우도 많다. 과연 그들이 천부적이고 천재적인 재능을 타고났을까? 물론 우리 귀에 익숙한 작가들처럼 천부적이며 천재적인 재능을 타고난 창작자도 있다. 그런데 그런 이들조차 "작가는 엉덩이가 무거워야 한다"고 말한다. 창작의 결실은 '인내와 끈기가 만든 열매'라는 뜻이다.

나는 거기에 오늘날처럼 복잡다단한 세상 속에서 "작가는 똑똑하고 영리해야 한다"고 덧붙이고 싶다. 열심히 탐구하고 공부해야 한다는 뜻이다. 반대로 말하면 누구든지 열심히 탐구하고 공부하면 좋은 창작자가 될 수 있다는 뜻이기도 하다.

누구나 세상을 울리고 웃길 매력적인 스토리 하나씩은 가지고 있다. 누구나 자기만의 특별한 세상을 가지고 있고, 자기만의 시선과 상상력으로 다른 이의 세상을 훔쳐보거나 쓰고 그려볼 수 있다. 자기만의 세상 읽기를 세상 사람 누구나 함께 울고 웃을 수 있는 스토리로 어떻게 만들 것인지가 문제다. 그것은 인내와 끈기 그리고 전략을 생각하고 다룰 줄 아는 영리함이 필요한 일이다.

문학과 스토리 창작을 가르치는 대학 강단과 수많은 아카데미에서는 아직도 많은 경우 천부적 영감과 직관력, 글쓰기의 재능을 강조한다. 그래서 가르치기보다는 그냥 '쓰라'고 요구하고, 함께 '평가하는' 것으로 시간을 채우는 경우가 대부분이다. 창작자는 천부적으로 타고나는 것이라는, 쓰고 또 쓰다 보면 잠재되어 있던 천부성이 발현될 것이라는 암묵적 전제가 깔려 있다.

나는 창작자의 천부성을 강조하는 주장에 동의하지 않는다. 천부성을 인정하지 못하는 것이 아니라, 교육의 강단에서 이런 주장이 거론되는 것 자체가 맞지 않다는 생각이다. 문학과 예술, 스토리 창작에서 천부성이 가장 중요하다면, 도대체 학교에서 가르칠 수 있는 게 무엇이란 말인가? 재능과 역량도 교육을 통해 성숙될 수 있다는 믿음에서 창작자 교육이 출발해야 하지 않는가? 그러나 여전히 우리의 창작자 교육은 철 지난 고루한 사상에 사로잡혀 있는 듯하다.

최근 할리우드를 비롯해 세계적으로 부는 스토리 열풍의 중심에는 분석과 논리에 기초한 '좌뇌적 창작'이 있고, 이 창작법이 대세로 자리잡고 있다. 다시 말해 철저히 분석하고 계획하고 설계하는 과정을 통해 스토리가 창작되고 있는 것이다. 과거처럼 영감과 직관에 기초한, 말 그대로 '예술가'가 아니라, 오히려 대중과 시장의 요구와 바람을 수용하고 대변할 수 있는 '스토리 디자이너' 또는 소비자(독자/관객/시청자)의 기호나 요구에 맞게 재료를 요리하는 '스토리 에디터Story Editor'를 필요로 하는 시대라고 할 수 있다.

할리우드 영화나 TV드라마의 쇼러너Showrunner들을 살펴보면, 흥미로운 사실을 알 수 있다. 글작가란 직업 하나만 가진 사람은 단 한 명도 찾기 어렵다는 사실이다. 한 사람이 글작가로서뿐만 아니라 프로듀서로서, 스태프로서, 때로는 감독이나 스토리 에디터나 스토리 컨설턴트Story Consultant로서 다채로운 이력을 가지고 있음을 확인할 수 있다.

한국에서는 '창작'이라고 하면 글이나 그림을 그리는 일이라고 여기는 경우가 많지만, 사실 글이나 그림은 창작된 스토리를 표현하는 형태이고 방법이라고 보는 게 옳다. 한국을 제외한 세계 어느 나라에서나 창작자로 성장하는 데 주안점을 두고 있지, 글을 쓰거나 그림을 그리는 기능적인 일에만 매달리지 않는다.

창작자는 하늘이 점지해 주는 것이 아니고 태어날 때부터 타고나는 것도 아니다. 창의의 교육과 훈련을 통해서 발굴되고 육성되는 경우가 더 많다. 실제 우리가 알고 있는 창작자들 중에도 자신의 타고난 운명을 직감하고 그대로 살아온 경우보다는 스스로 운명을 개척해 온 경우가 훨씬 더 많다.

창작의 재능을 학습하고 훈련하는 방법

스토리란 무엇으로 정의할 수 있을까? 2,300년 전 아리스토텔레스는 "스토리에는 플롯, 주인공의 사상, 주인공의 성격, 언어적 표현, 시각적 장치, 노래 이렇게 여섯 개의 요소가 담겨 있어야 한다"고 했고, 오늘날 많은 사람들은 스토리를 소비하는 대상인 소비자의 특정한 정서적 반응을 이끌어내기 위해 생산자가 인물·사건·배경 등의 요소를 상상과 허구에 기초해 의도적으로 배열한 창작물(줄거리)을 '스토리'라고 한다. 나는 위의 정의에 하나 더 보태고 싶다. 스토리란 사상적으로 '현실에서 이루어지지 못한 욕망의 반영이자 대체제'라고 정의하고, 스토리 창작의 실천적 지침으로 '후크Hook와 플롯Plot의 마술'을 말하고 싶다.

마술사는 자신의 마술을 어떻게 준비할까? 스토리텔링을 염두에 두고 준비한다면, 우선 맛보기부터 시작해서 한 걸음 더 나아가고, 잠깐 분위기를 전환시킨 뒤 절정의 마술로 마지막 피날레를 장식하려 할 것이다. 일종에 기승전결起承轉結의 스토리구조로 자신의 마술을 준비한다. 무엇을 생각하면서? 관객이 어떤 정서적 반응을 보일지를 상상하고 기대하면서!

기승전결에 맞춰 아마도 '가벼운 즐거움 → 조금 진지한 즐거움 → 깜짝 반전과 분위기 전환의 놀라움과 기대감 → 경탄스러운 환호 → 앙코르 서비스'까지의 순서이지 않을까? 그리고 그에 걸맞는 마술을 선택하고 퍼포먼스까지 설계한 후에 실수가 없도록 갈고 닦을 것이다. 큰 틀에서 먼저 마술공연 전체를 관통하는 주제와 콘셉트 그리고 관객의 카타르시스를 정해놓고, 단계별로 굵직한 덩어리(기승전결의 스토리텔링)를 설계한 다음, 그에 걸맞은 마술 하나하나를 선택하는 순서이지, 그 반대가 아니다.

그러나 스토리산업에 종사하는 많은 신인 창작자들은 머릿속에 떠오른 큰 틀과 굵직한 덩어리에 대한 정의와 설계를 충분히 하지 않은 상태에서, 바로 디테일로 들어가려고 한다. 즉 글을 쓰는 일에 너무 많은 비중과 시간을 할애한다. 그렇게 하는 것이 옳다고 여기거나 심지어 그렇게 할 수밖에 없는 게 스토리 창작이라고 생각하며 감수할 뿐이다. 스토리 창작을 가르치는 교육현장에서도 가르치지 않고 스토리산업 현장에서조차 제대로 알려주지 않기 때문에, 결국 시행착오를 겪으며 오랜 세월이 지난 뒤에야 언제 어떻게 시작하고 진행해야 할지를 깨닫는다.

이렇게 해서는 하늘의 도우심이 없다면 그 어떤 창작자도 등용의 기회, 성공의 기회를 얻기 힘들다. 조금만 배우고 익히면 바뀔 수 있다. 운명은 천부적 재능이나 하늘의 도우심이나 행운이 아니라, 학습과 연구로 바꿀 수 있다.

후크와 플롯은 동전의 양면처럼 붙어 있다. 후크가 선명하지 않다면 플롯을 구축할 이유나 필요가 없고, 플롯이 제대로 받쳐주지 않으면 아무리 멋진 후크라도 빛을 발할 수 없다. 한 걸음 더 나아가 '플롯이 곧 후크가 되는' 스토리가 바람직한 결과를 만들어낼 수 있다.

이렇게 본다면 스토리의 소재(핵심 사건)를 발굴하고 장르를 선택하며 플롯을 구축하는 등의 모든 작업이 탐구와 성찰, 학습과 연구를 통해 배우고 익힐 수 있다. 심지어 고도의 감성과 직관이 필요한 캐릭터를 창조하는 작업에서도 에니어그램Enneagram이나 MBTI 같은 성격분석도구 등을 활용하면 멋지고 매력적인 결과를 얻을 수 있다. 이렇게 본다면, 과연 스토리 창작을 '맨땅에 헤딩하듯'이 창작자의 주관적 감성과 직관에만 의존해 작업하는 것이 얼마나 전근대적이고 비효율적인지 진지하게 생각하게 된다.

할리우드에 부는
스토리이론의 백가쟁명

콘텐츠산업에서 내게 남겨진 도전과제가 있다면, 신인 창작자들의 등용을 돕는 일이라고 생각한다. 몇몇 신인 창작자들과 공동작업을 진행하면서 경험이 풍부한 중견 창작자나 이제 걸음마를 시작하는 신인 창작자나 쓰고 또 쓰고 다시 수정해 쓰는 전통적인 작업 방식에서 거의 차이를 보이지 않는다는 사실을 알고 큰 충격을 받았다.

적어도 기성의 질서에 도전해 참신함으로 승부해야 할 신인 창작자들이 전통적인 작업방식을 그대로 답습한다면, 참으로 문제가 아닐 수 없다. 어느한두 명의 문제가 아니라는 생각에, 좀 더 많은 신인 창작자들과 폭넓게 공유해야 할 필요성을 느끼고, 스토리 창작의 실전 방법론을 정리하기 시작했다.

중견 창작자들과 함께 작업하며 보았던 창작의 절차와 방법을 플로우차트Flowchart로 정리하여 순서에 맞춰 작업을 진행하였고, 작업 단계별로 필요한 양식과 도구를 만들어 신진 창작자들과 공동작업을 진행하였다. 그러나 창작의 내용보다는 형식과 과정에 주안점을 두었기 때문에, 당연히 한계가 있는 작업 방법이었다. 손에 잡히는 대로 많은 작법론을 공부하기도 했지만, 실전 창작작업에 적용하기에는 너무나 모호하고 추상적이거나 낡고 하찮은 주관적 조언 일색이어서 내가 알고 있는 사실을 벗어나지 않았고 보탬이 되지 못했다.

한국형 스토리이론의 선구자라고 할 수 있는 심산 작가의 연구작업을 통해 할리우드에 적지 않은 스토리이론들이 있다는 사실을 알게 되었다. 곧바로 구글 검색에 착수했다. 충분치 못한 영어 실력이었지만, 인터넷 번역기의 도움을 받아 의역을 해가며 학습한 할리우드의 스토리이론은 가히 '백가쟁명百家爭鳴'이라고 해도 과언이 아닐 만큼 차고 넘쳤다. 저자 대부분이 대학교 강단에서 가르치고 있었고, 실전 스토리 창작현장에서 스토리 코치로서 왕성한 활동을 하고 있었다. 소설 작가부터 영화나 TV드라마 작가에 이르기까지 대학교부터 이런 교육을 받고 실전 창작에서도 코칭 등 다양한 지원을 받는 할리우드의 창작자들이 한없이 부럽기만 했다.

약 2,300년 전 아리스토텔레스가 쓴 『시학』은 미국 창작자들에게 성경이고, 시드 필드의 '패러다임론'은 현대 영화 스토리텔링의 출발점이다. 그 외에도 10여 개의 대표적인 할리우드 스토리이론을 연구하면서, 스토리 창작도 고유의 철학과 이론과 방법을 갖추어야 한다는 사실을 깨달았다. 그때 느낀 흥분과 다른 한편의 절망감이란…… 스토리 창작을 하기 위해 아리스토텔레스부터 근대철학을 대표하는 헤겔에 이르기까지, 게다가 현대철학과 심지어 과학까지 공부하고 익혀야 하다니! 이런 낭패가 있나!

다행히 대학교 때 공부했던 다양한 철학이 큰 위로가 되었고, '프랑스의 마지막 지성' '현대의 헤겔' '프로이트의 계승자'라고 칭송받았던 자크 라캉의 『욕망 이론』을 접한 것도 행운이었다. 덕분에 먼 길을 돌지 않아도 되었다.

많은 창작자들에게 스토리란 무엇인지, 플롯 또는 스토리구조에 관해서 들어본 말이 있는지 질문하면, 모두들 "기승전결"이라고 답한다. 실제로 동양의 '기승전결'은 현대 스토리의 4막 구조와 같은 맥락에서 이해할 수 있다. 서양이 정의하는 스토리구조는 전통적으로 '서론 – 본론 – 결론' 같은 3막 구조였지만, 1970년대 시드 필드의 '패러다임론'부터 2막을 두 파트로 나누어 2-1막과 2-2막으로 구분하기 시작했고, 사실상 4막 구조가 되었다. 서양의 '4막 구조'와 동양의 '기승전결'은 어떻게 다를까. 하나도 다를 것이 없지만, 오히려 동양의 '기승전결'이 더 정확하고 일관된 의미를 전달하고 있다고 해도 되겠다.

나는 서양의 스토리이론을 독학으로 배우며 우리 동양의 '기승전결론'을 오늘날에 제대로 되살리고 싶은 욕심이 생겼다. 더욱이 할리우드의 스토리이론들을 실전 스토리 창작에 적용하면서 느낀 한계와 단점에 대한 근본적인 수정이 필요하던 터였다. 이렇게 만든 것이 '욕망의 레시피'다. 표현과 형식은 서양의 4막 개념이지만, 내용은 동양의 '기승전결'이라고 이해하면 된다.

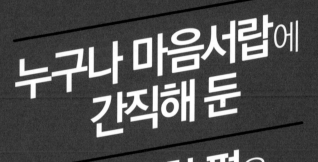

2

누구나 마음서랍에
간직해 둔

스토리 한 편은
있다

"당신이 바로,
   세상을 웃고 울리게 할 스토리의 주인공입니다."

"나한테 죽이는 이야기가 하나 있는데, 한번 들어볼래?"

어떤 자리에서든지 내 직업을 소개하고 제작했던 작품의 목록을 말하면, 사람들은 대부분 감탄을 하며 "와우! 대단하다!"라는 반응을 보인다. 식사를 나누는 자리에서, 한 사람이 첩보원처럼 다가와 귓속말을 하듯 말한다.

"나한테 죽이는 이야기가 하나 있는데…… 어때, 한번 들어보겠는가?"
어느 누구나 자신의 마음서랍 안에 하나 이상의 이야기를 가지고 있다. 자신이 경험했던 이야기, 어딘가에서 들었던 이야기, 때로는 상상으로 지어낸 이야기에 이르기까지. 돌아보면 내가 스토리(콘텐츠)산업에 뛰어든 출발점에도, 간절히 말하고 싶은 이야기가 있었다. 전 세계 인구가 80억 명이라고 하는데, 모든 사람이 자기 마음서랍 안에 쌓아둔 이야기를 한꺼번에 말하면, 이 지구는 사람들이 꺼내놓은 말의 진동으로 부서지고 이야기의 홍수에 잠기게 될 것이다.

이처럼 세상에 이야기는 차고 넘친다. 하지만 마음서랍 밖으로 나와 세상의 빛을 보는 이야기가 얼마나 될까? 군이 세상에 꺼내놓지 않아도 되는 이야기도 있고, 작은 목소리로나마 잔잔하게 속삭이는 데 만족하는 사람도 있지만, 세상을 향해 자기 마음서랍 속 이야기를 소리쳐 외치고 싶어하며 조바심 치는 사람도 있다.

나는 마음서랍에 담긴 수많은 이야기 중에서 서랍 밖으로 나와 세상 사람들과 소통하고 공유되는 상업적 목적의 이야기를 '스토리'라고 부른다. '이야기'나 '스토리'나 결국 같은 뜻이라고 생각할 수 있지만, 모든 이야기를 대중적이고 상업적인 이야기, 즉 '스토리'로 만드는 것은 아니어서 그 둘을 구분하려는 뜻이니 양해하기 바란다.

'스토리'란 허구와 상상에 기초해서 창작된다. 심지어 실존인물이나 실제 사건을 다루더라도, 스토리는 있는 그대로의 사실을 말하지 않는다.

> "작가는 실제로 일어난 사건을 말하는 것이 아니라, 일어날 수 있는 일 또는 개연성과 필연성의 법칙에 따라 일어나리라 기대할 수 있거나 간절히 소망하는 일을 말해야 한다. 역사가는 '실제로 일어난 사실'을 말하고, 작가는 '일어날 수 있는 일'을 말한다는 데 차이가 있다. 그러므로 스토리는 역사보다 더 철학적이고 보편적이며 우월하다."
>
> – 아리스토텔레스 『시학』 제23장

스토리를 창작하는 사람(작가)이 역사를 다루는 사람(학자)보다 더 철학적이고 위대하다니……! 스토리 창작자로서의 자부심을 느낄 수 있는 말이 아닌가? 맞다. 충분히 자부심을 느껴도 된다. 다만 이를 위해서는 반대편의 책무를 걸머져야 한다. 스토리는 역사(실제)보다 더 철학적이고 보편적이며 우월하게 생각해야 하고 그런 생각을 말해야 한다는 뜻이기 때문이다. 아리스토텔레스의 격언은, 창작자의 의도와 스토리의 주제 그리고 매력적인 스토리 창작의 기법이 얼마나 중요한지를 시사하고 있는 말이다. 영화 〈광해, 왕이 된 남자〉(2012)를 보면 이 말이 어떤 의미인지 정확히 알 수 있다. 『광해군일기』를 보면, 광해군 8년(1616) 2월 28일에 "숨겨야 할 일들은 조보朝報에 내지 말라고 전교했다傳敎曰 曰: 可諱之事, 勿出朝報"라는 기록이 나온다. 과연 '숨겨야 할 일'이란 무엇이었을까? 역사가 말하지 않는 사실을 상상과 허구의 힘으로 만들어낸 스토리가 〈광해, 왕이 된 남자〉다. '조선의 백성들이 꿈꾸었던 왕'이란, 현재를 살아가는 우리가 갈망하는 참된 지도자상이다. 〈광해, 왕이 된 남자〉는 작가의 상상력이 무엇보다 빛난 작품이다. 그 스토리는 사리사욕만 가득한 정치인들을 경험하며 절망감을 느꼈던 많은 한국인들의 시대적 결핍과 욕망을 자극했다. 다만 『조선왕조실록』에서 사라진 광해군의 15일간의 행적은 사실이 아니다.

이렇듯 모든 스토리는 실제로 일어난 사건에 대한 해석과 성찰 나아가 역사적·사회적 삶에 대한 통찰을 담고 있다. 그에 기초해서 허구와 상상으로 지어낸 그럴듯한 사건과 인물을 다룬다. 그래서 사람들은 역사와 뉴스를 읽거나 볼 때보다 스토리의 형태로 읽거나 볼 때 더 쉽게 이해하고 오래도록 기억하고, 나아가 우리네 삶에 대한 사유와 성찰을 즐기기도 한다.

TV드라마 〈미스터 션샤인〉(2018)을 시청한 사람들이 갑자기 애국·매국 논쟁을 벌이는 현상은, 허구와 상상의 스토리에 대해 무엇을 보고 있는지, 무엇을 보고 싶었는지를 단적으로 보여준다. 아리스토텔레스가 "스토리는 역사보다 더 철학적이고 보편적이며 우월하다"라고 한 이유는, 단지 스토리 자체에 대해서 말하고자 함이 아니라, 스토리 창작자가 어떤 마음가짐으로 창작에 임해야 하는지를 말하고 싶었던 것이리라.

순수예술과 상업예술의
차이는 무엇일까?

문화예술의 창작은 자유로운 영혼과 개성의 산물이다. 그래서인지 문화예술의 본질은 저항과 진보에 있고, 창작자는 자유주의자이자 진보주의자라고 생각하기 쉽다. 그러나 이것은 편견이고 고정관념이다. 누구나 알다시피 고대 귀족사회에서 중세 봉건사회에 이르기까지 문화예술 콘텐츠는 귀족들의 전유물이었다. 창작자라고 해서 먹고사는 문제에 초연할 수는 없었을 터. 문화예술의 창작자들은 먹고사는 문제를 귀족들의 금고에서 나오는 돈으로 해결했다.

예전 창작자들에게는 두 가지 선택밖에 존재하지 않았다. 세상을 등지는 무정부주의자가 되거나 부자의 편에 서거나. 오늘날까지 명작으로 남은 작품의 창작자들을 떠올려보면, 대부분 귀족(부자)과 교회권력의 편에 서서 그들을 위해 예술 창작을 했던 사람들이다. 각자의 가치관이 어떻든, 먹고사는 문제를 외면할 수 없다는 차원에서 보면 근대 이전 대다수의 예술가들은 보수주의자였고, 노예제도나 봉건 신분제도의 부역자였다.

문화예술인이 기득권 세력에게 저항하고 역사의 진보를 추구했던 것은 자본주의 시대에 들어서면서부터다. 자본주의 시대 이전에 문화예술의 가장 중요한 소비자가 귀족과 교회와 권력자들이었다면, 자본주의 시대에 들어서면서 매스미디어의 진화와 콘텐츠 제작기술 및 유통시스템의 발전으로 인해 대량소비의 시대가 열리고 99퍼센트의 민중이 1퍼센트의 권력자들을 압도하는 소비자로 떠오르게 된다.

영화 한 편을 보기 위해 부자라고 해서 더 많은 돈을 내진 않는다. 책을 사는 데에도, 소설을 읽는 데에도, TV를 시청하는 데에도 마찬가지다. 이렇게 본다면, 소위 '순수예술Fine Art'이라고 부르며, 부자를 소비자로 삼는 문화예술은 봉건시대의 유산이고 잔재다. 경매제도 등으로 자기만의 고유한 시장을 형성하고는 있지만, 시간이 흐르면서 '지는 해'로 몰락할 수밖에 없는 운명이다. 그래서 순수예술 콘텐츠도 자본주의의 대량생산시스템에 기대어 새로운 활로를 모색하고, 절대다수 민중들의 기호와 취향에 맞는 스타일로 변화하게 된다. 1950년대 영국에서 시작되어 1960년대 미국에서 꽃을 피운 팝아트나 1980년대 미국 뉴욕 시 지하철 화가 출신인 키스 해링 같은 작가들의 작품을 보면 그 경향을 뚜렷이 읽을 수 있다. 존재가 의식을 규정하는 경우다.

스토리 창작자들을 만나다보면 이따금 창작자의 고유한 정신세계, 즉 예술성을 강조하는 경우를 본다. 심지어 소비대중에게서 폭넓게 사랑받지 못할지라도 '영롱하고 숭고한 예술가'라는 이름으로 불리고 싶은 욕망은 과연 어디에서 비롯된 것일까? 이 또한 봉건시대의 유산이자 잔재일까? 그럴지도 모른다. 마치 본관과 족보를 거론하며 은연중에 자신이 얼마나 훌륭한 가문의 후손인지를 내세우고 싶어 하는 욕망처럼, 창작자란 천부의 재능을 가지고 태어난다는 선민의식選民意識의 발로이거나, 비록 많은 사람들로부터 선택받지 않았을지라도 자신의 작품이 얼마나 훌륭한 명작인지를 자랑하고 싶어 하는 욕망, 그리고 사실은 그 뒤에 숨겨진 대중과 시장에 대한 의식 부족과 그에 부응할 만한 역량의 부족이 드러날지도 모른다는 두려움의 발로일지도 모른다.

그러나 소위 순수예술이란 작품도 실상 그 가치를 계산하고 돈으로 사고 파는 것인 이상, 무엇을 기준으로 '순수예술'과 '상업예술'을 구분할 수 있을까? 냉정하게 해석하면, 봉건시대에 교회를 위해 그림을 그리고 조각품을 만들었던 미켈란젤로나 다빈치, 귀족과 종교권력을 위해 음악을 창작했던 모차르트나 베토벤 같은 창작자들도 결국 그 시대가 요구했던 상업예술을 한 것이 아닌가? 그러고도 역사에 길이 남을 예술가로 기억되고 있지 않은가?

순수예술과 상업예술을 구분하는 본질적인 차이는 없다고 생각한다. 예술가로 불리든 그렇지 않든 가장 중요한 것은 '창작의 본질 또는 창작자의 시대적 소명과 역할이 무엇인가?'의 문제다. 어쩌면 창작이란 창작자 자신이 하고 싶은 이야기를 하는 것이 아니다. 오히려 창작이란 세상이 보고 싶은 이야기, 세상 사람들이 듣고 싶은 이야기를 만드는 것이다. 창작자가 위대한 까닭은, 결핍으로 가득한 세상을 사는 사람들이 보고 싶어 하는 '세상'을 창조하고, 그 '세상'으로 사람들을 초대해 잠깐이라도 만끽하게 해준다는 데에 있다.

스티븐 스필버그 감독은 TV드라마 연출감독으로 출발해, 영화 〈죠스〉(1975)의 세계적인 흥행에 힘입어 그 이름을 알리기 시작했다. 이루 말할 수 없을 만큼 많은 명작들을 연출하거나 기획하고 제작자로 참여했던 그의 필모그래피 가운데 가장 특이한 작품이 〈쉰들러 리스트〉(1993)가 아닐까 싶다. 기존에 오락영화의 거장으로 자리매김한 감독이 갑자기 홀로코스트를 고발하고 증언하는 다큐멘터리적인 작품을 만들다니……

〈쉰들러 리스트〉의 제작발표회에서 스티븐 스필버그는 자신이 유대인임을 고백한다. 어쩌면 〈쉰들러 리스트〉 이전의 필모그래피는 이 작품을 자기 식으로 만들기 위한 그만의 여정이지 않았을까 하는 생각이 든다. 자기가 하고 싶은 '예술'을 위해 가장 '상업'적인 감독이 되었던 그를 보면서, 존경심을 가질 수밖에 없었다.

다시 말하지만, 자본주의 시대 이전의 창작자들은 귀족과 종교권력의 요구에 부응했기에 보수주의자의 위치에 있었고, 대량생산 – 대량소비를 특징으로 하는 자본주의 시대에 접어들면서는 대량소비의 주체인 99퍼센트 민중의 요구에 부응해 왔기에 창작자는 진보주의자가 될 수 있었다. 이런 맥락에서 볼 때, 오늘날 가장 매력적인 스토리는 과연 무엇일까? 그 대답은 너무나 자명하다. 세상의 99퍼센트를 차지하는 소비대중의 오감을 자극하며 사랑받는 스토리, 민중의 요구에 부응하는 스토리가 가장 매력적인 스토리다.

스토리의 문을 여는 열쇠:
소재, 주인공, 장르, 로그라인

앞에서 '이야기'와 '스토리'를 구분했는데, 마음서랍 안에 묵혀둘 이야기가 아니라 누군가에게 들려주고 싶은 스토리, 세상 사람들과 소통하고 공감을 얻고자 하는 스토리, 더욱이 돈을 벌고자 하는 상업적인 스토리를 만드는 일이라면, 조금 다른 관점과 접근방법을 가져야 한다.

어디론가 여행을 떠났는데, 한눈에 쏙 들어오는 집이 있다. 과연 어떤 집이길래? 선線과 색色, 디자인 등이 특별하게 아름답거나 특이한 집일 것이다. 눈에 번쩍 띄어 가지고 싶은 집이란 아마도 우리가 평상시에 쉽게 볼 수 없는, 새로움이나 참신함을 느끼게 하는 집일 것이다. 이를 스토리에 비유하면 사람들의 눈과 귀를 매혹시키는 '후크'란 개념에 해당한다.

집주인의 초대를 받아 안으로 들어가보았다. 거실과 주방과 방을 둘러보면서 정작 살펴보는 요소는 무엇일까? '새로움'과 '특이함', 즉 후크의 문제보다는 '편리함'이나 '아늑함' 같은 기능적인 요소들이다. 그를 통해서 공유되는 정서는 '나도 이런 집에서 살고 싶다'는 느낌이다. 스토리에 비유한다면 만족감을 주는 스토리의 완성도, 그를 가능하게 해주는 '플롯'이란 개념에 해당한다. 이처럼 스토리 창작은 '후크와 플롯의 마술'이고, 스토리 창작자는 '후크와 플롯의 마술사'다.

작가作家란, 한자 뜻 그대로 직역하면, '집을 짓는 사람'이다. 문제는 지금 지으려는 집이 '나 혼자 살고자 하는 집'인지, 아니면 '누구나 찾아와 머물게 하고 함께 살 수 있는 집'인지다. 만일 누구든지 찾아와 함께 머물고 싶은 집을 지으려 한다면, 자신만 좋아서는 안 되고, 누가 보더라도 매력과 즐거움을 느낄 만한 요소를 갖추어야 한다. 더욱이 작가가 짓는 집은 물질로서의 집이 아니라 마음으로서의 집, 즉 상상 속의 세상이다. 얼마나 새롭고 매력적인 세상인지도 중요하지만, 나아가 얼마나 많은 사람이 편하게 머물 수 있는지도 중요하다. 물질로서의 집은 면적과 디자인을 특정할 수 있지만, 마음으로서의 집의 크기와 디자인은 무엇으로 특정할 수 있을까? 이것이 중요한 문제이고 절실한 고민일 수밖에 없다.

사람들이 소설이나 공연, 영화나 TV드라마 등과 같은 스토리를 선택할 때, 과연 어떤 기준을 가질까? 각자가 최근 보았던 몇 편의 작품을 떠올려보고 왜 그 작품을 선택했는지 이유를 파고들면, 쉽게 답이 나온다. 작가나 감독, 출연배우 또는 포스터나 티저 같은 마케팅적인 요소 등 의외로 스토리 외적 요소가 중요하게 작용했다는 사실을 깨닫게 된다. 사람들의 관심과 참여로 먹고사는 스토리 콘텐츠를 제작할 때, 유명한 작가나 감독과 배우의 섭외에 크게 베팅을 하는 이유다.

그렇다면 작가나 감독, 배우의 유명세에 의존하지 않고 스토리만 볼 때에는 과연 어떤 요소로 판단할까? 영화에 대한 아무런 정보나 사전지식도 없는 상태에서 '이 영화를 보고 싶다' '왠지 모르겠지만, 이 영화가 재미있을 것 같다'고 생각한다면, 과연 영화스토리의 어떤 측면 또는 요소를 보았기 때문일까? 여러 사람들을 대상으로 취재를 해보니, 몇 가지 요소로 모아졌다.

첫째, 특별한 사건과 이슈, 즉 소재에 대한 기대감이었다. 둘째, 특별한 주인공, 특히 사람들의 기억에 오래도록 남아 있는 실존인물을 어떻게 다루었는지에 대한 궁금함이었다. 셋째, 장르에 대한 선호도였다. 예를 들어 SF나 공포, 코미디 같은 장르 스토리는 무조건 보는 마니아들이 있다. 넷째, 스토리의 로그라인Log-Line 또는 콘셉트다.

이제 다시 창작자의 관점으로 돌아와본다. 창작자는 무엇을 어떻게 다루고 풀어야 자신의 스토리를 성공의 길로 안착시킬 수 있을까?

첫째, 사람들의 관심을 끌기 위해서라면 위에서 정리한 스토리의 첫인상을 멋지게 만들어야 한다. 스토리가 다루는 사건과 주인공이나 장르가 아무리 특별해도, 볼 것인가 말 것인가를 결정하는 가장 중요한 요소는 바로 스토리의 로그라인이다. 더구나 로그라인은 스토리의 모든 내용과 형식을 담은 표현이니, 아무리 강조해도 부족할 뿐이다. 작품의 제목은 사람들의 관심을 끄는 데서 절반 이상의 중요성을 갖는다. 그래서 나는 어설픈 제목을 정할 바에는, 한 줄 로그라인이나 콘셉트를 잘 다듬어서 제목으로 정하라고 권한다.

한 줄 로그라인 또는 콘셉트만으로도 사람들의 관심을 끄는 대표적인 스토리로 '하이 콘셉트High Concept'가 있다. 정확히 표현하면 '하이 콘셉트-빅 스토리High Concept-Big Story'의 줄임말이다. 즉 블록버스터 영화Big Story같이 많은 관객을 모으기 위해, 다소 비현실적이라도 모든 이가 관심을 가질 수 있는 지구적이고 '통 큰 주제High Concept'로 승부해야 한다는 뜻이다. 예를 들면 할리우드 영화 〈매트릭스〉(1999)의 하이 콘셉트는 '만일 우리가 살고 있는 세계가 인공지능 기계가 만들어 놓은 가상의 매트릭스라면?'이라는 도전적인 질문이다. 이 질문 하나만으로도 사람들의 관심과 기대를 모을 수 있다.

둘째, 사람들은 창작자가 만든 스토리의 문을 열고 들어왔다. 휑한 마당을 둘러싼 창백한 집들이 보일 수도 있고, 예쁜 꽃과 나무들로 잘 다듬어진 자연의 풍경이 보일 수도 있다. 어떤 집에 더 매력을 느끼고 기대감을 갖게 될지는 자명한 이치다. 자연의 풍경 한가운데에 연꽃이 피어 있고 돌다리와 정자가 어우러진 연못이 있다면 더할 나위가 없겠다. 소설이라면 처음 다섯 쪽, 영화나 TV드라마라면 처음 5분 안에 성공이냐 실패냐를 판가름할 승부수를 던져야 한다. 그런데 이 스토리의 앞부분에 어떤 내용을 담아야 할까? 주인공을 소개해야 한다. 내 스토리이론인 24블록 스토리텔링에서 정의한 바로는 '캐릭터를 앞세운 스토리셋업Character First, Story Setup'의 시간이다. 제목이 조금 어설퍼도 이해할 수 있지만, '캐릭터를 앞세운 스토리셋업' 대목이 어설픈 것은 이해할 수도 용납할 수도 없는 일이다. 그러나 이 대목은 스토리의 시공간적 배경(세계관)과 주인공을 설명해야 하는 시간이기에, 본질적으로 재미를 주기가 참 어렵다. "여기만 잘 참고 견뎌내면, 멋진 세상을 보게 될 거예요"라고 말하고 싶겠지만, 터널을 빠져나간 뒤 주위를 둘러보면 창작자 혼자 서 있는 상황이 벌어질 수 있다. 그러므로 그렇게 되지 않도록 이 대목에 가장 신중한 전략을 세우고 혼신의 힘을 다 쏟아부어야 한다. 이에 관해서는 뒤에 '스토리셋업'에서 상세하게 다루겠다.

셋째, 스토리의 집을 둘러본 사람들이 하나둘 빠져나간다. 누군가 "다음에 친구들을 데리고 다시 와보고 싶다"고 말한다. 스토리는 사람들을 만족시키는 데 성공했다. 첫 번째와 두 번째의 도전과제를 뛰어넘었다면, 이제 남은 일은 결말에 이르는 순간까지 '플롯'을 셋업한 데 기초해서 다양한 재미와 즐거움을 차곡차곡 쌓고 빈틈없이 채우는 일이다. 이런 스토리를 읽고 듣고 본 사람이라면, 주위 사람들에게 이 스토리의 가장 충실한 마케터가 될 것이다. '가치적 재미'와 '기능적 재미'가 스토리라는 요리의 먹을거리라면, '플롯 구조'는 스토리의 그릇에 해당한다. '플롯(플롯구조)'은 중요하지만, 스토리를 소비하는 사람들은 '플롯'이라는 그릇이 아니라, '재미'라는 먹을거리를 먹는다는 사실을 명심해야 한다. 그렇다면 창작자는 스토리의 먹을거리를 어디에서 어떻게 찾을 수 있을까?

스토리 창작의 첫 출발점:
소재 또는 아이템

스토리 창작의 출발점인 소재는 어디에서 어떻게 발굴해야 하는가? 최고의
행운은 창작자의 영감과 아이디어로 번쩍 떠오르는 경우다. 그래서 모든 창
작자는 길을 가든, 사람을 만나든, 책이나 신문을 읽든, 심지어 잠을 잘 때조
차도 새로운 스토리의 영감과 아이디어가 행운처럼 찾아오지 않을까 하고
긴장의 끈을 놓지 않는다. 물론 그런 행운이란 불현듯 찾아오는 것이 아니라
창작자 스스로 만드는 것이라고 믿지만, 창작자는 새로운 소재를 찾아다니
며 예상치 않은 축복이 내리기를 소망한다.

　미국작가조합 홈페이지(https://www.wga.org)에서 귀한 자료를 구해 읽은
적이 있다. 「텔레비전 크레딧 매뉴얼Television Credits Manual」과 「스크린 크레딧
매뉴얼Screen Credits Manual」이라는 두 자료다. TV콘텐츠와 영화라는 차이가 있
을 뿐 동일한 내용을 다루고 있는데, 어디에서 매력적인 스토리 아이템을 발
굴할 것인지에 관해 중요한 시사점을 제공해 주는 내용이 있어서 옮겨본다.

(앞의 글 생략)

2. 문학적인 소재

   문학적인 소재는 (원천) 스토리, 각색, 트리트먼트, 시나리오, TV대본, 콘티, 스케치, 플롯, 설정 또는 대사 등이 필수적으로 포함된 글로 쓴 재료 또는 기획기사, 실화 등을 가리킨다.

3. 원천 소재

   원천 소재는 TV대본이나 영화 시나리오가 출발점으로 삼은 모든 재료를 뜻한다. 즉 TV대본과 영화 시나리오가 창작되기 이전에 출판되었거나 발표된 작가의 저작물(소설, 연극 또는 기획기사) 또는 미국작가조합의 관할권 밖에서 만들어진 저작물(비전문 또는 비직업 작가로부터 구매한 글로 쓰인 재료)을 뜻한다. 원천 소재에 관한 크레딧의 예로는 'Play by A'(연극), 'From a Novel by A'(소설), 'Based upon A-Story by A'(원천 스토리), 'From a series of articles by A'(기획기사), 'Based upon a teleplay/screenplay by'(이미 제작된 적이 있는 TV 대본과 영화 시나리오), 'Based on Characters Created by'(캐릭터) 등이다. 이 외에도 원천 소재를 구했던 방법과 형태를 가리키는 적절한 표현을 사용하면 된다. 그러나 사전 기획단계에서 참여한 작가가 쓴 글이나 취재 연구 재료 등 제작회사로부터 보수를 받고 작성된 재료는, 작업의 수준과 성격상 원천 재료(소재)로 간주되지 않는다.

   (뒤의 글 생략)

   – 「Television/Screen Credits Manual」 (2010.06.18, Writers Guild of America West/East)

미국작가조합의 '크레딧 매뉴얼'에서는 스토리의 원천 소재로 연극과 소설, 이미 제작 발표된 적이 있는 TV드라마나 영화의 스토리, 기획기사, 실화

등을 제시하고 있다. 이외에도 역사적 사건과 인물도 스토리의 아이디어와 영감을 불러일으키는 훌륭한 소재다. 최근에는 웹툰과 웹소설 같은 웹콘텐츠가 가장 애용되는 원천 소재로 떠오르고 있다. 전통적인 원천 소재로 소설과 만화(코믹북·그래픽노블)를 보는 것도 즐거운 일이다. 나만의 고유한 영감과 아이디어가 떠오르기 위해서도, 이런 원천 소재를 항상 뒤져보고 그를 기초로 나만의 스토리로 기획·창작하는 일이 중요하다. 아무리 습작이라고 하더라도, 제작의 현실성이 없는 아이템에 시간과 열정을 쏟기보다는, 이와 같이 보편적으로 애용되는 원천 소재를 기초로 작업하는 게 바람직하다.

조금 더 도전적으로 접근한다면, 영화 시리즈나 TV드라마의 속편이나 스핀오프 스토리를 창작해 보는 것도 좋은 방법이다. 나아가 매력적인 스토리를 창작했다면, 한국이든 미국이든 해당 제작사나 스튜디오에 제안(피칭)을 할 수도 있다. 매력적인 스토리라면, 누군들 관심을 갖지 않을까? 창작자로 참여할 수도 있고, 나의 스토리를 제작회사에 팔 수도 있다. 자기 자신에 대한 확신이 있다면 불가능한 일이 아니다.

새로운 재미와 즐거움을 담는 스토리는 의외로 다양한 방법을 통해서 만들어질 수 있다. 많은 창작자들이 소위 '습작'이라는 이름으로 자신의 머리로만 떠올린 소소한 스토리 창작에 애쓰는 모습을 보면 안타까운 마음이 든다. 그 또한 의미 없는 일이라고는 할 수 없지만, 아무리 습작이라고 해도 콘텐츠로 만들어질 것을 목표로 삼지 않는다면 올바른 습작이라고 하기 어렵다.

스토리산업에서는 차근차근 밟아 올라가는 계단이 존재하지 않는다. 첫 번째 창작한 작품이 인생의 대표작품이 될 수도 있는 곳, 마치 아무도 타지 않는 엘리베이터를 이용하듯이 1층에서 10층 또는 그 이상으로 바로 직행할 수 있는 곳이 바로 스토리산업이다. 때로는 도박심리를 부르기도 하지만, 그것은 스토리산업에서 일하는 창작자들의 특권이라고 할 수 있다.

역사 스토리에 대한 관심은 언제나 차고 넘친다. 한국콘텐츠진흥원에서 2009년부터 시행하는 '대한민국 스토리공모대전'(대한민국 콘텐츠대상 - 스토리부문)은 한국에서 가장 많은 상금을 시상하는 공모전으로, 이제는 대표적인 신인작가 등용문으로 자리 잡았다. 보통 2천여 편의 작품이 접수되어 예심과 본심을 거쳐 최종 수상작을 결정하는데, 나는 본선심사 심사위원으로 여러 번 참여했다. 심사를 진행할 때마다 매번 나오는 평가의견이 "역사물이 너무 많다"는 지적이었다. 매력적인 스토리를 선정하는 데서 역사물이냐 현대물이냐를 따질 필요는 없지만, 현실적으로 제작비가 많이 들고 해외시장 진출에 어려움이 따른다는 점에서 역사물은 꺼려지는 장르다. 그러나 2022년 공모전의 심사결과를 봐도 여전히 역사물이 다수를 차지할 정도로 여전히 역사 스토리는 강세다.

역사 스토리가 많이 창작되는 이유는 무엇일까? 역사기록에 이미 많은 스토리의 재료들이 있기 때문에 소재를 찾기 쉽고, 따라서 특정한 역사적 사건 또는 인물이 갖는 현재적 의미를 발견하고 해석하는 일, 즉 주제를 세팅하는 일에 집중하기가 쉽다.

나는 역사 스토리를 기획할 때, 인터넷 백과사전과 한국사 연표 등에서 시대와 인물의 주요 사건을 수집하고 표로 정리하는 일부터 시작한다. 이렇게 하면 언제 어떤 일들이 일어났는지 알 수 있고, 주인공과 적대적 인물의 실제 연대기가 한눈에 보이며, 비슷한 시기에 중국과 일본 또는 유럽과 미국에서는 어떤 사건과 흐름이 있었는지도 알 수 있다.

예를 들면 조선시대에 보부상이 가장 활발히 활동했던 때가 임진왜란 이후 16세기 무렵이다. 광해군(1575~1641)의 대동법이 기폭제가 되어 18세기에 이르러서는 조선 팔도에 1천 개가 넘는 크고 작은 장시場市가 열릴 정도로 상업이 활성화되었다고 한다. 이때의 보부상, 그들이 개척한 상업활동을 어떻게 해석할 수 있을까? 이 당시 서양의 역사를 살펴보면 답을 내리기가 쉬워진다. 콜럼버스의 대항해(유럽의 북아메리카 진출)가 1492년부터 1504년까지 계속되었고, 이후 유럽인들이 아프리카와 아시아까지 식민지를 만들면서 유럽의 해외시장은 확대되었다. 17세기 말에서 18세기 초에 이르면, 전 세계가 유럽의 식민지로 전락한다. 아메리카와 아시아 등 다른 대륙은 유럽의 원료시장이자 소비시장으로 편입된다. 소비시장의 확대가 대량생산의 요구로 이어지면서 1720~1820년에 걸쳐 영국의 산업혁명이 일어났고 1789~1794년 프랑스대혁명(시민혁명)이 일어났던 사실까지 감안한다면, 상업의 발전이 봉건 신분제 사회를 근대 자본제 사회로 전환시킨 출발점이자 원동력이었음이 분명하다.

광해군의 재위기간이 17세기 초·중반이었던 연대기를 비교해 본다면, 서양과 동양의 경제적·사회적 발전단계가 큰 격차 없이 흘러가고 있음을 알 수 있다. 서양에서 있었던 일들이 같은 시기 조선에서도 일어날 수 있었다고 보는 게 합리적이다. 그렇다면 서양의 예까지 빌려와 스토리의 상상력을 펼치기에 훨씬 다양하고 새로운 에피소드를 창작하기 수월하다. 이렇듯 역사(기록)에는 스토리의 재료들이 차고 넘친다. 현대물은 이 모든 재료들을 창작자 스스로 세팅해야 한다. 현대물의 스토리를 창작하기가 더 어려운 이유이다.

물론 역사적 인물이나 사건들을 조사하고 연구하는 작업에도 다양한 해석과 상상력이 필요하다. 2017년 돌아가신, 영화 시나리오와 TV드라마 1세대 작가인 임충 선생과 함께 한국 판소리의 대부 동리 신재효(1812~1884)를 소재로 한 스토리를 창작할 때의 일이다. 당시 연보를 정리하면서 흥미로운 사실을 발견했다. 1894년 전라북도 고부봉기로 시작한 갑오농민전쟁(동학농민운동)의 주역은 알다시피 전봉준(1855~1895)이다. 전봉준은 1855년에 전라북도 고창군에서 태어나 젊은 시절에 약藥을 팔아 생계를 유지했다고 알려져 있다. 동리 신재효의 연표를 정리하면서 흥미롭게 느낀 점은 신재효가 아버지 때부터 고창군에서 관약방官藥房을 가업으로 운영해 왔던 갑부였다는 사실이다.

제약회사나 다를 바 없던 관약방이 지역별로 몇 개씩 존재할 수 없었다면, 전봉준의 젊은 시절은 신재효와 어떤 식으로든 인연이 맺어져 있을 것이다. 상대적으로 동리 신재효 선생의 지명도가 낮으니 전봉준을 연결하면 흥행에 도움이 될 것이라고 판단했다.

나는 스토리를 기획하면서, 어린 전봉준이 신재효의 관약방에서 일했던 인연을 만들었고, 전봉준이 관약방 일을 하면서 당시 빈번했던 농민민란의 수뇌부들과 연결되어 있었다는 설정을 통해, 악당에게 공격당하는 빌미가 되었다는 에피소드를 만들었다. 이처럼 조사·연구나 취재작업을 하다보면, 있는 그대로의 역사적 사실에 국한되지 않고 풍부한 상상의 나래를 펼치는 새로운 경험을 할 수 있다.

창작자는 의문을 품고
질문을 던지는 사람

앞서 설명했듯이, 무한한 상상의 나래를 펼칠 수 있는 게 '하이 콘셉트' 스토리다. 'What if?', 즉 '만일 ~하다면 어떻게 될까?'라는 질문에서 상상력을 발휘하는 것이다. 〈혹성탈출: 진화의 시작〉(2011)은 '만일 침팬지가 인간과 같은 지능을 갖는다면, 어떻게 될까?'라는 질문에서, 〈아마겟돈〉(1998)은 '지구를 부술 정도의 크기인 혜성이 무서운 속도로 날아온다면?'이라는 질문에서 시작한다. 영화 〈괴물〉(2006)은 '만일 한강에 괴물이 나타난다면?'이라는 질문에서, 〈부산행〉(2016)은 '한국에 좀비가 나타난다면?' 또는 '부산행 KTX에 좀비가 함께 탄다면?'이라는 질문에서 시작한다.

　문제는 현실의 개연성을 확보하는 일이다. 〈혹성탈출: 진화의 시작〉을 예로 들어보자. '침팬지가 인간과 같은 지능을 가지고 있다니, 이게 말이 되는가?'라고 반문할 수 있다. 동물의 뇌에서 사물이나 상황을 이해하고 계획을 세워 행동에 옮기도록 결정하는 부분을 '신피질'이라고 하는데, 인간의 경우

신피질이 뇌의 76퍼센트를 차지하고, 침팬지의 경우에는 72퍼센트를 차지한다고 한다. 결국 4퍼센트의 차이로 인해 만물의 영장인 인간과 동물원의 원숭이로 나뉜다. 그렇다면 누구라도 당연히 궁금증이 생길 법하다. '만일 그 4퍼센트를 바꾸면, 침팬지도 인간과 같은 지성을 가지게 될까?' 이것이 바로 〈흑성탈출: 진화의 시작〉의 개연성이다.

그렇다고 해서 현실의 개연성이 반드시 과학적으로 검증 가능하거나 정확히 들어맞아야 한다는 뜻은 아니다. 누구라도 그런 상상의 질문을 던질 수 있고, 납득하거나 이해할 수 있다면 그것으로 충분하다. 영화 〈매트릭스〉의 철학은 장자가 꿈꾸었다는 '호접몽胡蝶夢'의 일화와 상통한다. 동서양을 막론하고 비슷한 생각을 할 수 있기 때문에 상상의 나래를 크게 펼칠 수 있었던 스토리다.

'하이 콘셉트' 스토리는 원래 블록버스터 스토리의 출발점이다. 그러나 블록버스터 영화를 만드는 창작자가 아니더라도, 창작자는 상식이라고 생각했던 현실에 대해 늘 의문을 가져야 하고 질문을 던지고 답해야 한다. 그것이 창작자의 즐거운 도전과제이자 의무이고 숙명이다.

내가 제작에 참여했던 작품 중에서 개인적으로 가장 큰 애정을 가진 작품 중 하나가 TV드라마 〈불량주부〉(2005)다. 만화 『불량주부일기』를 원작으로 한 〈불량주부〉는 남편의 주부생활을 다루었다는 점에서 성性역할에 관한 통속적인 고정관념을 전복하며 만화와 TV드라마에서 모두 성공을 거두었다. 〈아내가 결혼했다〉(2006년 소설, 2008년 영화)는 제목 자체부터 우리의 고정관념에 의문을 품고 질문을 던지고 있다. 세상과 인류의 운명을 좌우할 만한 이슈가 아닐지라도, 우리가 상식이라고 생각했던 문제에 계속 의문을 품고 질문을 던지면서 스토리 창작은 시작된다.

소재는 어디에든 있고 언제든지 생기며 무엇이든지 가능하다. 하나의 소재에서 스토리의 의미와 재미를 발굴하는 것도 얼마든지 가능하다. 2011년 4월 12일 농협 전산망에 있는 자료가 대규모로 손상되어 수일에 걸쳐 전체 또는 일부 서비스 이용이 마비된 사건이 발생했다. 4월 30일에서야 정상화될 정도로 심각한 사건이었다. 소위 '농협 전산망 마비 사태'라고 부른다. 4월 18일 농협 측에서 "사이버 테러일 가능성이 높다"고 흘리더니, 4월 26일 검찰은 "북한의 해킹"이었다고 서둘러 발표한다. 당시 이명박 정부에서 4대강 사업이 한창이던 시점이어서, 더더욱 많은 소란이 일었고 의문점도 제기되었지만, 유야무야 종지부를 찍었다.

뭔가 수상쩍지 않은가? 또 하나 2018년 11월 서울 서대문구에 위치한 KT 아현지사의 지하통신구에서 화재가 발생해 인근 지역의 모든 통신망이 두절된 사건이 발생한다. 무선통신과 인터넷에 대한 의존도가 높아진 오늘날 이런 화재사건이 일어난 이유부터 혹여 있을 법한 파급상황에 이르기까지 상상력이 발동하지 않는가? 때론 세상사에 대한 음모론적 상상력이 창의의 스토리를 만들어내는 경우가 많다. 그래서 나는 창작자들에게 농담 반 진담 반으로 "세상을 음모론적으로 상상하라"고 충고하기도 한다.

2000년 2월 9일 당시 용산 미8군기지 영안소 부책임자인 군무원 앨버트 L. 맥팔랜드는 시신처리 방부제로 사용하는 20박스 분량의 포름알데히드 470병(223리터)을 싱크대 개수대에 버리라고 지시했다. 유독물질인 포름알데히드는 별도의 정화시설이 없는 용산 기지의 하수구를 지나 한강으로 그대로 흘러 들어갔다. 2000년 7월 녹색연합이 맥팔랜드를 검찰에 고발했으나, 검찰과 법무부는 기소를 미루다가 2001년 3월이 되어서야 벌금 5백만 원에 약식 기소했다. 이에 4월 5일 법원이 직권으로 맥팔랜드를 정식 재판에 회부했다. 그러나 기소된 이후에도 사건의 당사자인 맥팔랜드는 소파SOFA 협정을 핑계로 "공무 중 발생한 일이기 때문에 재판권은 대한민국이 아니라 미군에 있다"며 법정에 불출석하고 재판을 거부했다.

이에 법원은 재판을 진행하겠다는 단호한 입장을 밝혔다. 여러 우여곡절을 거치다가 결국 첫 재판은 2003년 12월 12일에 열렸는데, 이는 사건 발생 3년 10개월, 정식 재판에 회부된 지 2년 9개월 만이었다. 미군 당국은 맥팔랜드가 미8군 영내에 기거하는지도 알 수 없다고 밝혔기 때문에 1심은 궐석재판으로 진행되었고, 2004년 1월 9일 맥팔랜드에게 검찰이 구형한 벌금 5백만 원보다 훨씬 무거운 징역 6개월을 선고했다. 결국 2005년 1월 18일 서울중앙지법 형사항소 1부는 항소심 선고공판에서 맥팔랜드에게 유죄를 선고하고, 징역 6개월에 집행유예 2년을 선고했다. 영화 〈괴물〉의 탄생배경이다. 음모론적인 상상이 멋진 영화 한 편을 만들어낸 것이다.

세상을 요동치게 만드는 사건이나 이슈가 생길 때마다 질문하고 상상해보기 바란다. '왜 발생했을까?' '어떻게 해석해야 할까?' '누가 그랬을까?' 끊임없이 질문을 던지고 찾아보고 답해야 한다. 진지하게 탐구하고 의미 있는 연구에 몰입해도 좋고, 때로는 음모론의 시각으로 상상력을 발휘해도 좋다. 이를 통해 내가 할 수 있는 이야기는 무엇일까? 질문에 답하고 또 답하다보면, 매력적인 스토리가 떠오를 수 있으리라 확신한다.

그러나 스토리를 다루는 데서 '소재'는 창작자가 이 세상을 향해 말하고자 하는 바, 즉 '주제'를 드러내는 '꺼리'이자 창문일 뿐이다. 정작 중요한 것은 '무엇을 말하려고 하는가?' '무엇을 말하고 싶은가?', 즉 스토리에 담을 주제다. 주제는 세상을 대하는 창작자의 관점이자 가치관이고 의견이자 생각이다. 주제를 정의하지 못했다면, 소재란 아무런 존재의미도 갖지 못한다.

영화 〈명량〉(2014)을 만든 김한민 감독은 어느 인터뷰에서 현재의 세상은 "자기정체성에 대한 프라이드가 약한 시대"라고 정의하고 세상 사람들에게 "자긍심을 가지자고, 가져도 된다고 말하고 싶었다."고 답을 했다. 이게 주제이다. 덧붙여 김한민 감독은 역사 3부작으로 병자호란, 임진왜란, 일본제국주의에 대한 민중적 저항을 소재로 구상했다고 한다. 2020년 2월 tvN에서 〈방법誘法〉이라는 드라마를 방영했는데, 우리에게 영화 〈부산행〉(2016)으로 익숙한 연상호 감독이 드라마작가로 데뷔한 작품이기도 하다. 처음의 우려와는 달리 나름 화제를 불러일으켰는데, 3월에 가진 기자간담회에서 연상호 작가가 한 말이 매우 인상적이었다. "작품을 만들 때 '내가 만든 작품이 동시대와 호흡하는 작품이었으면 좋겠다'라는 생각을 늘 한다. 그래서 현재 시점에 내가 느끼는 사회의 모습을 작품에 잘 녹이는 것이 대중적인 작품을 만드는 유일한 방법이라고 생각하고 있다."고 전제하면서, 오늘날의 세상을 "불특정한 인물을 혐오하면서 자신의 정체성을 확립하는 '혐오사회'라는 느낌을 많이 받았고, 이에 '혐오사회를 배경으로 작품을 만들고 싶다'는 생각을 해왔다." 그래서 〈방법〉이라는 드라마에 "혐오사회에 맞서는 사람들의 연대와 투쟁의 중요성"이라는 주제를 담았다고 말한다. 소재와 주제에 대해서 너무나 정확하게 말해준 두 창작자에게 감사한다.

하나만 덧붙이겠다. 주제를 정하는 방법은 우리가 사는 세상의 시대적 결핍이 무엇인지를 정의하는 것으로부터 시작한다는 사실이다. 시대적 결핍과 주제는 동전의 양면처럼 연결되어 있다. 세상이 완전무결하게 선하고 정의롭다면, 스토리를 창작할 일은 존재하지 않을지도 모른다. 스토리란 우리가 경험해보지 못한 사건을 간접적으로 경험해보는 일이고, 우리가 아직 실현하지 못한 선善과 정의正義를 허구와 상상을 통해서나마 실현되게 만드는 일이다. 그래서 스토리는 언제나 세상과 인간의 결핍을 다루고 그를 해소하는데서 현실의 사람들에게 카타르시스를 제공한다. 창작자는 현실의 아픔과 문제점, 부족하고 필요한 게 무엇인지를 살펴보면서, 인간이라면 인간 세상이라면 마땅히 갖추고 누려야 할 절대적인 선과 정의를 고민하고 추구해야 한다. 사람들이 고통받고 가슴 아파하는 결핍을 위로하고 나아가 그들의 건강한 욕망을 응원하는 것, 창작자의 숙명적인 과제이다. 창작자는 늘 우리가 사는 세상에 대해 의문을 품고 질문을 던지며, 많은 사람들이 공감하고 동의할 수 있는, 그들이 바라고 소망하는 답을 찾아야 한다.

재미있다는 것 또는
다양한 즐거움을 준다는 것

TV드라마 작가로 데뷔를 꿈꾸던 한 젊은 작가가 한 드라마 책임프로듀서를 만나서 설레고 들뜬 마음에 질문을 던진다.

"어떻게 하면 제 작품이 드라마로 제작될 수 있나요?"

책임프로듀서의 답변은 농담 반 진담 반이다.

"잘 쓰면 되지!"

다시 묻는다.

"그러니까 잘 쓴다는 게, 어떻게 쓰면 되는 걸까요? 무엇이 가장 중요한 기준일까요?"

돌아오는 답변은 동어반복일 뿐이다.

"다른 게 뭐 있나? 재미있으면 되지!"

젊은 작가는 끝내 그 책임프로듀서로부터 '재미있다는 게' 무엇인지, 어떻게 하면 되는지 명쾌한 해답을 얻지 못했다. TV드라마나 영화, 연극과 공연,

웹콘텐츠 등 스토리산업에 종사하는 많은 사람들이 "성공의 이유? 그게 뭐 별거 있나? 무조건! 재미있어야 하는 거야!"라고 말한다.

뒤돌아선 젊은 작가는 책임프로듀서를 비난할 수도 없으니, 혼자서 투덜댄다.

"그러니까, 그게 도대체 어떤 재미냐고요? 어떻게 하면 재미있는 스토리를 만들 수 있냐고요?"

함께 자리했던 방송사 책임프로듀서는 뒤돌아서서 역시 투덜댄다.

"작가가 할 일을 왜 나한테 물어? 재미있는 게 뭔지 그렇게 쉽게 말할 수 있으면, 내가 하지!"

완성(탈고)된 스토리를 읽고 난 후 '재미있다'와 '재미없다'를 판별하는 일은 그리 어려운 일이 아니다. 그것은 우리가 놀이공원에 가서 놀이기구를 타고 난 후 '재미있다'와 '재미없다'를 판별하는 것과 큰 차이가 없다. 식당에서 음식을 먹고 난 후 '맛있다'와 '맛없다'를 판별하는 것과도 다르지 않다. 어떤 결과(물)를 놓고 좋다 나쁘다 판단하는 일이라면, 그것은 굳이 전문가가 아니더라도 할 수 있는 일이다. 최대 관심사는 '무엇을 어떻게 만들면, 많은 사람을 재미있게 즐겁게 만들 수 있는 스토리가 될 것인가?'이다. 과연 '재미있다'라는 것은 무엇일까? 어디에서 그 답을 찾을 수 있을까?

요리사는 맛있고 맛없고를 어떻게 판단할까? 요리를 만들어서 손님들에게 시식을 시켜 결론을 내릴 것이다. 손님들의 취향과 입맛에 대한 경험이 쌓이면, 손님들이 어떤 맛과 취향을 선호하는지 알 것이고, 자신의 솜씨를 손님들의 그것에 맞춰 발휘하려고 애쓸 것이다. 스토리 창작자도 요리사와 비슷한 경험을 쌓아야 한다. 그러나 안타깝게도 그럴 수 있는 기회가 많지 않기에, 우리는 조금 다른 접근방법을 택할 수밖에 없다. 상상력을 발휘하기 이

전에, 세상과 사람들을 탐구하고 분석하면서 유추해 보는 방법이다. 정작 재미를 느끼고 판단해야 할 주체가 궁극적으로 그것을 소비하는 사람들이라면, 세상 사람들이 콘텐츠를 찾는 이유를 끊임없이 묻고 따지고 파헤쳐볼 필요가 있다. 만일 영화관이나 텔레비전 앞에서 그저 낄낄대고 웃으며 몇 시간을 소비하는 것이 '재미'라고 정의한다면, 그것만큼 허망한 것이 어디 있을까? 무겁고 진지한 주제와 담론을 펼치는 스토리에 불편한 마음을 가질 수밖에 없듯이, '시간 죽이기' 용으로 웃고 떠드는 하찮은 재미의 스토리에 대해서도 사람들은 관심을 갖지 않는다.

미국의 심리학자 매슬로Abraham H. Maslow가 정의한 '인간의 욕구단계이론'에 따라, 우리가 스토리에서 얻고 싶은 재미가 무엇인지 살펴본 적이 있었다. 매슬로는 『동기와 성격』과 『존재의 심리학』을 통해 '인간의 삶과 사회적 행동의 동기가 무엇인지'에 대한 답을 내놓았다. 이것이 '인간의 욕구단계이론'이다. 1단계 욕구는 생리적·원초적 욕구, 2단계는 안전에 관한 욕구, 3단계는 애정과 관계 또는 소속감을 느끼고 싶어 하는 욕구, 4단계는 인정받고 존중받고 싶어 하는 욕구이고, 5단계는 자아실현의 욕구이다. 참고로 매슬로는

매슬로의 '인간의 욕구단계이론'

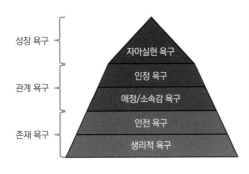

스토리에서 찾는 즐거움	즐거움의 예
삶의 성찰을 얻는 즐거움	스토리를 통해 자신의 (사회적 인간으로서의) 삶을 성찰한다.
사유와 소통의 즐거움	사회적 이슈 및 시대적 과제를 사유하고 함께 소통한다.
관계의 즐거움	가족, 애인, 친구 등과 함께 소비하고 즐거워한다.
안전한 체험의 즐거움	영웅의 액션, 정복, 사랑, 스릴, 수사 등의 가상 체험
원초적 즐거움	원초적 자극(포르노/공포), 시간 때우기, 습관적 소비 등

이 5단계에 덧붙여 '인지 욕구'와 '심미 욕구' 그리고 '초월 욕구'를 추가해 8단계 욕구단계이론으로 완성했다. 어쨌든 삶과 사회적 행동의 이유에 대한 이론으로서 타당하다면, 스토리를 소비하는 선택 행위 또한 마찬가지로 설명할 수 있지 않을까? 여기에서는 우리에게 익숙한 5단계의 욕구사슬만 가지고 스토리에 적용해 보면 84쪽 표와 같다.

　사람들이 스토리를 통해서 얻고자 하는, 또는 얻게 되는 즐거움은 개인적인 취향에 따라서 다양하다. 그렇기 때문에 창작자는 자신이 어떤 그룹의 사람을 대상으로 할 것인지, 그들에게 어떤 즐거움을 선물해 줄 것인지를 정해야 한다. 자아실현 욕구가 인간이 추구하는 최상의 욕구라면 '스토리에서 찾는 즐거움' 중에서도 '삶의 성찰을 통해 얻는 즐거움'이 최상의 즐거움이라는 사실을 기억할 필요가 있다. 우리가 한 편의 영화나 TV드라마, 소설이나 연극 및 뮤지컬을 보고 난 후 "정말 재미있다!"라고 하거나, "감동적이다"라며 눈시울을 붉히는 콘텐츠가 어떤 것이었는지 가만히 떠올려보자. 아마도 다섯 번째 가장 높은 단계에 자리하는 '시대와 삶에 대한 성찰과 교훈'을 말하는 스토리였을 것이다. 실제로 한국에서 천만 명 이상의 관객을 동원한 영화를 보면, 흥미롭게도 하나같이 진지하고 심각한 스토리 일색이라는 사실을 알 수 있다. 마치 영화나 TV드라마의 스토리를 통해서 세상을 이해하고 삶의 지혜와 교훈을 얻는 것 같다.

　미국 사람들은 어떨까? 미국의 한 웹사이트(http://www.filmsite.org/)에 있는 역대 흥행순위 1백 위 중에서 30위까지만 추려 86쪽에 표로 정리해 보았다. 2017년까지의 기록을 정리한 자료이기는 하지만, 미국 사람들의 취향을 살펴보는 데는 무리가 없다.

역대 미국 박스오피스 TOP 30위 영화
(2017년 6월 초까지)

TOP 30 FILMS OF ALL-TIME (미국 국내 매출총액) *인플레이션 감안하지 않음	TOP 30 FILMS OF ALL-TIME (미국 국내 매출총액) *인플레이션 감안	TOP 30 FILMS OF ALL-TIME (세계시장 매출총액)
1. 스타워즈: 에피소드 VII-깨어난 포스(2015)	1. 바람과 함께 사라지다(1939)	1. 아바타(2009)
2. 아바타(2009)	2. 스타워즈: 에피소드 IV-새로운 희망(1977)	2. 타이타닉(1997)
3. 타이타닉(1997)	3. 사운드 오브 뮤직(1965)	3. 스타워즈: 에피소드 VII-깨어난 포스(2015)
4. 쥬라기 월드(2015)	4. E. T.(1982)	4. 쥬라기 월드(2015)
5. 어벤져스(2012)	5. 타이타닉(1997)	5. 어벤져스(2012)
6. 다크나이트(2008)	6. 십계: 구원의 길(1956)	6. 분노의 질주: 더 세븐(2015)
7. 로그 원: 스타워즈 스토리(2016)	7. 죠스(1975)	7. 어벤져스: 에이지 오브 울트론(2015)
8. 미녀와 야수(2017)	8. 닥터 지바고(1965)	8. 해리포터와 죽음의 성물 Part 2(2011)
9. 도리를 찾아서(2016)	9. 엑소시스트(1973)	9. 겨울왕국(2013)
10. 스타워즈: 에피소드 I-보이지 않는 위험(1999)	10. 백설공주와 일곱 난장이(1937)	10. 미녀와 야수(2017)
11. 스타워즈: 에피소드 IV-새로운 희망(1977)	11. 스타워즈: 에피소드 VII-깨어난 포스(2015)	11. 분노의 질주(2017)
12. 어벤져스: 울트론의 시대(2015)	12. 101마리 달마시안(1961)	12. 아이언맨 3(2013)
13. 다크나이트 라이즈(2012)	13. 스타워즈: 에피소드 V-제국의 역습(1980)	13. 미니언즈(2015)
14. 슈렉 2(2004)	14. 벤허(1959)	14. 캡틴 아메리카: 시빌 워(2016)
15. E. T.(1982)	15. 아바타(2009)	15. 트랜스포머 3(2011)
16. 헝거게임: 캣칭 파이어(2013)	16. 스타워즈: 에피소드 VI-제다이의 귀환(1983)	16. 반지의 제왕: 왕의 귀환(2003)
17. 캐리비안의 해적: 망자의 함(2006)	17. 쥬라기 공원(1993)	17. 007 스카이폴(2012)
18. 라이온 킹(1994)	18. 스타워즈: 에피소드 I-보이지 않는 위험(1999)	18. 트랜스포머: 사라진 시대(2014)
19. 토이 스토리 3(2010)	19. 라이온 킹(1994)	19. 다크나이트 라이즈(2012)
20. 아이언맨 3(2013)	20. 스팅(1973)	20. 토이스토리 3(2010)
21. 캡틴 아메리카: 시빌 워(2016)	21. 레이더스: 잃어버린 성궤를 찾아서(1981)	21. 캐리비안의 해적: 망자의 함(2006)
22. 헝거게임: 판엠의 불꽃(2012)	22. 졸업(1967)	22. 로그 원: 스타워즈 스토리(2016)
23. 스파이더맨(2002)	23. 판타지아(1940)	23. 캐리비안의 해적: 낯선 조류(2011)
24. 쥬라기 공원(1993)	24. 쥬라기 월드(2015)	24. 쥬라기 공원(1993)
25. 트랜스포머: 패자의 역습(2009)	25. 대부(1972)	25. 도리를 찾아서(2016)
26. 겨울왕국(2013)	26. 포레스트 검프(1994)	26. 스타워즈: 에피소드 I-보이지 않는 위험(1999)
27. 해리포터와 죽음의 성물 Part 2(2011)	27. 메리 포핀스(1964)	27. 이상한 나라의 엘리스(2010)
28. 니모를 찾아서(2003)	28. 그리스(1978)	28. 주토피아(2016)
29. 스타워즈: 에피소드 III-시스의 복수(2005)	29. 어벤져스(2012)	29. 호빗: 뜻밖의 여정(2012)
30. 반지의 제왕: 왕의 귀환(2003)	30. 007: 선더볼 작전(1965)	30. 다크나이트(2008)

혹시 한국 사람들의 취향과는 확연히 다르다는 사실을 발견했는가? 특히 두 번째 칸, 인플레이션을 감안해 조정한 미국내 매출총액의 순위를 살펴보면, 1위가 〈바람과 함께 사라지다〉(1939)이고 2위가 〈스타워즈: 에피소드Ⅵ - 새로운 희망〉(1997), 그 아래로 세계 박스오피스 1위인 〈아바타〉(2009)는 역대 흥행 15위를 차지하고 있다. 2023년에 〈아바타〉의 순위는 몇 계단 더 내려가 있을 것이다. 표에 있는 30위권의 영화들을 보면 한결같이 3단계 이하 낮은 수준의 욕구단계의 즐거움으로 가득 차 있다는 사실을 알 수 있다. 한국 사람들의 취향과는 너무나도 다르다는 사실이 흥미롭지 않은가?

그러나 미국 사람들의 취향이 일반적인 세계 사람들의 취향이다. 어느 나라이든지 박스오피스를 살펴보면 미국과 마찬가지로, 영화를 비롯한 스토리 콘텐츠는 그저 재미난 오락물로 소비할 뿐임을 알 수 있다. 놀랍게도 한국 사람들의 스토리 취향이 참으로 특별한 것이다. 한국 박스오피스 역대 흥행 순위 100위권의 목록으로 넓혀 봐도, 어떻게 이토록 하나같이 진지하고 엄숙하며 비장하기까지 한지 의아스러울 정도다. 나는 이것을 부정적으로 보지 않는다. 오히려 특별한 한국인의 스토리 취향이 오늘날의 글로벌 한류열풍을 만든 원동력이 되었다고 생각한다.

가치적 재미와 기능적 재미

한국에서 천만 관객을 돌파한 영화는 2023년 7월 기준으로 28편이다. 통합전산망 구축 이전이라 공식 통계로 인정되지 않은 〈실미도〉(2003)와 〈태극기 휘날리며〉(2004)까지 포함하면 총 30편에 이른다. 한국영화가 21편이고, 9편의 외국영화는 모두 미국 할리우드 영화이다.

한국 사람이 좋아하는 천만 관객 영화에는 어떤 재미(즐거움)가 담겨 있을까?

이 영역지도에서 보면, 한국 사람의 취향은 '성찰의 즐거움'과 '발견의 즐거움'에 많이 몰려있다는 사실을 확인할 수 있다. 물론 '아무 생각 없이' 그저 '볼거리의 즐거움'에 몰입하는 영화가 있지만, 이 영역에 들어간 작품들은 할리우드 영화가 대다수이고, 한국영화로는 〈도둑들〉(2012) 〈범죄도시2〉(2022) 〈범죄도시3〉(2023) 3편으로 전형적인 할리우드 스타일의 영화들이다. 할리우드 영화들이 추구하는 재미(즐거움)는 '기능적 재미'이다. 이에 비해 한국 사람이 많이 찾는 재미는 '가치적 재미'에 집중되어 있다.

양우석 감독의 영화 〈변호인〉(2013)의 성공요인은 무엇일까? 노무현이라는 실존인물에 대한 변함없는 관심과 인기 때문일까? 많은 사람들이 좋아하는 역사적 인물을 다룬다고 해서 반드시 성공을 보장하는 것은 아니기 때문에, 이것이 성공의 필요충분조건은 아니다. 그렇다면 송강호라는 배우의 진정성 있는 연기 때문일까? 송강호가 출연한 모든 영화가 성공한 것도 아니니, 이 또한 절대기준이 될 수는 없다. 한국 사람은 왜 이 영화를 재미있게 본 것일까?

송강호 배우가 연기한 변호사 송우석은 험악한 군사독재정권 아래 살지만 시대의 아픔을 느낄 새도 없이 당장 눈앞의 배고픔을 해결하기 위해 치열하게 살았던 인물이다. 괜찮은 아파트에 입주하고 요트를 사고 풍족한 삶을 즐기고 싶어 한다. 누군들 그렇게 살고 싶지 않을까. 평범한 변호사였던 그는 노동자를 위해 야학교사를 했던 대학생(진우)의 말도 안 되는 비극을 마주한다. 처음에는 법의 정의를 믿고 잘못을 바로 잡고자 했지만, 결국 부도덕한 군사독재정권이 시대의 어둠을 만들고 있음을 깨닫고, 일신의 평안과 부귀영화를 뒤로 하고 반독재 민주화운동에 나서게 된다. 평범했던 한 인간이 사회정의 실현에 앞장서는 민주투사로 변모하는 과정을 통해, 우리는 역사를 되돌아보고 시대의 아픔에 눈 감지 않았던 한 영웅의 발걸음을 되새기게 된다.

한국 박스오피스 역사상 처음으로 천만 관객을 돌파한 영화는 강우석 감독의 〈실미도〉(2003)다. 백동호 작가의 동명 소설을 원작으로 제작된 영화다. 1968년 1월 21일 북한에서 내려온 31명의 북한군 특수부대가 당시 박정희 대통령 암살을 위해 청와대까지 침투한 사건이 일어났다. '1.21사태'라고 부른다. 간신히 진압했지만, 박정희정권은 그에 대한 보복 차원에서 김일성을 암살하기 위한 특수부대를 창설하는데, 바로 영화 〈실미도〉의 684부대였다. 부대라고는 하지만, 중앙정보부 주도로 만들어진 684부대의 대원들은 군인도 민간인도 아니었다. 심지어 이 세상에 존재하지 않는 사람처럼 모든 기록을 지워버렸다. 문제는 684부대의 북한 침투를 앞두고, 1970년부터 갑자기 남북화해가 모색되면서 684부대의 목적이 상실되었다는 점이었다. 부대원들은 동요했고, 급기야 1971년 8월 23일 자신들의 존재를 알리기 위해 서울로 진격하다가 19명이 사살되고 4명이 붙잡히는 사건이 발생했다. 붙잡힌 4명은 1972년 3월 사형당했다. 그리고 1972년 8월에 소위 '7.4 남북공동성명'이 발표되었다. 1971년 8월 23일에 발생한 684부대원들의 서울진격사건에 대한 기억은 모두 지워졌다. 마냥 진지하고 비장하기까지 한 스토리를 통해 많은 사람들이 역사 속에 묻혀진 비극적 사건에 대해 알게 되었고 함께 가슴아파하면서, 〈실미도〉는 한국 박스오피스 최초의 천만 관객 영화로 올라섰다. 한국 사람의 스토리 취향이 어떤지 단적으로 보여준 영화이다.

사람들은 특히 한국 사람은 허구와 상상의 스토리를 소비하면서, 단지 웃고 떠드는 재미(기능적 재미)에만 빠지는 것은 아니다. 사유하고 성찰하는 데서도 즐거움을 느끼고, 사건과 인물 그리고 정보와 지식을 발견하면서 의미를 부여하는 경우도 많다. 이를 발견의 즐거움이라고 정의할 수 있다. 특히 한국 사람의 스토리 취향은 가치적 재미를 중요하게 여긴다. 나는 한국 사람의 이런 스토리 취향이 오늘날 한류 열풍의 가장 근본적인 원동력이 아닐까? 하는 생각을 한다. 미국 할리우드 콘텐츠와 본질적인 차이를 뚜렷이 가지면서, 세계 인류에게 전혀 다른 즐거움을 제공하는 것이다. 한국 스토리의 가치적 재미는 그 어떤 나라에서도 찾아볼 수 없는, 대체불가의 경쟁력이다.

최근 한국 사람의 스토리 취향이 다양해지고 있는 것이 사실이다. 진지하고 엄숙하며 비장하기까지 한 스토리들이 여전히 대세를 이끌고 있지만, 천만 관객을 돌파한 한국 영화나 박스오피스 순위권에 이름을 올린 영화들 가운데 할리우드 스타일의 스토리가 점점 늘어나고 있는 것이다. 바람직한 현상이다.

가치적 재미는 특히 드라마 장르가 추구하는 핵심 재미이다. 오늘날 지구상에서 창작되는 스토리의 절대 다수는 드라마 장르를 기본에 두고 있다. 할리우드 영웅 스토리조차 주인공의 결핍과 욕망을 담고 파란만장한 도전과 성장을 다루고 있는 사실을 보면, 드라마 장르가 스토리의 기본 플롯으로 자리 잡았음을 알 수 있을 것이다.

가치적 재미는 사람들로 하여금 성찰의 기회와 깨달음의 카타르시스를 주지만, 그 자체만으로는 진지하고 엄숙하기까지 하다. 여기에 기능적 재미가 갖는 역할이 있다. 기능적 재미는 가치적 재미의 자칫 진지하고 엄숙한 분위기를 편안하고 즐겁게 해준다. 유머와 액션 또는 미스터리 스릴러라는 양념적 요소, 최근의 경향에서 보면 처음 시작부터 숨 쉴 틈 없이 전개되는 속도감이나 스펙터클과 스케일 등이 매우 중요한 기능적 재미로 작용한다. 가치적 재미가 아무리 중요하고 또 중요하다고 해도 기능적 재미가 받쳐주지 않는다면, 마치 식사를 할 때 반찬도 없이 맨밥만 먹는 것과 다르지 않다. 찰진 쌀과 잘 지은 밥도 맛있는 반찬이 필요하다.

스토리의 재미를 어떻게 설계할까?

지금 어떤 스토리를 구상하고 있다고 해도 그것은 그 스토리의 아이템이나 재료 혹은 단초에 불과할 것이다. 스토리 창작을 하기 전에 내가 권하고 싶은 작업은 '마인드맵Mind-Map' 작업이다. 본래 '마인드맵'이란 핵심 단어를 중심으로 거미줄처럼 사고가 파생되고 확장되어 가는 과정을 확인하고, 자신이 미처 생각하지 못했던 상상의 날개를 펼쳐보도록 도와주는 브레인스토밍 방법이다.

그러나 스토리 창작에서는 마인드맵의 기본원리와 방법론에 충실하려고 애쓸 필요는 없다. 일종의 창작자가 지금 가지고 있는 스토리의 재료와 단초를 기초로 어떤 스토리를 만들고 싶은지 자유롭게 시뮬레이션을 해본다는 생각으로 임하면 충분하다. 사실 이 상상의 시간이 가장 즐겁고 들뜨고 행복한 시간이다. 이후의 단계는 바쁘고 초조하고 마음만 급해지는 고역의 시간이다. 고역의 시간을 쉽게 넘어서기 위해서도, 최종 결과물에 만족하기 위해서도 지금 이 상상의 시간을 만끽할 필요가 있다.

마인드맵 작업의 근본 취지와 의미는 자유로운 상상을 발산해 보는 것이다. 의외로 많은 창작자들이 발산작업(시뮬레이션)에 익숙하지 않아, 깜짝 놀랄 때가 많다. 마인드맵의 원리와 방법을 알고 모르고의 문제가 아니다. 창작자가 지금까지 꽂혀 있는 아이디어에 대한 집착과 아집을 버리는 노력이 필요하다. 지금 내가 생각하는 것보다 훨씬 더 매력적이고 멋진 아이디어가 내 안에 숨죽이고 뛰쳐나갈 준비를 하고 있음을 잊지 말아야 한다. 스토리가 뻗어 나갈 다양한 가능성을 내 안에서 모두 끄집어내 보고, 그 가운데에서 더 많은 사람들을 유혹할 수 있는 스토리 방향이 무엇인지, 창작자 자신이 가장 잘 풀어나갈 수 있는 스토리 여정이 어떤 것인지 확인해 보는 시간이 필요하다.

내가 마인드맵 또는 시뮬레이션 작업을 중요하게 강조하는 이유는, 이 작업이 창작자가 이후 스토리 창작작업을 진행할 때 쉽게 동요하지 않을 수 있는 확신을 심어줄 수 있기 때문이다. 작업을 진행하다 보면, 그 어떤 창작자라도 장애와 시련에 직면한다. 쉽게 풀리지 않고 넘어서기 힘든 상황에 봉착하면, '어디에서부터 뭐가 잘못된 거지?' 하고 헷갈리기 십상이다. 더구나 주위에서 들려주는 이런저런 평가와 의견에 귀를 기울이다 보면, 창작자 자신을 의심하고 원망하는 수준에까지 이를 때가 있다. 사전에 마인드맵 작업을 충분히 했다면, 지금의 장애와 시련이 회피하거나 원점으로 돌아간다고 해결되는 문제가 아니라 정면승부로 돌파해야 할 도전과제라는 사실을 이미 알 수 있으니, 괜한 동요와 좌절을 겪지 않을 수 있다.

또한 이 작업이 향후 창작자가 창작해 나갈 스토리의 저작권을 가장 확실히 보장받을 수 있도록 만들어준다는 사실을 염두에 둘 필요가 있다. 내가 다루려고 하는 스토리의 재료뿐만 아니라 기막힌 아이디어에 이르기까지, 그것을 나만의 독점적인 전유물이라고 생각하면 오산이다. 같은 시대를 사는 사람들은 누구나 비슷한 생각을 할 수 있다. 마인드맵은 내 안에서 떠올릴 수 있는 모든 상상을 펼쳐보는 작업이면서, 동시에 같은 시대를 살아가는 창작자라면 누구나 떠올릴 수 있는 스토리를 상상해 보는 작업이기도 하다. 그 가운데에서 최선의 결과를 선택했다는 것은, 스토리의 저작권을 내용의 차원에서 선점했다는 것을 뜻한다. 물론 이렇게 창작한 스토리를 어떤 형식으로든 공표하는 작업을 거쳐야, 비로소 저작권이 성립되는 것이지만. 요즘에는 반드시 출판이나 제작배급의 방법이 아니더라도, 인터넷의 힘을 빌려 매우 편리하게 공표할 수 있다. 창작자 개인이 스스로 인터넷에 게시할 수도 있고, 나아가 한국콘텐츠진흥원에서 서비스하고 있는 〈스토리움〉

(https://www.storyum.kr)이나 한국영화진흥위원회의 〈시나리오마켓〉(www.scenariomarket.or.kr) 등 좀 더 공적인 사이트를 이용하는 방법도 있다.

나만의 스토리를 상상할 때, 기존의 흥행성공 작품을 지렛대 삼아 마인드 맵 작업을 하는 방법이 탄탄한 플롯(스토리구조)을 구축하면서, 상상력을 극대화하고 나아가 스토리의 창작을 속도감 있게 진행시키는 데 도움이 된다. 음식을 만들고자 할 때, 예전에 어떤 식당에서 맛있게 먹었던 비슷한 메뉴를 떠올리는 방법과 마찬가지다. '벤치마크 창작'이라고 말할 수 있다.

세상의 모든 스토리, 특히 영화나 TV드라마(시리즈)처럼 대중적이고 상업적인 스토리일수록 벤치마크 창작방법을 따른다. 많은 직업작가를 만나면서, 이렇게 '쌈빡한' 아이디어를 어디서 찾고 떠올렸는지, 처음 창작의 출발을 어디에서부터 했는지 꼬치꼬치 묻고는 했다. 열이면 열 명이 처음에는 주저하고 망설이다가 결국 '다른 누구에게도 말하면 안 된다'는 듯이 비밀스럽게 대답을 해주었다. 대답을 듣고 깜짝 놀랐다. 어떻게 한 사람도 빠짐없이 똑같은 방법을 이야기한 것이다. 다름 아니라 창작의 첫 출발은 유사한 작품을 보고 연구한 끝에 나만의 스토리가 나아갈 방향과 흐름(플롯)을 짠다는 것이었다. 신神이 아닌 이상 인간의 창조(창작)란 무無에서 유有를 만들어 낼 수는 없다. 결국 작은 유有를 모으고 재구성해서 큰 유有로 만들어내는 방법이 인간이 할 수 있는 최선의 창작이다. 쉽게 말하면 '모방을 통한 창조'의 방법인 것이다.

나는 신진작가들에게 습작을 할 때에도 벤치마크 창작으로 하라고 조언한다. 많은 사람들이 스토리 창작이라고 하면 머리를 싸매고 자기만의 스토리를 상상하고 뽑아내는 것을 최선의 습작이라고 생각하는 경향이 있다. 이런 습작은 실전의 창의력을 높이는 데에도 도움이 안 되고, 심지어 글쓰기의 역량을 키우는 데에도 큰 도움이 안 된다. 오직 벤치마크 창작만이 프로페셔널로 가는 방법이기 때문에 충분히 익히고 탐구해야 한다.

우리가 익히 알고 있는 영화와 TV드라마 작품들에서 어떻게 벤치마크 창작 방법이 활용되고 있는지 다양한 사례를 다음 장에서 보여주겠다.

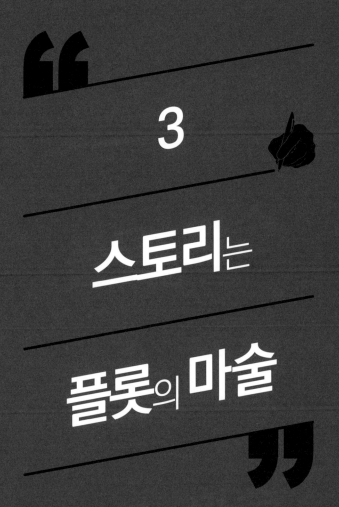

3

스토리는
플롯의 마술

"하늘 아래 순수하게
새로운 것은 과연 무엇일까?"

인간의 창조는 '작은 유'에서 '큰 유'를 만드는 작업

"모방은 인간이 갖는 아주 자연스러운 본능이다. 모방이라는 자연의 선물로 부터 출발해 점차 특별한 재능을 단계적으로 발전시키는 사람들이 처음에 는 거칠고 즉흥적으로 창작하다가 마침내 시(詩, 최고 수준의 스토리)를 만들게 된다."

－아리스토텔레스『시학』제4장

   인간이 할 수 있는 최고의 모방은 무엇일까? 세상의 절대자, 즉 신神의 창조를 모방하는 일이다. 그러나 '무無에서 유有를 만드는' 신의 창조와 달리, 인간의 창조는 '작은 유有에서 큰 유有를 만드는' 일이다. 말은 쉬운데, 이것이 어떻게 가능할까? 숨겨진 열쇠가 바로 '모방'이다. 생각의 서랍 속에 여기 저기 흩어져 있는 자잘한 지식과 정보와 경험과 기억을 모아 조합을 하는 과 정도 모방에 해당하는 작업이고, 나아가 '작은 유'들을 '큰 유'로 만드는 과정에서도 벤치마킹 같은 모방의 지렛대를 활용한다.

한국영화 〈최종병기 활〉(2011)은 조선 인조시대에 일어난 병자호란이라는 비극적 소재를 기초로 할리우드 영화 〈아포칼립토〉(2006)를 모방해 창작되었고, 〈늑대소년〉(2012)은 〈가위손〉(1991)을 모방한 작품이다. 한국에서만 이런 일이 일어나는 게 아니다. 할리우드 영화 〈글래디에이터〉(1992)의 스토리는 〈벤허〉(1962)와 어떻게 다른가? 〈아바타〉와 〈미션〉(1986)의 스토리는 과연 얼마나 다른가? 이 사례들은 모두, 하나의 플롯만 잘 익히고 활용하면 새롭고 멋진 스토리를 만들 수 있다는 사실을 보여준다. '플롯의 마술'이다. 모방의 정도와 크기가 문제일 수는 있지만, 우리는 모방을 통해 만들어진 숱한 명작들을 찾아볼 수 있다. 그렇게 만들어진 모범적인 사례를 살펴보자.

한국인이라면 누구나 아는 작가, 알아야 하는 작가 김은숙

한국 로맨스 드라마를 대표하는 작가를 꼽는다면, 김은숙 작가를 가장 먼저 꼽겠다. 한국인이라면 최소한 김은숙 작가의 작품을 하나 이상 기억할 것이다. 특히 그의 작품은 '김은숙표 신데렐라 스토리'라는 별칭으로도 알려져 있는데, 김은숙 작가의 로맨스 스토리는 전통적인 로맨스가 갖는 엄숙함과 현대 로맨스(로맨틱 코미디)가 갖는 발랄함을 함께 담고 있는, 매우 특별한 정서를 가진 작품들이다. 사실 이것만으로는 부족하다. 나는 한 걸음 더 나아가 김은숙 작가의 탁월함과, 그 탁월함이 우리 시대의 소중한 자산임을 말하려 한다. 그는 한국을 대표하는 작가 이상이며, 우리가 살고 있는 시대에 그 어디에서도 찾아볼 수 없는 특별하고 위대한 작가다. 먼저 김은숙 작가의 작품 이력을 살펴보자.

	제목	방영연도	최고시청률(전국)	비고
1	태양의 남쪽	2003	30.2%	공동 집필
2	파리의 연인	2004	56.3%	공동 집필
3	프라하의 연인	2005	31.0%	
4	연인	2006	25.6%	
5	온에어	2008	25.8%	
6	시티홀	2009	19.8%	
7	시크릿 가든	2010	37.9%	
8	신사의 품격	2012	24.4%	
9	상속자들	2013	25.6%	
10	태양의 후예	2016(2015년 사전제작)	38.8%	공동 집필
11	도깨비	2016	20.5%	케이블드라마 사상 최고시청률
12	미스터 션샤인	2018	18.1%	케이블드라마 사상 첫 회 최고시청률
13	더 킹 - 영원의 군주	2020	11.6%	
14	더 글로리 part 1	2022	넷플릭스 전 세계 3위	
15	더 글로리 part 2	2023	넷플릭스 전 세계 1위	

위의 표에서 보듯이 김은숙 작가는 데뷔 이래 마치 출석부에 도장을 찍듯이 한 해도 빠짐없이 작품을 발표했다. 이런 기록을 어디에서 찾아볼 수 있을까? 한국은 물론 세계 어느 나라 작가에게서도 찾아볼 수 없다. 더욱이 사실상 혼자만의 힘으로 한 회 러닝타임 60분짜리를 주 2회씩 평균 20부작으로 해마다 집필한 것은 초인적이기까지 하다. 이렇게 창작한 TV 드라마의 홍

행성적을 보면, 어느 한 작품도 동시간대 시청률 1위를 기록하지 않은 작품이 없고 화제를 불러일으키지 않은 작품이 없다.

그뿐인가? 그의 스토리는 해마다 진화를 거듭하고 있다. 김은숙 작가의 기록은 세계적으로 유례가 없는 경이로움 그 자체다. 감히 장담하지만, 과거에도 없었고 앞으로도 없을 기록이다. 두 시간 남짓한 영화스토리 분야에서도 보지 못했던 이런 기록이, 영화의 열 배 이상의 분량을 소화해야 하는 TV드라마에서 어떻게 가능할 수 있었을까?

물론 김은숙 작가의 캐릭터와 캐릭터 간 케미를 창조해 내는 탁월한 능력과 필력에 대해서는 익히 알려진 사실이다. 그러나 창의력과 필력, 똑똑함만으로 20년 동안 거의 매년 20부작 TV드라마 한 편씩을 집필한 비밀이 풀릴수는 없고, 더욱이 모든 작품이 평균 이상의 시청률을 기록한 비결이 밝혀지지는 않는다.

나는 '도대체 그 비결이 어디에 있을까' 탐구심이 발동했다. '김은숙표 신데렐라 스토리'라고 불리는 데서도 알 수 있듯이, 그만의 고유한 플롯에서

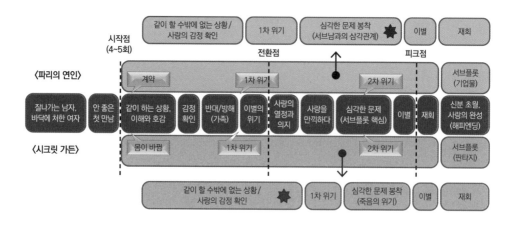

찾을 수 있다는 생각에 김은숙 작가의 대표작품이라고 할 수 있는 〈파리의 연인〉과 그로부터 6년 뒤에 발표한 〈시크릿 가든〉의 플롯구조를 비교·분석해 보았다.

달라도 너무 다른 두 사람이 안 좋은 첫인상으로 만나지만, 함께 있을 수밖에 없는 상황에서 점차 이해하고 정들어간다. 이를 눈치챈 주변 사람들의 반대와 방해로 이별의 위기를 맞게 되지만, 오히려 사랑의 열정과 의지를 발휘하며 행복한 시간을 보낸다. 그러나 행복도 잠시, 세상의 질투와 시련이 녹록하지 않다. 심각한 문제에 봉착하며 결국 이별을 겪지만, 신분을 초월한 두 사람의 사랑은 해피엔딩으로 결말지어진다.

〈파리의 연인〉과 〈시크릿 가든〉 사이에 로맨스(메인플롯)의 배경 상황(서브플롯)이 다르고, 서브플롯의 차이에 따라 회별 스토리의 구성 분량은 차이가 있지만, 스토리의 플롯구조에서는 동일한 흐름을 가지고 있음을 볼 수 있다. 더욱이 가난한 고아인 여자주인공과 잘나가고 일도 잘하지만 자존심 센 남자주인공의 설정에서도 비슷한 캐릭터 이미지를 가지고 있으며, 첫 번째 위기는 가족의 반대에서 시작한다는 점에서도 동일하다. 2016~2017년에 방영한 〈도깨비〉는 또 어떤가? 아래의 스토리 전개도를 보면 알 수 있듯이, 기

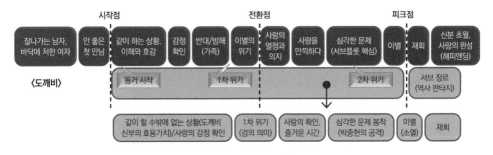

〈귀여운 여인〉

존 작품과 다르지 않은 뼈대(플롯)를 공유하고 있는 스토리다. 2018년 〈미스터 션샤인〉에서는 이전까지 보여주었던 여자주인공과 남자주인공의 캐릭터를 정반대로 설정한 것을 보면, 김은숙 작가가 얼마나 대단한 전략가인지 알 수 있다.

김은숙 작가는 첫 데뷔작인 〈태양의 남쪽〉에서 〈더 글로리〉에 이르기까지 20년이라는 시차에도 불구하고, 하나의 플롯을 반복적으로 활용하고 있다. 그러나 그럼에도 늘 시청자의 찬사와 호응을 받아왔다. 그 이유가 무엇일까? 한번 구축해 놓은 '김은숙표 로맨스 스토리'의 플롯구조를 적극적으로 활용하고 있기 때문에 작가는 한 해도 거르지 않고 작품을 내놓을 수 있었고, 플롯구조에 담아내는 캐릭터와 이벤트의 창조 그리고 서브플롯에 역량을 집중함으로써 매력적인 스토리를 창작할 수 있었다.

이제는 익숙하게 여겨지는 '김은숙표 로맨스 스토리'의 플롯구조가 출발한 원형은 미국 영화 〈귀여운 여인〉(1990)이다. 실제로 '김은숙표 로맨스 스토리'의 출발점이 되었던 TV드라마 〈파리의 연인〉의 프로젝트 타이틀은 "한국판 〈귀여운 여인〉을 만들자!"였다. 영화 〈귀여운 여인〉은 전 세계 관객들을 웃기고 울리며, 비극의 전통을 이어왔던 로맨스 스토리를 밝고 명랑한 로맨스 코미디 스토리로 180도 전환시켰다.

셰익스피어의 〈로미오와 줄리엣〉부터 영화 〈러브 스토리〉(1970)를 거쳐 〈타이타닉〉(1997)에 이르기까지 전통적인 로맨스 스토리는 주인공의 죽음으로 귀결되는 비극의 전통을 이어왔다. 적대적인 가문의 아들과 딸, 부유하고 지체 높은 사람과 가난하고 보잘것없는 사람, 이들의 사랑을 허락하지 않았던 시대의 산물이 로맨스 스토리다. 그러나 세상이 출신성분도 배움의 크기조차도 넘어선 도전과 성공의 시절에 진입하면서 로맨스 스토리도 변화를 맞이하게 되는데, 그 포문을 연 작품이 〈귀여운 여인〉이다. 가문과 신분, 환경과 문화가 다른 남녀가 만나 티격태격하는 과정에서 서로를 이해하고 정들어가며 사랑을 성취하는 새로운 로맨스 스토리였다. 전통 로맨스 스토리의 진지함과 비장함도 새로운 로맨스 스토리에서는 밝고 명랑한 코믹 분위기로 바뀌었다. 로맨틱 코미디 또는 코미디 로맨스라는 장르의 탄생이다.

김은숙 작가는 여기에서 한 걸음 더 나아가 작품에 자신만의 고유한 색깔을 입혔다. 전통적인 로맨스 스토리가 갖는 엄숙함과 비장함만큼은 아니지만 그렇다고 해서 로맨틱 코미디가 가진 가벼움과는 격을 달리하는 분위기로, 로맨스 장르의 스토리 가운데 그만의 독보적인 위치를 새겨놓았다. 그래서 2004년 〈파리의 연인〉부터 2023년 〈더 글로리- part 2〉에 이르기까지 진화를 거듭해오며 시청자의 변함없는 사랑을 받고 있다. 김은숙 작가의 이런 모범적인 활용 사례는, 창작자들이나 스토리 창작에 관심 있는 사람들에게 모두 귀감이 되는 일이다. 여기에 〈미스터 션샤인〉에서는 남녀 주인공의 캐릭터를 정반대로 설정하여 새로운 분위기를 연출했다. 진화했을 뿐만 아니라 다양한 변주로 색다른 즐거움을 선사할 수 있었던 것이다.

〈가위손〉과 〈늑대소년〉, 어떻게 볼 것인가?

한국영화 〈늑대소년〉은 665만 4,842명의 관객을 동원하였다. 영화를 본 사람이라면, 이 영화의 스토리가 할리우드 영화 〈가위손〉(1991)의 스토리와 별반 다르지 않다는 사실을 눈치챘을 것이다.

① **신비한 능력을 가진, 정체 모를 생명체(남성)**가 나타나 한 가족의 일원이 된다.

② 남성에 대해 유별나게 **적대감을 갖는 가족 구성원(딸)**이 있다.

　남성은 딸에게 구박을 받으면서도, 딸에 대해 묘한 애정의 감정을 느끼고 친해지고 싶어 한다.

③ 딸에게 닥친 작은 위기를 벗어나게 해주며, 남성은 딸의 호감을 얻기 시작한다.

　그러나 남성의 신비한 능력이 곧 사람들에게 알려지면서, 호기심과 두려움의 대상이 된다.

④ 딸을 일방적으로 사랑하는 또 다른 남자(적대자)는 질투심에 사로잡혀 남성에게 호의적으로 접근하는 척하며, 결국 남성을 파멸의 궁지로 몰아넣는다.

⑤ 남성에 대한 묘한 감정이 사랑임을 깨달은 딸은 남성을 구하기 위해 필사적인 노력을 벌인다.

　결국 남성은 적대자를 물리치고, 사람들에게서 벗어나 딸과 함께 영원한 사랑을 나눈다.

　너무나 당연한 말이지만, 벤치마킹 창작에서는 모방과 복제 이상의 새로운 창작의 요소가 있어야 한다. 나는 〈늑대소년〉의 사례를 추천하고 싶지 않다. 왜냐하면 콘셉트와 플롯에서부터 홍보포스터에 이르기까지, 〈가위손〉에 대한 모방과 복제의 인상이 너무 짙기 때문이다. 사실 이런 스토리라면 〈가위손〉의 리메이크 판권을 사서 제작을 해야 하는 것이 아니었을까, 하는 생각이 들 정도다. 홍콩 누아르 영화 〈무간도〉(2002)의 핵심 콘셉트를 그대로 가져와 창작한 한국영화 〈신세계〉(2012)의 경우는 또 어떻게 보아야 할까? 이 또한 리메이크 판권을 사서 창작했어야 하지 않았을까? 이 두 편의 영화는, 모방을 넘어 복제를 했어도 새롭고 매력적인 스토리를 창작할 수 있고 관객에게 사랑받을 수 있다는 사실을 역설적으로 보여주는 사례다. 그러나 이것을 모범적인 벤치마크 창작이라고 말하기는 어렵다.

모범적인 벤치마킹 창작의 사례로 설명했던 김은숙 작가 외에 또 하나의 작품을 예로 들면, 2016년 초 선보인 tvN 드라마 〈시그널〉이다. 이 드라마는 할리우드 영화 〈프리퀀시〉(2000)의 콘셉트와 크게 다르지 않다. 〈프리퀀시〉는 평행세계이론을 스토리의 소재로 삼은 영화다. 2000년에는 한국에서도 영화 〈동감〉과 〈시월애〉라는 두 편의 평행세계(또는 평행우주)를 다룬 스토리가 작품으로 발표되었는데, 아마도 1990년대에 세계적으로 활발하게 일어났던 우주론의 영향이 스토리 창작자들에게 큰 영감을 주었기 때문일 것이다.

〈프리퀀시〉는 소방관을 다룬 스토리로도 큰 파장을 일으켜 2001년도 한 해에만 한국에서 두 편의 소방관 영화(〈리베라 메〉와 〈싸이렌〉)가 상영되었다.

TV드라마 〈시그널〉은 현재의 사건이 과거에 출발점을 가지고 있어서, 현재의 인물과 과거의 인물이 같은 목표를 향해 분투한다는 〈프리퀀시〉의 기본 콘셉트를 공유한다. 그러나 〈시그널〉의 경우 실종아동 수사물로 내용을 채워, 평행세계 스토리에서나 범죄수사 장르 스토리에서나 새로운 재미와 매력을 담아냈다. 〈시그널〉은 〈프리퀀시〉보다 더 흥미롭고 재미있다.

이렇게 아이디어(콘셉트)의 차용이나 플롯의 복제 등 벤치마킹을 통해서 새로운 즐거움을 창작하는 경우는 한국에서만 볼 수 있는 현상이 아니라 할리우드에서는 더욱 흔하게 발견할 수 있는 사례다. 할리우드 영화 〈혹성탈출: 진화의 시작〉은 〈벤허〉나 〈글래디에이터〉와 같은 플롯(플롯구조)을 공유하는 스토리다.

> ① **주인공은 (신분이 높거나) 뛰어난 능력자**다. 그런 주인공을 질투·증오하는 적대자가 있다.

② 주인공은 그런 적대자에 의해 **추방**당하고, 이후 밑바닥 인생으로 전락한다.

③ 하지만 다행히 **든든한 스승 격의 조력자**를 만나게 된다. 주인공은 스승의 도움으로 예전과 다른 신분과 뛰어난 능력으로 새롭게 부활한다.

④ **명성을 얻은 주인공은 자기를 쫓아낸 세상으로 돌아와, 적대자 앞에 당당히 서서 자신의 존재를 밝힌다.**

⑤ 뒤늦게 겁이 난 **적대자는 비겁한 행동까지 하며 주인공을 죽이려 한다.** 하지만 주인공은 정정당당하게 싸워 적대자를 물리치고 명예를 회복한다.

다만 침팬지(주인공)가 인간(적대자)보다 더 뛰어난 능력(지성)을 가지고 있다는 것이 개연성의 법칙에 어긋나므로, 영화의 오프닝이벤트(프롤로그)를 통해 침팬지가 인간보다 뛰어난 지성을 갖게 된 이유(실험)를 설명하고 있다.

모방과 복제에 기초한 변주 형식으로 같은 플롯을 공유하고 있다고 해도 명작으로서 이 영화들의 지위가 박탈당하는 것은 아니다. 또 〈미션〉〈포카혼타스〉(1995) 〈아바타〉〈드래곤 길들이기〉 등 같은 플롯을 공유하는 영화들의 예에서도 알 수 있듯, 영화의 재미와 감동이 반감되는 것도 아니다.

① **주인공은 지배문화에 속한 인물이다.** 현재 지배문화는 소수문화를 정복·흡수하려고 하고 있다.

② 그러던 어느 날, 주인공은 소수문화에 속한 인물을 만난다. **그 인물과 친구가 된 주인공은 점차 우정(애정)을 쌓으며 소수문화의 매력을 알게 된다.**

③ **소수문화에 대한 지배문화의 공격**이 시작되자, **주인공은 이를 중재해 평화를 모색**하려 한다.

④ 하지만 주인공의 노력은 실패로 돌아가고, 그간 함께 정을 나눈 **소수문화의 사람들이 목숨을 잃어간다.**

⑤ 결국 주인공은 스스로 지배문화의 일원이기를 포기하고, 소수문화의 편에 서서

전쟁에 가담한다.(비극적 결말)

〈드래곤 길들이기〉의 경우 가족영화의 장르적 특성상, 비극적 전쟁의 결말을 버리고 '바이킹족과 드래곤족의 전쟁을 충동질했던 더 나쁜 적을 찾아내 함께 맞서 싸워 이긴다'는 내용으로 대체했다. 이런 멋진 작품들이 서로가 서로를 베끼기라도 한 것인가? 베낀 것이 아니라 '하늘 아래 새로운 것은 없다'는 진리를 증명한 것이다. 누구라도 이런 방식으로 한 편의 멋진 스토리를 창작할 수 있다.

예를 하나 더 들어보자. 〈죠스〉〈고질라〉(1998) 〈딥 블루 씨〉(1999) 〈프릭스〉(2002) 등의 영화가 가진 공통점은 무엇일까? 바로 '식인 괴수가 등장하는 스릴러 장르'의 작품들이라는 것이다. 앞에서의 사례에서도 보았듯, 같은 장르나 주제의 스토리라면 같은 플롯구조를 공유하고 있지 않을까? 그렇다. 이 영화들 모두 식인 괴수가 등장하지만, 이 식인 괴수가 반드시 동물이어야 하는 것은 아니다. 예를 들어 연쇄살인마가 등장하거나 재난이 닥치는 스릴러 장르라면, 그 살인마나 재난이 여기에서의 식인 괴수(괴물)와 다를 바가 없다.

① '식인 괴수가 등장하는 스릴러 장르'의 스토리는 공통적으로 **사건의 배경이자 원인이 되는 불편한 진실을 보여주는 것에서 시작**한다.
  – 인간의 탐욕과 무절제, 그로 인한 환경오염 또는 자기 과시를 위한 과학실험은 재앙과 같은 식인 괴수(괴물)를 만든다.
② **주인공은 현재의 결핍 가득한 삶에도 불구하고 스스로 만족하며 조화와 행복을 추구하는 인물**이다. 그러나 화목하지 않은 가족관계, 노력에 대한 보상의 부재, 복잡하게 뒤엉키고 뒤틀린 일상 등으로 인해 삶이 **편안하지만은 않다.**

③ 갑자기 **식인 괴수가 등장해** 인간을 공격하기 시작하고, 소중한 생명들이 영문도 모른 채 억울한 죽음을 당한다. 혼란스럽고 어수선한 가운데 주인공은 일단의 사람들과 함께 안전한 곳으로 대피한다.

④ **첫 번째 계획의 시도와 좌절**: 식인 괴수로부터 도망치기 위한 시도를 하지만 희생만 키우고 실패한다. 실패의 책임을 둘러싸고 사람들 간에 혼란과 분열이 일어난다.

⑤ **정보 제공자의 등장과 두 번째 계획의 시도**: 식인 괴수의 소재지 또는 약점을 알고 있는 정보 제공자가 등장해 두 번째(탈출) 계획을 시도하지만, 그 또한 실패로 돌아가고, 죽음의 공포는 전면적으로 확산된다. 주인공이 그토록 갈망하며 지키려 했던 소중한 가치를 상실한다.

⑥ **최후의 결전**: 더 이상 물러설 곳도 없고 살아날 희망조차 없다. 죽음을 각오한 최후의 결전이 시작된다.

⑦ 결국 식인 괴수를 물리친다. 그러나 그렇게 얻은 **승리가 그리 유쾌하지만은 않다. 주인공은 본래의 일상으로 돌아간다.**

위의 규칙을 제시해 주고 "이와 닮은, 천만 관객 이상을 동원한 한국영화는 무엇일까요?"라고 묻는다면, 당연히 봉준호 감독의 〈괴물〉을 답할 것이다. 맞다. 그런데 다만 〈괴물〉에 대해서는 조금 더 심도 깊은 연구와 분석이 필요하다. 앞에서 예를 든 많은 할리우드 영화처럼 단순히 플롯을 공유하는 것만으로도 훌륭한 작품이 나올 수 있지만, 〈괴물〉은 그보다 한 걸음 더 나아가 새로운 스릴러 장르의 규칙을 창조했다. 기본적으로 스릴러 장르의 핵심코드는 쫓고 쫓기며 찾고 도망치는 '술래잡기'이고 '숨바꼭질'이다. 식인 괴수가 등장하는 스토리에서 '술래잡기'의 절대 우위를 가진 존재는 무소불위의 능력을 가진 식인 괴수기 마련이다. 인간은 식인 괴수에게 일방적으로 쫓기며 생존을 위해 도망치는 데 급급할 뿐이다.

그러나 봉준호 감독은 역발상으로 접근한다. 죽음의 위기에 처한 딸을 구하기 위해 아버지가 괴수를 쫓는 추격과 대결의 코드로 승부를 거는 것이다. 많은 영화평론가들이 영화 〈괴물〉을 가리켜, 한국적 스릴러 장르를 만들었다고 극찬하지만, 나는 그 평가만으로는 부족하다고 생각한다. 스릴러 장르의 '규칙을 넘어선 규칙'을 새롭게 만든 세계적인 작품이라고 평해도 결코 과장이랄 수 없다.

> "규칙이란, 당신이 스스로 그 규칙을 새롭게 발견할 때까지, 아무런 가치가 없다는 사실을 기억해야 한다! '독창성'이란 기존의 규칙을 택해서, 그 규칙이 어떻게 한 편의 스토리를 지배하는지 공부함과 동시에, 그 규칙을 완전히 새롭게 사용하는 방법을 알게 될 때 발휘되는 것이다."
>
> — 『영화 수업: 마음을 사로잡는 스토리텔링은 무엇이 다른가』(알렉산더 맥켄드릭 지음, 2012, 북하우스)

영화 〈괴물〉보다 이 격언을 정확히 표현한 영화가 있을까? 플롯의 규칙을 말하고 그를 따르라고 하면 많은 창작자들이 스스로 의심하고 염려하는 경우를 본다. 그럴 때마다 반복해서 김은숙 작가의 TV드라마나 영화 〈괴물〉의 사례를 들려준다. 우리가 스토리텔링의 규칙을 배우는 까닭은 단순히 모방과 복제를 하기 위함이 아니다. 더 높은 수준으로 창작의 표준을 세워 사람들이 더 큰 즐거움을 만끽할 수 있기를 소망할 뿐이다.

창작자는 '플롯의 마술사'가 되어야 한다. 처음 시작할 때는 그저 모방하고 흉내를 내는 수준일지라도, 점점 익숙해지면 자기만의 새로운 마술을 선보일 수 있을 것이다.

이제 본격적으로 '플롯의 마술'을 도와줄 수 있는 스토리이론들을 소개하겠다. 먼저 할리우드의 스토리이론부터 소개할 텐데, 아마 한 번 이상은 들어봤던 이름들이고 읽어봤던 책일 듯하다. 그럼에도 책을 읽고서 이를 활용하는 경우가 많지 않은데, 어떻게 해석하고 활용할지에 대해 작은 조언을 하려 한다. 여러 스토리이론 가운데 자기 눈에 솔깃하게 들어오는 이론이 하나라도 있다면, 그 이론을 잘 붙들고 익히고 활용해 보기를 권한다. 어느 시점에 이르러 '플롯의 마술사'로 거듭난 자신의 모습을 만날 수 있을 것이다.

벤치마크 창작의 한계를
넘어설 방법은 없을까?

앞에서 설명한 것처럼 김은숙 작가의 TV드라마는 〈귀여운 여인〉의 스토리를 벤치마크했고, 〈혹성탈출 : 진화의 시작〉은 〈벤허〉의 스토리에서 출발했다. 이런 벤치마크 창작의 사례는 수도 없이 열거할 수 있다. 인간이 할 수 있는 최선의 창작은 모방을 통한 재창조이기 때문이다. 따라서 이 세상에 존재하는, 모든 스토리는 벤치마크 창작이다. 특히 상업적이고 대중적인 스토리일수록 그렇다. 그러나 오해하지 말아야 할 점은, 여기에서의 '모방'은 벤치마크 작품의 줄거리를 따라하는 작업이 아니라는 사실이다. 김은숙 작가의 드라마 스토리는 〈귀여운 여인〉이 만들어낸 로맨틱 코미디의 플롯을 따라한 것이다. 앞에서도 말했듯이 특히 김은숙 작가의 탁월함은 그 플롯을 따라 하기만 한 것이 아니라 그 이상으로 진화 발전시켰다는 점에 있다. 〈벤허〉가 창조한 '추락한 영웅의 복수와 원상회복'의 플롯은 고대 역사의 스토리나 현대 또는 미래 SF의 스토리에서도 얼마든지 활용될 수 있는 플롯, 즉 스토리의 기본 뼈대이자 원형에 해당한다.

인간을 예로 들어보자. 지구상에 존재하는 80억 명의 사람들은 모두가 다른 형상을 가지고 있다. 우리는 80억 명의 사람들을 외모에서부터 뚜렷하게 구별할 수 있다. 일란성 쌍둥이라 해서 예외가 아닌 것이다. 그런데 모든 인간의 뼈대는 동일한 구조다. 구성을 다르게 할 수 있다고 해도, 가늘거나 굵게 또는 짧거나 길게 구성할 수는 있겠지만, 안으로 굽는 팔을 밖으로 굽게 한다든지 기본 원리와 규칙에 어긋나게 만들 수는 없는 일이다. 스토리에 빗대어 말한다면, 뼈대는 플롯이고 외모나 형상은 후크에 해당한다. 여기에 힌트가 있다.

나만의 스토리를 창작하려고 할 때 기존에 성공한 작품 중에서 나만의 스토리와 유사한 주제와 콘셉트, 인물의 캐릭터와 스토리 맥락을 찾아 그에 기초해서 창작을 한다는 게 벤치마크 창작 방법이다. 그런데 기존의 작품을 '복제'하는 문제로부터 완벽하게 자유롭기가 만만한 일이 아님을 짐작할 수 있다. 다시 말해서 뼈대 즉 스토리의 구조만 추려내어 가져와야 하는데, 그 외모와 형상 즉 줄거리까지 가져올 가능성이 있다는 뜻이다. 일부러 의도적으로 그랬다면 창작자의 양심과 윤리를 탓하겠지만, 대개 나도 모르게 무의식적으로 복제하는 경우가 생길 수 있다. 모방을 통해 벤치마크 작품을 뛰어넘는 창조가 이루어져야 하는데, 모방이 복제의 수준에 머무르는 경우도 생길 수 있다. 그래서 아예 벤치마크 창작 자체를 하지 않겠다고, 그 어떤 도움도 받지 않고 나만의 스토리를 유일무이한 것으로 창조하겠다고 작업하면 어떻게 되겠는가? 대중성과 상업성에는 어울리지 않는 우스꽝스럽거나 섬뜩한 스토리가 나오던지, 아무리 열심히 매달려도 수년 심지어 십여 년 동안 제자리만 뱅뱅 돌며 완성하지 못하는 상황이 초래될 뿐이다.

내가 존경하는 한 창작자의 창작 경험담을 듣는 자리에서, 그 창작자가 흥미로운 말을 했다. 그 창작자도 모든 스토리 창작에서 유사한 작품을 찾아 분석하고 해체한 후에 나만의 스토리가 나아갈 방향과 경로를 잡는다고 말하길래, 내가 "그러면 유사한 작품을 찾지 못하면 어떻게 해?"라고 물어보았다. 그 창작자의 답변이, "저는 천재가 아니거든요. 내가 하고 싶은 이야기와 유사한 작품이 없다는 것은, 내 이야기가 할 필요가 없거나 할 수 없는 이야기이기 때문일 것이라고 여기고, 내 아이템을 포기하거나 유사한 작품을 발견할 때까지 보관해 두죠." 나는 그의 대단한 용기에 감탄했고, 존경의 뜻을 표했다. 그러나 다른 한편으로 생각하면 얼마나 안타까운 일인가? 누군가 지구를 돌며 80억 명의 사람들을 일일이 만나면서 나의 외모와 닮은 사람을 찾아 헤매는 모습이 떠올랐기 때문이다. 무엇이 유사한 것이고 어디까지 유사해야 하는가?

사실 유사한 작품을 찾았다고 해도 그 작품을 분석하고 해체하고 재구성하는 작업이란 게 얼마나 고단하고 어려운 작업인가? 더구나 마인드맵 또는 시뮬레이션을 하는 과정에서 하나의 작품만 찾아보는 게 아니라, 많을 경우에는 수십 편을 보거나 읽고 분석하는 작업이 불가피하다. 필요한 작업이지만, 작업에 따르는 고단함과 어려움, 불편함을 해소하는 방법은 없을까? 다행히도 그런 방법이 있다. 바로 스토리이론들이 그런 답을 제공해 준다.

스토리이론은 수많은 스토리 작품들을 관통하는 보편적 규칙을 찾아 정리한 결과물이다. 다시 인간의 뼈대를 예로 든다면, 어떤 뼈대가 있는지 필요한지 정리하고 나아가 하나하나의 뼈대가 어떤 의미를 갖고 작용하는지 그리고 운동의 법칙은 어떠한지를 발견하고 정리한 것이다. 핵심 목표는 '세상 사람들의 마음을 움직이는 플롯은 어떤 구조이고 구성인가?'를 제시하는 것이다.

미네르바의 부엉이는 황혼이 깃든 후에야
비로소 날기 시작한다

'미네르바의 부엉이는 황혼이 깃든 후에야 비로소 날기 시작한다'는 표현은 근대철학의 아버지라 불리는 독일 철학자 헤겔Georg Wilhelm Friedrich Hegel의 대표저서 『법철학』의 서문에 등장하는 명문이다. 훨씬 깊은 뜻을 가지고 있지만, 해석하면 철학과 역사는 인간의 한 시대가 지난 후에야 비로소 지난 시대에 대해 해석하고 정의할 수 있다는 뜻이다. 마치 숱한 실험과 연구를 통해 검증된 것이 과학적 이론으로 정리되고 발표되는 이치다.

스토리이론도 마찬가지다. 스토리이론은 하늘에서 내려준 축복의 선물이 아니다. 실전의 콘텐츠 스토리들과는 상관없이 학문의 전당에서 관념적 지식으로 쓰는 논문도 아니다. 수많은 소설과 영화, TV드라마와 연극 등 스토리 콘텐츠들이 성공과 실패를 반복하는 현상을 분석하고 연구해, 그 작품들이 과연 어떤 이유로 성공하고 실패했는가를 정의한 바탕 위에서 탄생한다. 이렇게 탄생한 스토리이론은 앞으로 새로운 스토리를 어떻게 창작해야 하는

지에 대한 지침을 제공한다.

우리는 보통 언론기사를 통해 스토리 흥행의 성공법칙을 가십거리처럼 읽게 되거나, 이해하기도 쉽지 않은 전문가 평론을 통해 듣게 된다. 그러다보니 가십거리로 읽는 스토리 흥행 법칙은 제목만 그럴듯하고 내용은 너무 뻔한 경우가 대부분이라서 허무해지기 일쑤다. 반대로 평론가의 리포트는 관념적이고 현학적인 지식으로 가득 채워진 경우가 많아 창작에 실질적인 도움을 얻기가 어렵다. 결국 숱한 작품들의 성공과 실패를 분석하고 연구해 스토리의 사상을 되짚어보고 창작의 실전 지침을 마련하는 일은 창작자 개개인의 몫으로 남는다.

할리우드의 상황은 많이 다르다. 워낙 큰 자본이 움직이고 세계시장을 타깃으로 하고 있어서 그런지,[1] 성공한 작품 또는 실패한 작품을 통해서 소설, 영화, TV드라마 등의 스토리텔링이 어떻게 이루어져야 하는지 다루는 스토리이론들이 넘쳐난다. 수많은 홈페이지와 블로그를 통해 작품들을 분석한 리포트가 공유될 뿐만 아니라, 출판물이나 스토리 세미나(강연)의 형식으로 창작자들에게 타산지석의 지혜와 교훈을 제공한다. 『STORY 시나리오 어떻게 쓸 것인가』의 로버트 맥키나 『신화, 영웅 그리고 시나리오 쓰기』의 크리스토퍼 보글러와 같은 스토리이론가들은 한국에도 이미 알려져 있지만, 할

---

1   '블록버스터'라고 불리는 할리우드 대작 영화의 순제작비는 보통 3억 달러 안팎이다. 2015년 개봉한 〈어벤져스: 에이지 오브 울트론〉을 예로 들면, 2억 5천만 달러의 순제작비를 투입해 미국에서 약 4억 6천만 달러, 미국 밖에서 약 9억 5천만 달러의 흥행수익을 거둬들였다. 할리우드 영화의 해외 수익 비중은 점점 늘어나고 있어서, 약 2억 1천만 달러의 제작비를 쓴 2014년작 〈트랜스포머: 사라진 시대〉의 흥행수익은 미국 내에서 약 2억 5천만 달러인 데 비해, 미국 밖에서 약 8억 6천만 달러를 거둬들여 해외 수익 비중이 무려 80퍼센트에 육박했다. 미국 TV드라마의 경우에도 전체 수익의 50퍼센트 이상을 미국 밖에서 거둬들일 정도로 할리우드 콘텐츠의 해외 수익 의존도가 높아지고 있다. 이는 반대로 말하면, 전 세계 영상콘텐츠 분야에서 할리우드의 파급력이 그만큼 강해지고 있다는 뜻으로 이해할 수 있다.

리우드의 스토리이론은 그 이상으로 백가쟁명의 호시절을 구가하고 있다고 해도 과언이 아니다.

이제 여덟 개의 스토리이론을 소개하려고 한다. 그를 통해 스토리이론이 어떤 맥락으로 진화해 왔고, 어떤 방향으로 진화해 나갈 것인지 살펴보겠다. 내가 정작 말하고자 하는 바는 스토리이론이 스토리 창작 실전에 어떤 도움을 줄 수 있는지이다. 참고로 앞으로 소개할 각 스토리이론의 개념(플롯구조 그림)의 기본 출처는 세 곳이다. 첫째는 위키피디아 영어판이다. 두 번째 자료는 'How and Why Dramatica is Different from Other Story Paradigms (Chris Huntley, 2007, Write Brothers)'다. 마지막에 소개하는 블레이크 스나이더의 'Save the Cat!'은 해당 스토리이론 홈페이지(www.savethecat.com)를 참고했다. 플롯구조 그림의 번역은 내가 직접 했다. 가급적 한국의 사정에 맞춰 이해하기 쉽도록 번역을 하다보니, 본래 영어의 뜻과 차이가 있을 수 있다.

저자	대표 저서	발표	스토리이론
구스타프 프라이타크	희곡의 기법 Die Technik des Dramas	1863	프라이타크의 피라미드
시드 필드	시나리오란 무엇인가Screenplay	1979	패러다임
마이클 호그	팔리는 시나리오 쓰기 Writing Screenplays That Sell	1988	6단계 플롯구조
린다 시거	시나리오 거듭나기 Making a Good Script Great	1989	B-Story이론
크리스토퍼 보글러	신화, 영웅 그리고 시나리오 쓰기 The Writer's Journey	1996	영웅의 여정
로버트 맥키	Story 시나리오 어떻게 쓸 것인가	1997	플롯이론

필립스 & 헌틀리	드라마티카 Dramatica: A New Theory of Story	2004	창작 지원 소프트웨어 드라마티카의 이론서
블레이크 스나이더	Save the Cat!	2005	Save the Cat!

앞의 표에서 거론한 스토리이론들의 발표연도를 눈여겨볼 필요가 있다. 현실이 빠르게 변화하고 사람들의 스토리 소비 취향도 변화하면서, 이런 시대적 흐름에 부응해 스토리 창작의 지침을 제공해 주는 스토리이론들도 진화를 거듭해 왔다. 특히 마지막에 언급된 블레이크 스나이더의 『Save the Cat!』은 현재까지도 가장 실용적인 지침을 제공하는 스토리이론서다.

할리우드 스토리이론 ①
구스타프 프라이타크의 '피라미드'

독일의 소설가이자 극작가인 구스타프 프라이타크Gustav Freytag는 '근대 스토리이론의 아버지'라고 불리는 사람이다. 아리스토텔레스의 3막 구조를 오늘날에 소환한 공로가 크다. 사실상 오늘날 우리가 알고 있는 아리스토텔레스의 3막 구조 이론은 프라이타크를 통해서 널리 알려졌다. 이 때문에 할리우드 스토리이론가는 아니지만, 첫 번째로 구스타프 프라이타크를 소개하고자 한다.

구스타프 프라이타크는 스토리를 '설명/소개 → 상승행동 → 클라이맥스 → 하강행동 → 대단원'의 플롯구조로 구성하라고 말한다. 한가운데 클라이맥스가 있기 때문에 삐죽 솟아 있는 그림으로 표현되는데, 여기에서 '프라이타크의 피라미드이론'이라는 명칭이 생겼다. 여기에서 중요한 질문 하나! 보통 우리가 소비하는 스토리의 클라이맥스는 스토리의 마지막 대목, 즉 대단

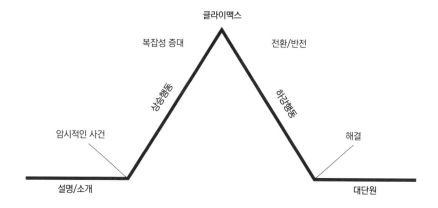

원에 자리하지 않는가? 그런데 왜 프라이타크의 플롯구조에서는 전체 스토리의 한가운데 클라이맥스가 위치할까? 상식적으로 보면 이해하기 어렵지만, 프라이타크가 아리스토텔레스의 스토리 사상과 이론을 계승·발전시킨 사람이라는 사실을 생각하면 이해하기 어렵지 않다. 아리스토텔레스는 『시학』 제18장에서 다음과 같이 말한다.

> "모든 스토리는 '갈등'과 '해결'로 구성된다. 나는 스토리의 시작에서부터 주인공의 운명이 바뀌는 지점까지를 '갈등'이라고 정의하고, 주인공의 운명이 바뀐 시점 이후부터 결말까지를 '해결'이라고 정의한다."

다시 말하면, 스토리의 정중앙점Mid-Point에서 '주인공의 운명이 바뀌는' 지점을 클라이맥스라고 보고, 그 이전을 '갈등', 그 이후를 '해결'이라고 정의한다. 현대의 상업 스토리에서도 정중앙점에서 주인공의 운명이 바뀌는 것은 동일하다. 그러나 그 지점은 사건의 진실 또는 본질을 깨달은 주인공이 더 큰 욕망을 추구하는 데 디딤돌로 작용할 뿐 클라이맥스가 아니다. 그런데 왜 프라이타크의 플롯구조에서는 이 지점을 클라이맥스로 정의할까?

프라이타크는 아리스토텔레스 시대 연극, 특히 비극의 전통을 이어왔다. 사실 현재까지도 이어져 내려오는 근대 이전 스토리, 즉 연극의 본질이 무엇인지를 생각해 보라. 인간 삶에 대한 문제제기이고, 그 문제제기의 핵심은 관객으로 하여금 주인공의 성찰을 함께 나누는 데 있다. 기억해 보면, 아리스토텔레스의 사상적 뿌리이자 출발점이었던 소크라테스가 말했던 진리가 무엇인가? '너 자신을 알라!'이지 않았는가? 그래서 아리스토텔레스는 운명의 전환이 이루어진다고 하는, 다시 말해서 주인공이 자신의 인간성을 깨닫게 되는 스토리의 정중앙점을 클라이맥스로 정의한 것이다.

그렇다면 자신의 인간성을 깨달은 주인공이 향하게 되는 곳은 어디일까? 아리스토텔레스부터 중세 종교극 그리고 근대 연극에 이르기까지 '성찰을 통한 깨달음, 그로부터의 선택'은 결국 절대자, 즉 신에게 자신의 운명을 의탁하는 데 맞춰져 있다. 그러나 현대 스토리는 '성찰을 통한 깨달음과 선택', 즉 운명의 전환이 향하게 되는 행동의 결과를 확인하는 데 주안점이 있다는 점에서 근대 이전의 스토리와 확연한 차이가 생긴다.

내가 대학에서 플롯구조에 관해서 소개를 하자, 많은 학생들이 "프라이타크의 피라미드 구조를 본 적은 있는데, 정작 그 의미에 관해서는 아는 바가 없다"고 했다. 깜짝 놀랄 수밖에 없었다. 우리가 플롯구조에 관해 주목하기 힘든 까닭은, 대학이나 아카데미에서 프라이타크의 피라미드이론을 마치 플롯구조의 전부인 양 가르치거나, 다양한 스토리이론을 가르치는 경우에도 그 이론을 떠받치는 사상과 가치, 의미를 가르치지 않기 때문이라는 생각이

들었다. 단순하게 말하면, 아리스토텔레스에서 프라이타크의 피라미드이론에 이르기까지 중요하게 짚고 있는 대목은, '갈등'이 '위기'를 부르고 이 '위기'를 겪는 과정에서 주인공은 미처 깨닫지 못했던 '진실을 발견'하거나 자신의 '운명을 전환'하는 중대한 '선택'을 하게 된다는 내용이다.

그러나 이런 맥락과 의미를 제외하고, 피라미드이론에서 제시한 플롯구조에 국한해서 가르친다면, 정중앙점에 클라이맥스가 자리하는 구조의 근대이론일 뿐 현대의 상업 스토리에는 적용할 수 없는 것이다. 다만 〈써니〉(2011)나 〈건축학개론〉(2012)같이 액자식 구성일 경우 과거 스토리의 플롯만 따지면 프라이타크의 피라미드 구조에 부합한다. 〈써니〉의 고등학교 시절과 〈건축학개론〉의 대학교 시절이 영화의 메인 스토리인데, 현재의 주인공이 과거의 추억을 안타깝게 회상하는 구조이기 때문에, 과거의 스토리는 만남과 클라이맥스 그리고 이별까지를 담아내어 정확하게 피라미드 구조를 그린다.

할리우드 스토리이론 ②
할리우드 영화의 아버지라고 불리는
시드 필드의 '패러다임'

스토리이론이라는 개념으로 현대 스토리텔링의 다양한 이슈를 연구하고 제기한 최초의 스토리이론가는 시드 필드Sydney Alvin Field다. 그래서 시드 필드는 오늘날 할리우드에서 '현대 영화 스토리텔링의 아버지'라고까지 불린다. 시드 필드 이후에 나타난 모든 스토리이론가들은 결국 시드 필드의 '패러다임' 이론의 세례를 받았다고 해도 과언이 아니다.[1]

---

1 "'패러다임'이란 단어는 '범례範例'라는 뜻을 가진 그리스어 'paradeigma'에서 유래했다. 1962년 미국의 과학사가였던 쿤Thomas Samuel Kuhn이 자신의 저서 『과학혁명의 구조』에서 '패러다임'에 대해 새로운 의미를 부여했다. '패러다임이란 어떤 시대의 과학자 집단이나 그들이 속한 사회에서 통용되는 공통된 사고의 구조, 즉 대상을 바라보는 방식, 문제의 설정 및 해결 방식을 뜻한다.' 쿤은 돌연변이가 생명체의 진화를 이끌었듯이 과학이나 사회는 연속적으로 진보하는 것이 아니라, 패러다임의 교체에 의해 비연속적 또는 도약적으로 변화한다고 주장했다." 『그림으로 이해하는 현대사상』 참조(발리스 듀스 지음, 2002, 개마고원). 쿤의 정의를 읽어보면, 시드 필드의 스토리이론에 왜 '패러다임'이란 이름을 붙였는지 이해할 수 있다. 시드 필드의 스토리이론은 과거 아리스토텔레스의 『시학』에서 시작되어 근대에 이르기까지 이어져온 전통적인 스토리이론에 대한 '혁명적' 해석과 발상으로, 현대 스토리이론의 시작이다.

위키피디아 영어판에 있는 시드 필드에 관한 설명을 옮겨본다.

"시드 필드의 가장 큰 공헌은 3막 구조에 대한 이상적인 패러다임을 제시한 것이다. 시드 필드는 영화 시작 20~30분 안에, 즉 1막에서 플롯을 세팅해야 한다고 말한다. 1막에서 주인공은 자신이 성취해야 할 목표를 인식하게 된다. 첫 번째 플롯 포인트다. 영화의 정중앙점까지 주인공은 이 목표를 성취하기 위해 노력한다. 2막은 갈등과 대결의 시간이다. 2막의 정중앙점에서 플롯의 전환이 이루어진다. 때로는 주인공의 운명을 황폐화시키는 반전으로 그려지기도 한다. 2막에 이어지는 3막은 목표를 성취하기 위한 주인공의 결사적인 노력을 보여준다."

'플롯의 셋업' '플롯 포인트' '미드 포인트(정중앙점)'…… 시드 필드가 제시한 개념들은 오늘날까지 이어져 오는, 매우 획기적인 발견이고 정의다. 특히 시드 필드는 클라이맥스를 3막의 끝 지점에 위치시킴으로써, 고대 아리스토텔레스 때부터 근대 문학예술에까지 이어져 온 전통적인 스토리와 현대의 상업스토리를 명확하게 구별했다. 한 걸음 더 나아가 각 시퀀스가 어느 정도의 분량(시간 또는 쪽)으로 구성되어야 하는지, 각 시퀀스에서 주인공(메인 캐릭터)에게 어떤 정서와 행동을 부여해야 하는지를 제시해 준 것 등은 그가 왜 '현대 영화 스토리이론의 선구자'라고 불리게 되었는지를 알 수 있게 해준다. 시드 필드가 제안한 플롯구조는 이후에 등장한 모든 스토리이론의 기초가 되는 개념들을 담고 있다.

시드 필드의 플롯구조에 관해 좀 더 자세히 설명하면 아래 표와 같다.

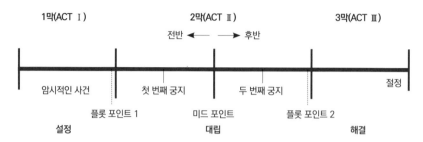

시드 필드의 패러다임론

표에 있는 내용들을 단지 시드 필드만의 개념으로 이해하면 안 된다. 가장 기본적이고 원칙적인 개념으로서 이후 모든 스토리이론의 출발점이 되기 때문에 충분히 이해하고 넘어가기 바란다.

시드 필드의 플롯구조

1막	셋업 (설정)	우리가 한 편의 스토리를 통해 처음으로 만나는 것은 특정한 시간과 공간에 살고 있는 주인공이다. 우리는 그와 함께 짧거나 긴 여행을 떠난다. 이 여행의 끝까지 함께 가고 싶은가? 과정과 결과를 보고(경험하고) 싶은가? 그런 점에서 시드 필드가 정의한 '설정'은 곧 '후크'이기도 하다.
	암시적인 사건 (도입이벤트)	주인공의 일상을 동요하게 만들고, 결국 새로운 세상으로 모험을 떠나게 될 계기로서의 '사건'이 발생한다. 이 사건은 누군가를 만나는(엮이는) 일임과 동시에 주인공이 해결해야 할 문제를 처음 마주치는 일이다.
2막의 전반부 (2-1)	플롯 포인트 1	주인공은 갈등의 현장으로 들어간다. 그 현장에서 새로운 사람들을 만나고, 비밀(그가 해결해 나갈 문제의 단초)을 발견하게 된다.
	첫 번째 궁지	내적 동기에 따른 것이든, 외적 계기에 따른 것이든 주인공은 갈등의 현장에서 자신이 예상치 못했던 위험에 처하거나 뭔가 상황이 안 좋게 흘러가고 있음을 알게 된다. 안타고니스트의 그림자가 주인공에게 엄습해 온다.

	미드 포인트 (정중앙점)	주인공이 첫 번째 궁지에서 맞닥뜨린 예상치 못했던 위험 또는 좋지 않은 상황의 정체는 무엇인가? 누구로부터 어디에서 온 것인가? 주인공이 정면으로 마주해야 할 문제의 근원을 깨닫게 된다. '그러면 이제부터 나는 무엇을 어떻게 해야 하는가?' 근본적인 고민을 하게 되고, 비로소 문제해결을 위한 핵심행동에 나선다. 국면을 전환시킬 위대한 결심이다.
2막의 후반부 (2-2)	두 번째 궁지	핵심행동에 나선다고 해서 문제를 해결할 수 있을까? 상황은 절망의 끝으로 치닫는다. 새로운 계획은 실패하고, 조력자가 죽거나 곁을 떠나고, 배신자가 주인공의 등에 칼을 꽂는 상황에 이른다. 주인공의 패배는 명백해 보이고, 회복할 가능성은 없어 보인다.
	플롯 포인트 2	패배와 절망의 끝에서 주인공은 최후의 결단을 내린다. 이미 루비콘강을 건넜기에 돌아갈 길도 없고 물러설 방법도 알지 못한다. 죽더라도 앞으로 나아갈 수밖에 없다. 고뇌의 순간, 주인공이 앞으로 나아갈 극적 계기가 주어진다. 주인공이 믿던 이의 죽음과 치명적인 이별 같은. '뭘 망설이느냐? 끝을 보러 가라!'는 하늘의 명령과도 같다.
3막	해결	주인공(프로타고니스트)과 안타고니스트와의 최후 결전이 펼쳐지고, 주인공은 어렵사리 승리한다. 산전수전을 다 겪고 승리의 면류관을 쓴 주인공은 처음 1막의 설정에서 우리 앞에 선보인 주인공과는 다르다. 이제 관객은 변화하고 성장한 주인공을 보게 될 것이다.

할리우드 스토리이론 ③
마이클 호그의 '6단계 플롯구조'

미국에서 베스트셀러로 기록된 『팔리는 시나리오 쓰기Writing Screenplays That Sell』 『60초 안에 너의 스토리를 팔아라Selling Your Story in 60 Seconds: The Guaranteed Way to Get Your Screenplay or Novel Read』 『스토리텔링 쉽게 만들기Storytelling made easy』 등의 이론서로 유명한 마이클 호그의 '6단계 플롯구조'를 살펴보자.

내적 여정

1단계	2단계	3단계	4단계	5단계	6단계
자기 나름대로는 만족스러운 삶	앞날에 대한 잠깐의 경험과 갈망 또는 운명	자신의 정체성을 유지한 상태에서, 핵심사건(목표)을 향한 움직임	두려움이 커지는 가운데에서도 핵심 사건(목표)을 향해 전력을 다함	전력질주 끝에 모든 것을 상실함	여정의 완료, 운명의 성취

0%	10%	25%	50%	75%	90~99%	100%
1막(ACT Ⅰ)		2막(ACT Ⅱ)			3막(ACT Ⅲ)	

1단계	2단계	3단계	4단계	5단계	6단계
설정	새로운 상황	진전	복잡성 증대 및 높아지는 위험	마지막 질주	여파(후유증)

터닝포인트 #1	터닝포인트 #2	터닝포인트 #3	터닝포인트 #4	터닝포인트 #5
기회	계획의 변경	돌아갈 수 없는 포인트	최대의 장애(걸림돌)	절정(클라이맥스)

외적 여정

마이클 호그의 대단함은 '스토리＝여정 Journey'이라는 관점을 제시한 데 그치지 않고, 주인공의 내면적 정서(내적 여정)와 스토리의 극적 계기(외적 여정)가 어떤 흐름을 따라가야 하는지, 6단계로 나누어 정의한 데에서 발견된다.

'1단계: 자기 나름대로는 만족스러운 삶'에 대해 부연설명을 하고 싶다. 1단계는 주인공을 소개하는 부분이다. 주인공은 나름 만족스러운 일상을 살고 있다. 그러나 주인공의 현재는 사실 결핍이 가득한 일상이다. 그런데 만족스럽다고? 뭔가 어울리지 않는 표현 아닌가? 여기서 '만족스럽다'는 뜻은 '결핍 가득한 일상이라도 어쩔 수 없는 숙명 같은 현실이기에 인정할 수밖에 없는, 그래서 억지로라도 만족하며 사는 삶'을 뜻한다. 그것이 현재 주인공이 갖는 자기정체성이다. 다시 말하면, 마이클 호그가 말하는 3막의 플롯구조는 자기정체성의 변화를 통해 더 높은 수준으로 올라서는 주인공의 성장과 성공을 다룬다. '스스로를 속이며 만족하면서 사는 삶'(1막)에서, '기존에 익숙한 태도와 방식으로 세상의 악과 격돌하다 자기정체성이 흔들리는 위기에 처하자'(2막의 전반부) '자기정체성의 변화/변신을 통해 세상의 악과 다시 격돌한다.'(2막의 후반부) '변화한 자기정체성에 아직 능숙하지 못해서 좌절과 위기를 겪지만, 물러섬 없는 용기로 나서서 결국 세상의 악을 물리치고 자신의 욕망을 성취한다.'(3막)

나는 마이클 호그가 스토리에 대해 이런 정의를 내리기까지 얼마나 깊은 분석과 연구를 행했을지 가히 그 노력에 경탄하지 않을 수 없다. 더욱이 그는 스토리 속 주인공의 '욕망'이 플롯의 동력이라는 사실을 두드러지게 강조하고 정리했다는 점에서도 매우 중요한 기여와 공헌을 했다. 나아가 그는 각 터닝포인트가 전체 스토리의 어디에 위치해야 하는지 정확히 제시함으로써 매우 유용한 지침을 제공한다. 참고로 마이클 호그가 정의한 '터닝포인트'는 '욕망의 레시피'에서 말하는 '플롯 포인트'와 같은 의미다. 내가 플롯의 변곡점이 되는 지점이라는 뜻에서 '플롯 포인트'라고 쓴다면, 마이클 호그의 경우에는 '플롯 포인트'의 지점에서 스토리의 확실한 터닝이 이루어져야 한다는 점을 강조하기 위해서 '터닝포인트'라고 정의했다. 실제로 이 다섯 개의 지점에서는 스토리의 터닝이 정확하게 이루어져야 한다. 특히 마이클 호그가 정의한 '세 번째 터닝포인트', 즉 '정중앙점'에서는 사실상 180도 터닝이 이루어져야 한다.

할리우드에서는 시드 필드를 '현대 영화 스토리텔링의 아버지'라고 부른다지만, 나는 오히려 현대 스토리이론의 도약을 이루는 데에 마이클 호그의 영향력과 기여도가 지대했다고 생각한다. 특히 그는 윌 스미스, 줄리아 로버츠, 제니퍼 로페즈, 로버트 다우니 주니어와 모건 프리먼 등 유명 배우들에 대한 스토리 컨설팅을 해주며, 스토리이론의 대중화에 혁혁한 공로를 세워왔다. 그런 공로로 마이클 호그는 현재까지도 미국시나리오작가협회의 이사로 활동하고 있다.

할리우드 스토리이론 ④
린다 시거의 'B-Story'

시드 필드의 수제자였던 린다 시거Linda Seger는 메인플롯을 끌고 가는 A-Story
에 덧붙여, 스토리의 맛과 멋을 풍부하게 만드는 서브플롯인 B-Story의 의미
를 밝히고 그 규칙을 정리했다는 데 큰 기여를 했다.

린다 시거의 'B-Story'이론

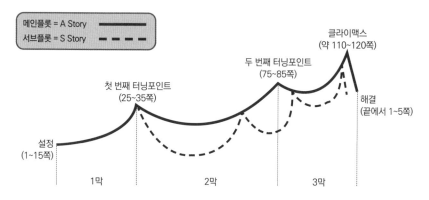

앞의 마이클 호그가 제시한 '6단계 플롯구조'에서도 그렇고, 린다 시거도 스토리의 러닝타임을 정의하고 있다. 마이클 호그가 전체 스토리를 1백 퍼센트로 놓고 3막 구조와 터닝포인트가 몇 퍼센트 위치에 자리하는지를 정의했다면, 린다 시거는 일반적으로 120분인 영화 한 편의 시나리오 분량을 110~120쪽으로 보고 그에 기초해 정의하고 있는 게 다를 뿐이다.

앞에서 헤겔의 명언을 통해서 강조한 바와 같이, 사상과 이론은 현실(역사)에 대한 해석 또는 '번역'이다. 할리우드의 영화스토리는 2000년대에 접어들면서 본격적인 '복합플롯(멀티플롯)의 구조'로 바뀌었다. 린다 시거는 이런 추세를 발견하고 이론으로 정리함으로써, 창작자들에게 새로운 지침을 제시해 주었다. 이후 할리우드의 스토리는 '복합플롯의 구조'를 체계적이고 전략적으로 발전시키게 된다.

그렇다면 '복합플롯 구조'의 핵심에 서 있는 B-Story, 즉 서브플롯이란 무엇인가? 사전적으로는 메인플롯을 A-Story라고 붙인 것에 대응하는 개념이지만, 메인플롯과 서브플롯은 어떤 상관관계에 있는지, 어디에 어떻게 배치되고 전개해 나가야 하는지 등의 문제를 정리하고 넘어가도록 하자.

첫째, B-Story가 A-Story를 보조하는 역할을 하는 스토리라인임에도 불구하고 '스토리' 또는 '플롯'이란 이름을 붙이는 까닭은, 그 자체로 독립적인 완결성을 갖는다는 뜻이다. 최근에는 플롯이란 개념을 좀 더 확장된 뜻으로 사용하는 경향이 있지만, 원론적인 의미에서 플롯이란 원인과 결과의 상관관계로 구성되어 그 자체로 완결된 구조를 가지고 있어야 한다. 다만 서브플롯 즉, B-Story의 경우에는 모든 과정을 다루는 A-Story(메인플롯)와 달리, 플롯 포인트를 중심으로 전개한다는 차이점이 있을 뿐이다.

둘째, 'B-Story 즉, 서브플롯은 메인플롯을 보조하고 추동한다'는 정의만 가지고서는 스토리 창작에 실제적인 도움이 되지 못한다. 메인플롯은 주인공의 스토리이고, 서브플롯은 핵심 조력자의 스토리다. 스토리의 여정 속에서 도전과 모험, 변화와 성장을 통해 주인공의 사상과 성격이 드러나고 그의 욕망을 성취한다. 여기서 주인공의 변화와 성장을 어떻게 표현할 것인가? 가장 구태의연하고 재미없는 방법은 주인공 또는 등장인물의 대사나 설명을 통해 드러내는 것이다. 그보다는 B-Story 즉, 서브플롯을 끌고 나가는 핵심 조력자와의 관계를 리트머스 시험지로 삼아 보여주는 방법이 훨씬 문학적인 완성도를 높일 수 있다. 핵심 조력자 외의 인물들에 대해서는 별도로 C-Story 등의 개념으로 구분해서 정의하기도 한다.

셋째, 린다 시거의 개념도에서 보면, B-Story는 2막의 첫 단락에서 시작해서, 3막의 클라이맥스에서 절정의 역할을 발휘한다. 〈겨울왕국〉(2014)에서 두려움에 떨며 설산으로 도망간 엘사를 찾기 위해 성 밖으로 나간(2막을 여는 '결정') 주인공 안나가 처음으로 만나는 인물은 크리스토퍼다. 크리스토퍼는 3막의 클라이맥스에서 안나를 구하기 위해 성으로 되돌아온다. 〈수상한 그녀〉(2014)의 오말순이 20대의 오두리로 변신해 찾는 인물은 박씨이고, 박씨는 시종일관 핵심 조력자로서의 역할에 충실한 모습이다. 핵심 조력자로서의 B-Story 인물이 1막에서 등장할 수도 있다. 그러나 B-Story 자체는 2막에서 시작해야 한다. 영화 〈그래비티〉(2013)에서 B-Story의 인물 매트는 1막에서 함께 등장하지만, 1막에서는 우주공간에서 함께 일하는 동료로서의 관계를 보여주는 것에 머무르는 데 반해, 2막의 처음 블록에서 처음으로 서로의 사적 이야기(주인공 린이 딸아이를 키우며 혼자 살고 있다고 말한다)를 시작한다. 매트는 3막의 클라이맥스에 환영으로 등장해 린에게 "매뉴얼을 보라!"며 지구귀환에 결정적 역할을 한다. 〈엣지 오브 투모로우〉(2014)에서 B-Story의 인물리타도 1막에서 만나지만, 2막의 첫 블록에서부터 B-Story(본격적인 동행)가 시작된다.

넷째, B-Story가 핵심 조력자의 플롯이라고 한다면, 로맨스/버디 파트너만큼 핵심 조력자의 역할에 충실할 수 있는 인물이 누가 있겠는가? 그래서 거의 모든 장르 스토리에서 B-Story는 로맨스/버디의 플롯이다. 〈엣지 오브 투모로우〉의 리타나 〈겨울왕국〉의 크리스토퍼, 〈수상한 그녀〉의 박씨 같은 인물의 플롯이 로맨스플롯의 대표적인 경우다. 할리우드의 경우 영화나 TV드라마, 장르소설에 이르기까지 B-Story의 인물이 주인공의 로맨스 파트너가 되는 데 비해, 한국영화의 경우에는 로맨스 파트너보다는 버디 파트너가 더 많이 활용된다. 천만 관객을 돌파한 한국영화들의 스토리가 워낙 진지하고 엄숙한 분위기를 담고 있어, 이런 스토리에는 로맨스가 어울리지 않는다고 생각해서일지도 모르겠다. 〈괴물〉의 B-Story는 주인공 강두의 동생 남일과 남주이고, 〈7번방의 선물〉(2013)에서의 박 과장(교도과장), 〈광해, 왕이 된 남자〉에서의 도부장 등이 그렇다. 그렇다면 정작 로맨스/버디 장르를 메인 플롯으로 삼는 스토리에서는 B-Story의 인물이 누구일까? 자칫 로맨스/버디 장르의 스토리에서 B-Story 속 인물이 삼각관계의 인물이 아닐까 생각하기 쉽지만, 로맨스/버디의 완성을 돕는 가교 역할의 인물이 B-Story를 구성한다. 다시 한 번 강조하지만, B-Story는 주인공을 괴롭히거나 경쟁하는 인물이 아니라 주인공을 도와서 끝까지 함께하는 핵심 조력자의 플롯이다.

할리우드 스토리이론 ⑤
크리스토퍼 보글러의 '영웅의 여정'

크리스토퍼 보글러Christopher Vogler의 '영웅의 여정The Hero's Journey'이론은 할리우드 스토리이론에서 또 하나의 획을 긋는 이론이다. 스토리이론의 이름 때문에, 그의 이론이 서사극과 어드벤처 장르에 국한된 지침이라고 오해하지 않기를 바란다. 보글러의 스토리이론을 기초로 하여 만든 작품으로는 월트 디즈니의 대표작이라고 할 수 있는 〈라이온 킹〉(1994)을 비롯해 〈반지의 제왕〉(2001~2003), 〈블랙 스완〉(2010), 〈노아〉(2014) 등이 있다. 그러나 보글러의 '영웅의 여정'이론을 독창적인 이론이라고 보기는 어렵다. 그의 이론은 세계적인 비교신화학자이자 비교종교학자인 조지프 캠벨의 신화 스토리이론을 전면적으로 계승하고 있다. 조지프 캠벨은 현대 신화학의 최고봉이라 칭할 만한 사람이다. 그는 『천의 얼굴을 가진 영웅』『신의 가면』『신화의 힘』(PBS 다큐멘터리 방송) 등의 저자로서, 그리스로마 신화를 집대성했고, 조지 루카스 감독의 〈스타워즈〉에 가장 큰 영감을 준 사람이다. 그는 수많은 신화스토리를 분석하며, 아래와 같이 '영웅의 17단계 여정'을 신화의 공통적인 스토리텔링 규칙으로 정리했다.

막	조지프 캠벨	크리스토퍼 보글러
1막 떠남	1. 모험에 초대받다. 2. 초대를 거절하다. 3. 초자연적인 도움을 받다. 4. 문턱을 넘다. 5. 고래의 배 속에 들어가다.	1. 일상적인 세상 2. 모험에 초대받다. 3. 초대를 거절하다. 4. 멘토를 만나다.
2막 특별한 세상으로의 진입	6. 새로운 시도를 하는 여정 7. 여신을 만나다. 8. 마녀의 유혹을 받다. 9. 아버지에게 속죄하다. 10. 절정에 이르다. 11. 최고의 무기를 얻다.	5. 첫 번째 문턱을 넘다. 6. 시험, 동맹군 결집, 적들과의 대면 7. 가장 깊은 동굴에 들어가다. 8. 시련에 빠지다. 9. 보상을 받다.
3막 귀환	12. 귀환을 거부하다. 13. 마법의 비행 14. 모두를 구하다. 15. 귀환의 문턱을 넘다. 16. 두 개의 세상을 지배하다. 17. 자유를 얻다.	10. 귀환의 길 11. 부활하다. 12. 영약을 가지고 귀환하다.

조지프 캠벨이 정리한 영웅의 17단계 여정 중에서 9단계 '아버지에게 속죄하다'를 보면, 어떤 영화 한 편이 떠오르지 않는가? 애니메이션 영화 〈라이온 킹〉이다. 정확하게 이 지점에서 주인공 심바는 비비원숭이 라피키를 통해 죽은 아버지를 만난다. 〈라이온 킹〉의 스토리 창작을 지휘했던 사람이 바로 크리스토퍼 보글러다. 크리스토퍼 보글러는 월트디즈니픽처스에서 일하던 1985년에 일곱 쪽짜리 리포트를 제출한다. 여기에서 그는 조지프 캠벨의 신화연구에 관한 업적과 그것이 현대 상업 스토리에 얼마나 유용하게 적용될 수 있는지를 정리하고, 새로운 스토리 창작의 가이드로 제안했다. 바로 이것

이 '영웅의 여정'이론의 첫 출발점이었다.

앞서 마이클 호그의 가장 큰 공헌이 스토리의 내적 여정(주인공의 정서)과 외적 여정(사건과 핵심행동의 전개)을 구분·정립한 데 있다고 했다. 마이클 호그에 이어서 크리스토퍼 보글러는 특히 스토리의 내적 여정, 즉 스토리 속 인물의 정서적 원동력에 큰 관심을 돌렸고 구체화했다. 그는 영웅의 12단계 여정을 제시하면서, 새롭게 '캐릭터의 정서적 역동성'을 덧붙인다. '영웅의 여정'은 조지프 캠벨의 '영웅의 17단계 여정'과 마이클 호그의 '6단계 플롯구조'를 변증법적으로 합쳐놓은 이론이라고 봐도 틀리지 않다. 실제로 마이클 호그는 크리스토퍼 보글러와 함께 수많은 스토리 세미나를 공동 진행하고 있다.

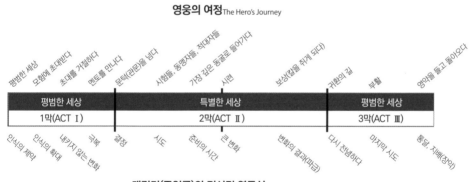

영웅의 여정 The Hero's Journey

캐릭터(주인공)의 정서적 역동성 The Character Arc

크리스토퍼 보글러의 스토리텔링 이론을 나타낸 위의 스토리구조 그림에서 나는 영어 'The Character Arc'를 '캐릭터(주인공)의 정서적 역동성'이라고 번역했다. 주인공이 스토리 속의 극적 상황(사건의 연속=여정) 앞에서 어떤 정서적 또는 심리적 상태에 처하고, 어떤 정서적 결정을 내리게 되는지를 상세하게 보여주기에, 주인공의 정서적 변화를 강조하기 위해서다.

여기서 잠깐! 주인공의 문턱을 넘는 결정(2막의 시작)은 스토리의 전개를 위해서는 필수지만, 그것이 결코 쉬운 결정은 아니다. 보글러는 주인공의 결정에 앞서 멘토 또는 멘토적 계기를 만나는 일이 필요하다고 했다. 그러나 이것만으로는 설명이 부족하다.

나의 입장에서 보충한다면, 주인공이 문턱을 넘는 결정은 '내적 동기'와 '외적(상황적) 계기'가 결합해야 가능하다. '내적 동기'란 주인공을 행동하게 하는 내적 동력을 뜻하는데, 주인공의 결핍 그리고 그 결핍을 채우기 위한 욕망이다. 때로는 결핍과 욕망이 아니라도, 호기심이나 자만심 같은 주인공의 감정이 '내적 동기'가 되기도 한다. 예를 들어 영화 〈반지의 제왕〉의 주인공 프로도는 결핍과 욕망 때문에 반지원정대로 나섰다기보다는, 모험에 대한 호기심으로 원정에 나선 인물이다. 호기심이 많은 주인공은 앞날에 대한 기대감을 안고 2막(특별한 세상)으로 넘어간다. 그러나 내적 동기만으로는 부족하다. 보글러의 플롯구조에서, 주인공은 모험에 초대받지만 그 모험이 자기 나름대로는 만족스럽고 평온했던 일상을 흔들 것이라고 걱정하며 초대를 거절한다. 그것을 넘어서는 외적 계기가 '멘토의 권유'다. 〈반지의 제왕: 반지원정대〉(2001)에서 주인공 프로도는 양아버지인 빌보로부터 절대반지를 유산으로 받는다. 간달프는 절대반지가 위협이 되어 사우론이 추격하기 시작했으니 어서 호빗의 마을에서 떠나라고 재촉한다. 호기심 많은 프로도는 간달프의 권유를 받아 절대반지를 파괴하기 위해 길을 떠난다. 호기심(내적 동기)과 멘토의 권유(외적 계기)가 맞물리면서 원정에 나선 것이다.

그러면 다른 스토리에서는 어떨까? 〈괴물〉에서 주인공 강두는 딸을 잃어버린 슬픔에 휩싸여 있는데, 마침 괴물에게 납치된 딸로부터 전화를 받는다.

정부관계자에게 사실을 알리지만, 아무도 귀담아 듣지 않는다. 결국 병원에서 탈출해 한강으로 진입한다. 결핍(딸을 잃어버린 슬픔)을 한층 더 자극하는 외적 계기(딸의 전화)가 결합되어 2막으로 진입한다. 〈광해, 왕이 된 남자〉의 하선과 〈택시운전사〉의 김만섭은 경제적 어려움(결핍)을 해결하기 위해 돈을 벌 수 있는 기회(허균의 제안과 피터의 제안)를 붙잡는다. 다시 말하면, 주인공의 즉자적 결핍 또는 결핍을 해소하기 위한 즉자적 욕망을 내적 동기로 하고, 그를 더 자극하는 외적 계기와 결합해 실제 행동에 나서게 되는 것이다. 재난을 다루는 스토리에서는, 재난이 발생하고(도입이벤트) 자신에게까지 죽음의 그림자가 드리워지자 재난을 피해 생존의 길로 나선다. 즉 불가항력적 상황이 외적 계기로 작용한다.

크리스토퍼 보글러의 '영웅의 여정'은 제목에서 느껴지는 것처럼, 일반적으로 어드벤처 장르의 스토리에 딱 들어맞는 플롯을 제공하고 있다. 어드벤처 장르가 추구하는 핵심 정서는 성장통이다. 두려움이나 트라우마, 핸디캡 등 '내 안의 적敵'을 물리치고 거듭나는 스토리이고, 그를 통해 세상을 어지럽히는 악마(외부의 적敵)를 물리치는 스토리이다. 가장 중요한 핵심 행동은 '내 안의 적敵'을 물리치는 것이다. 그래서 주인공은 전환점에서 피하려 애썼던 '내 안의 적敵'과 드디어 마주 선다. 그리고 피크점에서야 세상의 악마를 물리치는 행동에 나서게 된다.

나는 한국영화 〈택시운전사〉(2017)와 〈극한직업〉(2019)을 보면서 깜짝 놀랐다. 어라, 저게 뭐지? 아주 독특한 스토리구조를 발견한 것이다. 두 영화의 한가운데 전환점에서 주인공이 어떻게 하는지를 유심히 보라. 〈택시운전사〉의 주인공은 드디어 서울로 떠나려는데 자신의 택시가 고장난다. 다른 차를 타고 갈까 하다가 좀 더 머물기로 한다. 두려움과 이기주의, 즉 '내 안의 적敵'과 마주 하기로 결심한 것이다. 〈극한직업〉의 주인공 고반장은 전환점에서 형사를 때려치우고 프랜차이즈의 유혹을 움켜쥔다. 아무리 열심히 일해도 과정보다 결과(실적)만 중시하는 세상에 무릎 꿇고 돈이나 벌자는 결심을 한 것이다. 특히 〈극한직업〉의 스토리는 일반적인 한국 영화의 스토리텔링과는 많이 다르다. 일반적으로는 주인공이 '에이, 더럽고 치사하고 비겁하게 살지 않겠다!'고 결심하고 뛰쳐나간 후에 혼자서 나쁜 놈 때려잡는 일에 나선다. 형사 배지와 총까지 반납한 주인공이 위기에 빠질 때 그의 동료 형사들이 합류해 결국 나쁜 놈을 때려잡는다는 스토리가 보통 그동안의 문법이었다. 그런데 〈극한직업〉의 고반장은 형사라는 직업, 즉 자신만의 고유한 정체성을 내던지고 반대편의 돈이나 버는 일을 선택한다. 그를 통해서 자신의 정체성을 회복하는 데로 나아가는데, 결국 피크점에서 세상의 악惡 이무배를 잡으러 다시나서는 행동이 그것이다.

나는 두 편의 영화를 보고 난 후, 시나리오 작가가 크리스토퍼 보글러의 '영웅의 여정'을 교과서로 삼아 치열하게 공부하고 익힌 작가라고 추측했다. '영웅의 여정'이 알려주는 플롯구조를 그대로 따르고 있기 때문이다. 나는 많은 창작자들이 이렇게 어느 하나의 스토리이론이라도 열심히 따라 하며 익히기를 바란다. 익숙해진다면 천하에 둘도 없는 창작의 무기를 거머쥐게 될 것이다.

할리우드 스토리이론 ⑥
로버트 맥키의 스토리이론

한국에서 가장 유명한 할리우드 스토리이론가를 든다면, 크리스토퍼 보글러와 로버트 맥키다. 로버트 맥키Robert Mckee는 스토리이론을 인문학의 경지까지 끌어올린 이론가이고, 그의 책 『STORY 시나리오 어떻게 쓸 것인가』는, 스토리이론서로서는 전 세계에서 가장 많이 팔린 베스트셀러다. 특히 할리우드에서는 로버트 맥키의 저서 『STORY 시나리오 어떻게 쓸 것인가』를 가리켜, "시나리오 작가의 성경책"이라고까지 칭송하고 있다. 그 책을 읽다보면 스토리에 대한 영감과 창의의 에너지가 용솟음치는 경험을 하게 되지만, 정작 로버트 맥키의 이론은 너무 어렵다. 스토리 세미나를 순회 콘서트처럼 워낙 활발하게 진행하고 있기 때문에, "어려운가? 더 자세히 알고 싶으면, 내 스토리 세미나를 들으라!"고 말하는 것 같다. 참고로 로버트 맥키의 스토리 세미나는 보통 3일 동안 진행하는데, 패키지에 따라 1인당 500~1,100불의 참가비를 내야 한다. 그의 세미나를 들은 창작자가 누적 10만 명에 이른다

하니, 엄청난 비즈니스다. 실제로 로버트 맥키의 홈페이지(http://mckeestory.com)에 들어가보면, 스토리이론에 관한 설명은 하나도 없고 첫 화면부터 오로지 스토리 세미나에 대한 안내와 신청절차뿐이다.

로버트 맥키의 플롯 분류방식은, 그가 단순히 스토리이론가가 아니라, 스토리이론을 인문학의 수준으로 끌어올린 철학자임을 상징적으로 보여준다. 고전적 디자인으로서 '닫힌 결론'을 추구하는 '아크플롯', 미니멀리즘을 대변하며 보통 '열린 결론'으로 끝을 맺는 '미니플롯', 플롯구조 자체에 저항하는 예술미학으로서의 '안티플롯', 로버트 맥키는 플롯을 이 세 가지 카테고리로 구분하고, 상업적인 스토리라면 '아크플롯'을 따라야 한다고 권고한다. 이런 플롯 구분은 단지 상업적인 스토리뿐만 아니라, 세상에 존재하는 모든 스토리에 관한 철학과 가이드를 세웠다는 나름의 자부심을 이면에 깔고 있다. 그의 책 제목이 The Story인 이유가 있다.

더욱이 그가 정의한 플롯구조는, 어렵고 복잡하기만 한 그의 이론에 비해서, 너무 단순하고 무책임하기까지 한 설명이다. 그러나 나는 아래와 같은 개념도보다는, 143쪽의 개념도가 그의 이론이 갖는 매력과 강점을 더 정확하게 보여주고 있다고 생각한다.

로버트 맥키의 '스토리이론'

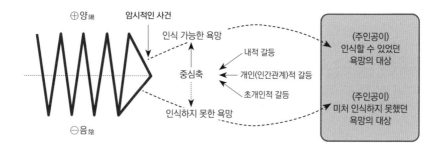

'추구Quest'라고 이름 붙인 위 그림은, 다소 도식적으로 이해될 수 있는 플롯구조 그 이상의 성찰을 담고 있다. 음과 양을 오가는 평온한 일상을 살고 있는 주인공은 암시적인 사건을 통해서 자신의 욕망을 성취하기 위해 나서게 되는데, 주인공이 당장 인식(인지)할 수 있는 욕망과 주인공 자신도 미처 알지 못했던 욕망을 축으로, 세 가지 차원의 갈등을 겪으며 두 욕망을 성취하게 된다는 설명이다. 다시 말해서 스토리 창작에서 주인공이 갖고 있는 두 개의 욕망을 정의(셋업)하는 일에 총력을 기울여야 한다.

내 입장에서 설명한다면, 주인공은 암시적인 사건(도입이벤트)을 통해서, 먼저 '인식 가능한 욕망'을 향해서 움직이다가, 정중앙점(터닝포인트)을 거치면서 '인식하지 못했던 욕망'을 향해서 상승 발전한다고 이해하는 것이 정확하다. 다만, '인식 가능한 욕망'과 '인식하지 못했던 욕망'은 현상과 본질과의 관계처럼 차원이 다를 뿐 결국 동전의 양면처럼 연결되어 있기 때문에, 위의 그림이 틀리다고 할 수는 없다.

로버트 맥키가 다루고 있는 이슈는 전방위적으로 다양하다. 어느 것 하나 빠트리고 넘어갈 것이 없지만, 스토리의 인문학적인 측면이 강조되는 까닭에 실전 스토리 창작에는 다소 취약해 보일 수도 있다.

할리우드 스토리이론 ⑦
드라마티카의 스토리이론

나는 2019년의 초판에서 인공지능이 과연 어느 수준까지 인간의 영역을 위협할 것인지 다소 걱정스럽게 썼다. 나의 판단으로는 인간의 창작(창조)이 '모방에 기초한 재창조'에 불과한 것이라면, 인공지능이 고도로 발전하면서 인간의 창작에 이르지 못할 이유는 없다고 생각했기 때문이다. 2019년 초판에서 나는 다음과 같이 썼다..

> 2016년 구글의 인공지능 알파고와 한국의 이세돌 9단이 바둑경기를 두는 이벤트를 통해서, 인공지능이 어디까지 진화할 것인지 논란이 일었다. 많은 사람들은 아무리 인공지능이라도 컴퓨터 프로그램인 이상 인간의 감성까지 익힐 순 없다고 안심시키며, 대표적인 예로 인공지능이 스토리를 창작하는 일은 없을 것이라고 했다. 과연 그럴까? 나는 그 대목에서 우리가 호언장담할 수 없다고 생각한다. 한국에는 많이 알려져 있지 않지만, 미국 창작자들에게

는 익숙한 스토리 창작지원 소프트웨어 두 개가 1993년 처음으로 세상에 선을 보인다. 하나는 '드라마티카Dramatica'이고, 다른 하나는 '파이널 드래프트Final Draft'다. 특히 영화스토리 창작자들에게 가장 애용되는 '파이널 드래프트'의 경우 공식적인 홍보물에서 "아카데미에 노미네이트된 작품의 70퍼센트 이상이 파이널 드래프트를 사용했다"고 할 정도이니, 앞으로 몇 년 후 이들 소프트웨어들이 스토리텔링의 알파고로 진화하지 말라는 법은 없다.

2023년의 인공지능은 어떤가? 다들 알다시피 생성형 챗GPT가 시나 소설을 창작하는 수준을 보면 까무러칠 정도로 놀랍다. 아직 완벽하지는 않다고 스스로 위로하는 사람도 있지만, 일본에서는 인공지능으로 창작한 소설이 공모전에서 당선까지 되었다는 소식을 보면, 이제 많은 창작자들이 인공지능과 경쟁해야 하는 상황에 이르지 않았는가? 내가 2019년에 "앞으로 몇 년 후"라고 썼을 때만 해도 '최소 10년 후'라고 생각했는데, 인공지능의 빠른 발전 속도에 위기감을 느낀다. 그나마 위안이 된다면, 인공지능은 내가 질문을 던지지 않는 한, 즉 인간이 명령을 내리지 않는 한 창작하지 않는다는 사실이랄까?

어쨌든 미국 할리우드에서 '파이널 드래프트'와 '드라마티카'라는 소프트웨어는 여전히 적지 않게 이용되고 있다. 마이클 호그와 같은 스토리이론가와 함께 기획, 설계되고 운영되는 '파이널 드래프트'와 달리, '드라마티카'는 필립스와 허틀리에 의해 공동 개발되었는데, 두 사람은 드라마티카가 스토리에 관한 한 새로운 이론에 기초해 만들어졌음을 밝히고 있다. 더욱이 영화 스토리텔링에 국한되지 않고, TV드라마의 스토리텔링에도 도움이 될 수 있는 이론과 지식, 창작지원 도구를 제공하면서 스토리 영역을 확대해 나가고

있다. 특히 '드라마티카'는 전통적인 3막 구조를 폐기하고 4막 구조를 진취적
으로 채용했다. 나아가 스토리 창작에서 네 개의 스토리라인을 조화롭게 꾸
밀 것을 제안한다. 네 개의 스토리라인은 사실상 캐릭터의 스토리라인이라고
볼 수 있다. 전체 스토리라인으로 종합되지만, 전체 스토리라인과 더불어 메
인 캐릭터, 임팩트 캐릭터, 메인 캐릭터와 임팩트 캐릭터와의 관계 등이 그것
이다. 무엇보다도 스토리 창작을 도와주는 소프트웨어가 있다는 점도 놀랍고,
그 하나의 소프트웨어를 만들고 운용하는 데 이렇게 깊이 있는 철학과 이론
을 세워놓고 있다는 사실이 감탄스러울 뿐이다.

	플롯 포인트와 스토리 역동성의 셋업	복합적 문제와 상호작용	복합적 문제와 상호작용의 심화	위기, 절정, 플롯 포인트의 스토리 역동성의 해결
	여정 1		여정 2	여정 3
	1막(ACT Ⅰ)	2막(ACT Ⅱ)	3막(ACT Ⅲ)	4막(ACT Ⅳ)
전체 줄거리 스토리 목표(테마)의 추구	전체 스토리 이정표 1	전체 스토리 이정표 2	전체 스토리 이정표 3	전체 스토리 이정표 4
주인공 줄거리 메인 캐릭터 역동성	메인 캐릭터 이정표 1	메인 캐릭터 이정표 2	메인 캐릭터 이정표 3	메인 캐릭터 이정표 4
반대축 줄거리 임팩트 캐릭터 역동성	임팩트 캐릭터 이정표 1	임팩트 캐릭터 이정표 2	임팩트 캐릭터 이정표 3	임팩트 캐릭터 이정표 4
관계 줄거리 관계의 성장	메인/임팩트 캐릭터 관계 이정표 1	메인/임팩트 캐릭터 관계 이정표 2	메인/임팩트 캐릭터 관계 이정표 3	메인/임팩트 캐릭터 관계 이정표 4
	암시적 사건	첫 번째 행동 전환	두 번째 행동 전환	세 번째 행동 전환 결론적인 사건

할리우드 스토리이론 ⑧
블레이크 스나이더의 'Save the Cat!'

'Save the Cat!' 이론은 2005년 발표되었지만, 영화 〈드래곤 길들이기〉와 〈그래비티〉〈겨울왕국〉 등의 스토리코칭을 계기로 새롭게 관심을 끌게 된 스토리이론이다. 몇 가지 약점과 한계가 있지만, 실제 개발을 진행 중인 프로젝트의 스토리 창작에 적용해 보면, 웬만한 신인 창작자나 초보자라도 한 편의 스토리를 쉽게 창작할 수 있어 매우 유용한 이론이라 하겠다.

2009년 사망한 블레이크 스나이더Blake Snyder의 업적은 대단하다. 〈드래곤 길들이기〉〈그래비티〉〈겨울왕국〉 등 많은 영화의 스토리코칭으로 유명해진 그의 이론은 실전 스토리 창작에 매우 유용한 지침을 준다. 'Save the Cat!' 이라는 제목이 궁금할 수도 있겠다. 고양이는 인간과 함께 살면서도 야생과도 같은 독립생활을 하는 몇 안 되는 동물이다. 그래서 길고양이들이 많은데, 로드킬과 같은 위험에 언제나 노출되어 있다. 위험으로부터 고양이를 구하는 행동을 미국인들은 선하고 정의로우며 멋진 일이라고 생각하는 모양이

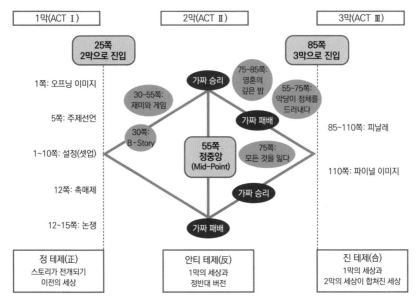

| 1막(ACT I) | 2막(ACT II) | 3막(ACT III) |

25쪽 2막으로 진입

85쪽 3막으로 진입

1쪽: 오프닝 이미지

30~55쪽: 재미와 게임

가짜 승리

75~85쪽: 영혼의 깊은 밤

55~75쪽: 악당이 정체를 드러내다

5쪽: 주제선언

가짜 패배

1~10쪽: 설정(셋업)

30쪽: B-Story

55쪽 정중앙 (Mid-Point)

75쪽: 모든 것을 잃다

85~110쪽: 피날레

12쪽: 촉매제

110쪽: 파이널 이미지

가짜 승리

12~15쪽: 논쟁

가짜 패배

| 정 테제(正) 스토리가 전개되기 이전의 세상 | 안티 테제(反) 1막의 세상과 정반대 버전 | 진 테제(合) 1막의 세상과 2막의 세상이 합쳐진 세상 |

'영혼의 깊은 밤'이나 '모든 것을 잃다' 같은 표현을 봐도 알겠지만, 창작자에게 직관과 영감을 불어넣는 시퀀스 정의를 보더라도 매우 의미심장하고 유용한 지침이 된다. 블레이크 스나이더는 보통 120분 영화의 시나리오를 110쪽으로 보았는데, 각 시퀀스별로 몇 쪽의 분량을 차지하는 게 좋은지 제시하고 있다.

다. 고양이를 구해주는 사람처럼, 스토리의 주인공을 멋진 사람으로 만들어 주어야 한다는 측면에서 그런 제목을 지었다고 한다. 'Save the Cat!'의 15단계 플롯구조를 따르면, 자연스럽게 그렇게 만들 수 있다는 뜻이다.

실제 이 스토리이론이 〈그래비티〉와 〈겨울왕국〉에 어떻게 활용되었는지, 'Save the Cat!'의 홈페이지에 게시된 분석을 뒤 쪽에 옮겨보았다. 내가 따로 한국영화 〈괴물〉을 어떻게 해석할지 비교 차원에서 같이 넣었으니, 참고하기 바란다. 〈그래비티〉와 〈겨울왕국〉뿐만 아니라 〈괴물〉의 스토리도 그리 어긋나지 않는 흐름으로 분석할 수 있다는 점에서 놀랍게 여길 수도 있겠다. "플롯(플롯구조)이란 바로 이런 것이다! 이만큼 진화했다!"라고 외치는 느낌이다. 다만 한 가지, 'Save The Cat!'의 스토리 코칭을 받았던 〈그래비티〉(2013)와 〈겨울왕국〉(2014)을 보면 뭔가 석연치 않은 대목이 있다. 우선 '2. 주제선언'의 블록, 〈그래비티〉에서 매트는 린에게 '매뉴얼의 중요성'을 말하고, 〈겨울왕국〉에서 바위요정은 '엘사의 병을 치유할 수 있는 해결책은 오직 진실한 사랑뿐'이라고 말한다. 이걸 주제라고 봐야 하는지도 의문일 뿐더러 너무 직설적인 '선언'이라서 뜬금없는 느낌을 지울 수가 없다. 영화 시나리오가 아무리 자본에 좌지우지되는 상업 스토리라고 해도 엄연히 문학예술로 볼수 있을 텐데, 이렇게 비문학적인 대사와 표현이 가당키나 한 것인지 의문이 들지 않을 수 없다. 또한 후반부 '영혼의 깊은 밤'의 블록을 어떻게 다루고 있는지 살펴보자. 〈그래비티〉에서 죽었던 매트가 마치 산 사람처럼 나타나 린에게 '매뉴얼에 답이 있다'고 조언하는 장면이나 〈겨울왕국〉의 크리스토퍼가 갑자기 사랑을 깨닫고 성으로 되돌아가는 행동은 무척이나 어색하다. 나는 이 블록의 장면 모두 '옥의 티'처럼 문제가 많은 표현이라고 생각한다. 그러나 이런 문제점이 있다고 해서, 'Save the Cat!'의 고유한 문제라고 말할 수는 없다. 이론은 스토리 창작의 지렛대이기는 하지만, 결코 스토리를 완성시켜주는 만능열쇠는 아니기 때문이다.

독일의 극작가 프라이타크 구스타프가 아리스토텔레스의 3막 구조를 재해석한 것을 시작으로, 최근까지 플롯구조를 다루었던 흐름을 살펴보면 어떤가? 플롯구조가 점점 더 정교해지고 세세하게 규정되고 있음을 알 수 있다. 한편으로는 이대로 창작하면 된다고 편하게 생각할 수도 있고, 다른 한편으로는 그만큼 도식과 상투성으로 가득한 스토리의 양산을 걱정할 수도 있다. 확실히 작가의 창의성과 자율성이 발휘될 수 있는 운신의 폭은 줄어들고 있다. 이런 스토리이론들은 때로는 스토리 창작자들의 창의력을 제약하고 때로는 훼손한다는 점 때문에 많은 반발을 사기도 하지만, 이제 막 스토리 창작의 길에 들어선 신인 창작자들과 프로듀서들에게 열렬한 환영을 받게 된다.

사실 평균 2~3억 달러 규모의 영화 한 편을 만들면서, 홍행의 성패를 한 사람의 작가에게 맡길 수는 없다는 자본가들의 생각이, 스토리이론의 백가쟁명 시대를 열었다고 해도 과언은 아니다. 그 결과, 안타깝게도 작가의 재량권은 많이 줄어들었다. 그러나 작가의 재량권이 줄어든 원인이 스토리이론 탓은 아니다. 자본 중심의 시장시스템이 강화되면서 영화시장에도 신자유주의의 왜곡과 압력이 가중되고 있다는 뜻이다. 더욱이 이런 문화와 분위기는 할리우드뿐만 아니라 한국에서도 일반적이다.

여기서 잠깐!
동양의 스토리이론으로서의 '기승전결'

서양에서는 고대 그리스의 아리스토텔레스부터 근대 독일의 구스타프 프라이타크 그리고 현대 할리우드의 백가쟁명식 스토리이론에 이르기까지 참으로 다양한 스토리이론이 있는데, 과연 동양의 사정은 어떨까? 안타깝게도 스토리이론이라고 할 만한 게 없다. 기껏해야 '기승전결'이란 용어가 있을 뿐이다. 동양의 전통적인 절구체絶句體의 시를 창작하는 방법으로 제시되는 개념이지만, 그에 국한되지 않고 논리를 필요로 하는 글과 문학콘텐츠에 이르기까지 일반적인 개념으로 많이 쓰인다. "플롯(플롯구조)이라고 말하면, 가장 먼저 떠오르는 용어가 무엇인가?"라고 물으면, "기승전결"이라고 답을 하는 사람들이 많다. 그만큼 논설과 현대 소설문학에 이르기까지 다양한 스토리콘텐츠에서도 활용되는 방법론이다. 다만 아쉽게도 '기승전결'에 관한 사상적·이론적 연구가 없다. 아리스토텔레스가 기원전 300년을 전후해서 살았는데, 중국 진시황의 분서갱유焚書坑儒가 기원전 200년을 전후해서 일어났다.

진시황이 태워 없앤 책들 중에 아리스토텔레스의 『시학』 같은 책도 있지 않았을까?

나무위키에서는 고려 인종 때의 문인 정지상(1084~1135)의 「송인送人」을 예로 들어, '기승전결'의 플롯구조를 아래와 같이 설명하고 있다. 매우 적절하다고 생각해 여기에 옮겨본다.

〈起句〉雨歇長堤草色多

비 개인 긴 강둑엔 풀빛이 짙었는데

※ 비 개인 강둑의 정경을 묘사한다. 시상詩想을 불러일으킨다.

〈承句〉送君南浦動悲歌

남포에서 그대 보내리 슬픈 노래 울리네

※ 님을 보내며 부르는 슬픈 노래는, 앞의 푸른 강둑과 대비되어 슬픔이 더욱 강조된다.

〈轉句〉大同江水何時盡

대동강의 물은 언제나 마르리오.

※ 문득 강물에 대한 애꿎은 원망을 가지고 대동강물이 언제 마르냐는 질문을 던진다. 시상의 전환이다.

〈結句〉別淚年年添綠波

이별의 눈물이 해마다 녹색 파도를 더해가는 것을.

※ 이별의 눈물이 더해져서 대동강물이 마르지 않는다는 뜻으로, 승구의 내용과 전구의 내용을 연결시키면서 여운을 남긴다.

비록 '기승전결'에 관한 이론은 존재하지 않지만, 그래도 이 개념은 현대 스토리텔링의 흐름과 일맥상통하는 지점을 가지고 있다. 서양 스토리텔링의 기본 구성은 여전히 고대 그리스 연극의 3막 구조를 따라오다가 오늘날에 이르러 사실상 4막 구조로 정의하고 있다. 그런 점에서 '기승전결'과 서양 스토리이론의 4막 구조를 거의 같은 맥락으로 볼 수 있다. 아리스토텔레스가 스토리의 정중앙점을 '주인공의 운명이 전환되는 시점'이라고 한 것처럼, '기승전결'의 '전轉'이 '터닝포인트'와 동일한 맥락의 의미를 담고 있다.

한 걸음 더 나아가 흥미롭게도, 미국 TV드라마의 회별 에피소드 구조를 분석해 보면, 매회 스토리 전개가 '기승전결'의 플롯구조로 완벽하게 분석 정리된다. 할리우드 스토리를 비롯해 현대 스토리가 복잡한 시대의 특성에 맞추어 진화하면서, '기승전결'이라는 동양의 전통적인 플롯구조와 합체되었다고 생각하니 놀랍기만 하다.

한국의 스토리이론은 없을까? 지금까지 이 분야에서 가장 독보적으로 공헌해 온 심산 작가의 시나리오 워크숍 활동이 1999년 이후 계속 이어져왔다. 이를 통해 할리우드 스토리이론을 한국에 소개하고, 한국적인 스토리이론 연구에 심혈을 기울여온 업적은 많은 창작자들에게 적지 않은 영감과 교훈적인 가이드를 제시해 주었다. 존경의 마음이 한가득이다. 2015년에 온라인 서비스를 시작한 국내 최초 스토리텔링 시나리오 저작 지원 프로그램인 '스토리헬퍼'는 40억 원이 넘는 정부예산을 투입해 이화여대 디지털스토리텔링연구소와 엔씨소프트문화재단이 만들었다. 『스토리텔링 진화론』이란 이론서도 출간했지만, 출발점부터 실전 창작에 활용되는 정도로 볼 때 긍정적으로 평가하기는 어렵다. 스토리의 플롯구조에 대해 '3막-8장-15시퀀스-36에피소드-110장면'으로 세분화한 대목에서는, 진부하고 상투적인 구시대의 유물을 대하는 느낌마저 든다. 차라리 '기승전결' 4막 구조를 채택하고 한국, 나아가 동양을 대표하는 스토리이론으로 진화했다면 적어도 '헛돈 쓰진 않았다'란 평가라도 받았을 텐데…… 서양이론도 아니고 동양이론도 아닌 무국적의 스토리이론에 아쉬움이 많이 남는다. 결국 2020년 이후 '스토리헬퍼' 서비스는 사라졌다.

그리고 이 책 『매혹적인 스토리텔링의 탄생』에서 설명하고 있는 나의 '욕망의 레시피'가 있다. 나는 '결핍과 욕망의 인과구조因果構造'로 플롯을 정의하고, '기승전결'의 4막 구조로 구체화시켰다. 이어서 세부적으로 24블록으로 구성된 스토리텔링 방법론을 제시한다. 할리우드 스토리이론들과 비교하더라도 스토리 창작에 관한 매우 유용한 가이드가 될 것이라고 믿는다. 다음 장에서 자세히 설명하겠다.

4

'욕망의 레시피'가 말하는

'플롯의 마술'

"우리가 '플롯의 마술'을 배우고 익히는 까닭은,
 오로지 모든 역량을 창의의 영감에 집중하기 위함입니다"

플롯으로
말하라

"우리의 주인공은 과연 '무엇'을 위해, 시련과 장애로 가득한 '여정'을 마다하지 않고 달려가는가?"

여기서 '무엇'이란 우리가 살고 있는 이 시대에 바라고 추구하는 가치이자, 주인공이 추구하는 욕망의 대상으로서 스토리의 목표이자 주제다. '여정'이란 주인공이 맞닥뜨리는 스토리 속 이벤트라고 할 수 있다. 특히 '여정'은 '장르' 스토리에서 필요한 스토리텔링의 특수한 규칙을 대변한다. 예를 들어 스릴러 장르 스토리에서는 도입이벤트에서 재난(재앙)과 같은 메인사건이 발생하고, 그에 대처하는 첫 번째 행동계획이 2막을 연다. 로맨틱코미디 장르에서는 도입이벤트에서 남녀의 유쾌하지 않은 첫 만남이 이루어지고, 함께할 수밖에 없는 상황으로 돌입하며 2막이 시작된다.

스토리의 핵심이, '어떤 주인공이 과연 무엇을 위해 시련과 장애 가득한 여정을 마다하지 않고 달려가는가?'라는 질문에 답하는 것이라면, 그 답은 단순명쾌하게 정의될 수 있어야 한다. 소위 네 줄 로그라인으로 설명할 수 있어야 하고, 한 줄로도 표현할 수 있어야 한다. 많은 창작자들이 이런 설명과 표현에 익숙하지 못한 모습을 많이 본다. 그래도 나는 난처한 질문을 던진다. "무엇을 말하고자 하는 건가요?" "이 스토리를 굳이/반드시 창작해야 하는 이유가 무엇인가요?" 이런 질문에 덧붙여 한 줄, 네 줄로 말해 달라는 요청까지.

창작자들이 어려워하는 것은 너무 당연하다. "너는 왜 사니?" "인간은 과연 무엇을 위해 사는가?" 같은 질문을 받았다고 생각해 보라. 질문을 받은 순간 갑자기 눈앞이 깜깜해지고 머리가 텅 비지 않을까? 당연히 답하기에 어렵고 곤란할 것이다. 그럼에도 창작자는 이 질문에 답해야 한다. 창작자는 창조자로서 신의 권능에 도전하는 사람이다. 자신의 철학과 상상으로 세상을 만드는 사람이고, 자신이 만든 세상에 수많은 사람들(독자/관객/시청자 등 콘텐츠 소비자)을 초대한 호스트다. 사람들을 초대하면서 행사의 콘셉트를 알려주지 않는다면, 자신이 창조한 세상과 피조물에 관해 설명할 수 없다면, 어느 누가 그 초대에 흔쾌히 응할 수 있고 나아가 만족할 수 있단 말인가!

스토리의 주제와 개요를 정리한 창작자들의 기획의도를 받아보면, 대개의 경우 멋들어진 표현으로 장식되어 있을 뿐, 두루뭉술하고 모호하며 진정성을 느끼지 못하는 경우가 많다. 그래서 대개는 읽는 둥 마는 둥 하게 된다. 스토리의 주제는 곧 창작자의 절실함이고, 그 절박함에서 나온다. 창작자 자신의 이야기라고 여겨지지 않는다면, 나아가 창작자의 입장에서 세상에 꼭 하고 싶은 말이거나 해야 할 말이라고 확신과 절실함이 들지 않는다면, 스토리 창작은 앞으로 나아갈 추동력을 갖지 못한다. 생각해 보라. 스토리를 창작하고 제작해서 세상에 내보이는 행위는, 누군가의 소중한 시간과 일상을 빼앗는 일이다. 등 돌리고 귀 닫고 자기 일상에 푹 빠져 사는 사람들로 하여금 얼굴을 들어 앞을 바라보게 하고 집중하게 만들며 나아가 열광하도록 유혹하는 일이다. 그런 일이 그렇게 쉽게 이루어질 리 없지 않은가?

짧은 로그라인은 곧 플롯의 정의고 표현이다.

도대체 플롯이
무엇이길래?

플롯에 관해 설명하기에 앞서 플롯을 비롯해 몇 가지 개념에 대해 짚고 넘어갈 필요가 있겠다. 앞에서 나는 스토리, 플롯구조, 플롯이라는 개념을 사용했다. 여기에 덧붙여 스토리라인에 이르기까지. 이것은 스토리 창작에서 매우 중요한 핵심 개념들이다.

1) 스토리

표준국어대사전에서 '스토리(이야기)'에 관해 뭐라고 정의하고 있을까. "일정한 줄거리를 담고 있는 말이나 글"이라고 정의하고 있다. 위키피디아 영어판에 있는 사전적 정의도 표준국어대사전과 비슷하지만, 상업적인 시각이 반영된 설명이다. "스토리는 즐거움을 위해 가상의 인물과 사건을 글이나 말로 지어내는 것이다."

이 정의들을 빌려 말하면, 스토리는 곧 '거짓말'이라는 뜻이 된다. 다만 누군가를 즐겁게 하려는 목적으로 행하는 거짓말이니, '하얀 거짓말'이다. 역사에 실존하는 인물과 사건을 다룬다고 해도, 다큐멘터리가 아니라 스토리 콘텐츠로 구현되는 이상, 실존인물과 사건은 개연성이나 신뢰도를 높이기 위한 장치이자 스토리의 소재에 불과할 뿐, 사실 그대로 그릴 필요도 없고, 더구나 실제 있었던 그대로 그려서는 스토리가 될 수도 없다는 뜻이다.

바로 여기에 창작자의 주제의식이 필요하다. 할리우드 영화 〈링컨〉(2012)을 보라. 국적을 떠나서 누구나 존경할 만한 인물인 링컨이 대통령 시절, 노예제 폐지를 담은 헌법 수정안을 통과시키기 위해, 야당의원들에게 설득과 읍소, 심지어 협잡에 가까운 매수와 강요, 속임수 등 모든 수단을 동원하고 있다. 그래서 1864년 상원의회를 통과한 노예제 폐지 헌법은 '가장 순수한 사람이 가장 부정한 방법으로 통과시킨 법안'이라고도 한다. 이 얼마나 극적인 사건이고 드라마틱한 일화인가? 영화는 당시의 일화를 있는 그대로 그렸다. 평소에 알고 있던 링컨의 이미지를 보고 싶어 영화관을 찾았던 관객들은 너무나 추잡스럽게 일을 추진하는 링컨의 모습을 보며 당혹스럽고 참담한 심정을 느낄 수밖에 없었다. 결과는 흥행 참패. 미국 전역 2,300여 개 영화관에서 20주 동안 상영한 결과치고는 기대 이하의 흥행성적을 기록했다. 창작자는 세상 사람들이 보고 싶어 하는 것을 담아야 하고 대변해야 한다는 스토리텔링의 진리를 반증해 준다.

지금은 고인이 된 박완서 작가(1931~2011)께서 1977년 출간한 소설집 『창밖은 봄』이라는 책의 서문에 '작가 자신이 쓴 박완서 연보'를 실었는데, 자신의 데뷔작 『나목裸木』을 창작할 때의 사연을 쓴 대목이 있다. 여기서 박완서 작가는 바로 '실존 인물을 다룰 때 창작자는 어떠해야 하는가?'를 친절하게 알려주고 있다.

그 무렵 『신동아』에서 한 논픽션 모집을 보고, 내가 한때 알고 지낸 일이 있는 박수근 화백의 전기를 써보고 싶다는 생각을 했다. 그보다 앞서 그분의 유작전을 보고, 그분의 그림값이 사후에 엄청나게 뛴 걸 알았을 때의 착잡한 심정도 있고 해서, 꼭 그분이 가장 빈궁했었을 때의 모습을 증언해야겠다는 사명감을 걷잡을 수 없게 되었다. 그러나 막상 쓰기 시작하고 보니, 사실을 증언해야 하는 논픽션에서 나는 자주자주 거짓말을 시키고 있었고, 거짓말을 시킴으로써 기쁨을 느끼고 있었다. 나는 깜짝 놀라면서 황급히 거짓말 부분을 깎아내고 사실에 충실하려고 애썼지만, 사실만 가지고는 도저히 그분을 살아 움직이게 할 수가 없었다. 드디어 나는 사실을 쓰기를 포기하고, 마음대로 거짓말을 시키기로 작정했다. 그것은 내가 거짓말의 유혹에 넘어간 게 아니라, 허구로써 오히려 내가 그리고자 하는 인물을 진실에 가깝게 그릴 수 있다는, 소설의 초보를 체득했기 때문일 것이다. 그래서 된 게 데뷔작 『나목』이었고, 거짓말이기 때문에 논픽션에 응모할 자격은 자동적으로 상실한 셈이었으니, 여성동아의 여류 장편소설 모집에 응모해서 당선됐다. 그게 1970년 10월의 일이다.

2014년경부터 문화체육관광부와 한국콘텐츠진흥원 주도로 '이야기산업 진흥을 위한 법률' 제정을 위해 몇 차례의 공청회가 진행되었다. 이 과정에서 언급된 스토리의 정의를 다시 살펴보자. "수요자의 (특정한) 정서적 반응을 이끌어내기 위해, 생산자가 인물, 사건, 배경 등의 요소를 (상상과 허구에 기초하여) 의도적으로 배열한 창작물(줄거리)."

특히 '이야기산업 진흥을 위한 법률' 제정을 위한 일련의 과정에서 내린 이 정의는, 기존에 파편적으로 산재해 있던 스토리의 정의를 집대성했다는 점에서, 나아가 현대의 스토리가 갖는 다양한 영역에서의 확장 가능성까지 담고 있다는 점에서, 매우 뜻깊은 정의라고 하겠다.

이상의 사전적 정의를 읽어보면 공통점이 있음을 발견할 수 있다.

첫째, 스토리의 목적은 사람들로 하여금 '특정한 정서적 반응' 즉, 카타르시스를 만끽하게 해주기 위함이다. 대개의 경우 즐거움을 나누기 위함이지만, 때로는 분노와 슬픔, 스릴과 공포 같은 정서적 반응을 목표로 삼기도 한다. 또한 여기서 말하는 즐거움은 단지 오락적인 즐거움만을 뜻하는 것은 아니다. 인간이란 존재는 개그나 우스갯소리를 들으며 즐거워도 하지만, 사유와 성찰 즉, 인생과 진리의 깨달음을 얻으며 즐거움 즉, 카타르시스를 얻기도 한다. 그런 점에서 '정서적 반응'이라 함은 즐거움이나 카타르시스란 뜻이고, 그것은 창작자가 말하고자 하는 주제에 대한 사람들의 동의와 공감을 전제로 나눌 수 있는 정서적 반응이다.

둘째, 스토리의 발상이자 전제는 '상상과 허구'에 기초한다. 스토리가 어떤 특정 사실 또는 사건을 다루더라도, 특정한 주제로 재해석해 압축·재구성하거나 변형한 것이기 때문에, 실제 사건과는 다른 상상과 허구일 뿐이다.

셋째, 스토리의 기능적 요소는 '인물, 사건, 배경'이다.

2) 플롯 또는 플롯구조

엄밀하게 말하면, 플롯과 플롯구조는 다른 뜻이다. 플롯이란 시작과 중간과 끝이 있는 스토리에서 주인공이 펼치는 행동 가운데 원인과 결과의 상관관계를 갖는 핵심행동의 짜임새를 뜻한다. 즉 '원인 → 핵심행동 → 결과/원인 → 핵심행동 → 결과'로 주인공의 스토리를 짜는 것이다. 예를 들어 〈신과 함께: 죄와 벌〉(2017)의 자홍은 화재현장에서 죽어 저승에 가서 재판을 받는다. 재판을 무사히 통과하면 잠깐이나마 산 사람의 꿈에 나타날 수 있다는 말을 듣고 재판을 통과하려고 애쓴다. 그러나 계속 되는 풍파와 시련으로 인해 앞으로 나아가기 어려운 상황, 그 원인이 자홍의 동생 수홍에게 있음을 알게된다. 강림이 자홍을 대신해 이승으로 내려가 수홍의 억울한 죽음을 달래 해결한다. 결국 마지막 재판에 이르러 자홍은 엄마의 해원解冤으로 천국에 올라간다. 자홍을 중심으로 살펴보면, 이렇게 원인과 결과의 관계로 구성되어 있다고 확인할 수 있다.

'플롯구조'는 플롯을 구현한 결과라고 보면 된다. 마이클 호그의 '6단계 플롯구조'나 크리스토퍼 보글러의 '12개 시퀀스', 블레이크 스나이더의 '15단계 시퀀스' 또는 나의 '24블록' 같은 개념이 바로 '플롯구조'다. '플롯구조'는 주인공이 이끌어 나가는 메인플롯을 정의하는 개념이다. 일반적으로 '스토리구조'란 용어도 사용하는데, 메인플롯과 서브플롯까지 포함해 전체 스토리의 구성을 가리키는 개념이라고 생각하면 된다. 그러나 이 개념들을 구분하는 의미가 크지 않기 때문에, 모두 비슷한 뜻으로 사용하고 있다.

플롯에 관해 한 걸음 더 들어가보자. 위키피디아 영어판의 정의를 인용하면, 플롯은 아래와 같은 뜻을 가진다.

"플롯은 메인플롯을 구성하는 사건들로 정의된 서사적인 (또한 전래된, 문학적인) 용어다. ; 그 사건들은 일정한 패턴 또는 연속되는 순서로 서로 관련되어 있다. ; 그 사건들은 서로 원인과 결과의 관계로 맺어져 있다. ; 독자가 스토리를 이해하는 방법이다. ; 또는 단순히 우연의 일치로 원인과 결과의 관계를 구성하기도 한다. 창작자는 일반적으로 플롯의 패턴을 활용해 예술적인 효과 또는 정서적인 효과를 달성하고자 애쓴다."

플롯은 "독자가 스토리를 이해하는 방법"이라는 말을 유념할 필요가 있다. 창작자는 습관적으로 줄거리를 채우고 써 내려가는 데 열심이지만, 정작 소비자는 스토리를 줄거리로 이해하는 게 아니라, '원인과 결과의 관계'로, 즉 플롯으로 이해한다. 내가 글을 쓰기 전에 늘 스토리를 설계하는 일, 즉 플롯을 세팅하는 일에 집중하라고 당부하는 이유다. 창작자는 줄거리의 늪에 빠지지 않도록 주의해야 한다. 먼저 '원인과 결과의 관계'로 맺어진 의미심장한 사건들, 즉 '플롯=스토리의 뼈대'를 세우고, 그 뒤에 '줄거리=스토리의 살'을 붙여야 한다. 그렇게 하지 않으면 스토리는 사상누각이 되고, 소비자와 화해하기 어려운 괴리감에 빠지게 된다. 위키피디아의 설명을 더 들어보자.

"플롯은 '그래서 ~했다'같이 인과관계로 연결된 사건들로 구성되어 있다. 플롯은 스토리의 중요한 포인트와 줄거리를 부각시킨다. 안센 디벨Ansen Dibell은 다음과 같이 썼다. '플롯은 의미심장한 사건들로 스토리를 구축한다. – 그 사건들은 중요한 결과를 초래하기 때문에 의미심장한 것이다. 따라서 플롯은 때때로 줄거리와 같은 의미로도 쓰인다."

단순한 예를 들어보자. 그는 비록 가난하지만, 착하고 정직하게 살려고 애썼다.(원인 1) 그러나 이 험한 세상에서 착하고 정직하게 산다는 게 얼마나 힘든 일인가? 많은 시련과 장애가 닥쳐왔고 위기가 찾아오면서 극심한 고뇌와 갈등에 시달렸다.(결과 1) 돌아가신 어머니의 말씀을 떠올렸다. 결국 그는 지금보다 더 어려운 상황에 처하더라도, 자신의 원칙과 소신을 지키는 쪽을 택했다.(원인 2) 하늘은 그를 버리지 않았다. 그는 큰 복을 받았다.(결과 2) 이것이 바로 플롯이다. 따라서 플롯은 스토리의 주제를 드러내는 최선의 장치다.

그렇다면 스토리의 줄거리는 플롯과 어떻게 다른가? 위키피디아 영어판에서는 플롯과 줄거리의 차이를 아래 그림으로 설명하고 있다.

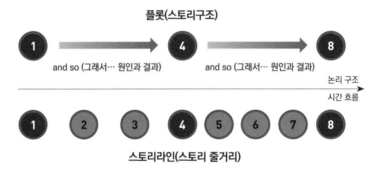

아래 ①~⑧은 시퀀스를 뜻한다. 이 그림을 그린 안센 디벨은, 완결성을 갖는 모든 스토리는 원칙적으로 여덟 개의 시퀀스를 갖는다고 생각한 기초 위에서 이 그림을 그렸다. 만일 크리스토퍼 보글러처럼 열두 개의 시퀀스로 구성된다고 생각하는 사람이 그렸다면, ①번부터 ⑫번까지 그렸을 것이다.

위의 그림에서 보다시피, '스토리 줄거리'는 스토리를 구성하는 사건/시퀀스들을 시간 순서에 따라 배치 또는 나열한 것이고, 플롯은 원인과 결과의 인과관계로 연결된 의미심장한 사건/시퀀스들로 구성된 것이다.

욕망에 대하여:
철학에서 답을 구하다

위키피디아의 정의를 요약하면, '플롯'이란 '원인과 결과의 상관관계로 연결된 의미심장한 사건/시퀀스로 구성하는 것'이라고 말할 수 있다. 그렇다면 어떤 사건/시퀀스이든지, 즉 주인공의 핵심행동이 무엇이든지 원인과 결과의 관계로 구성할 수 있으면 플롯이 구축되고, 결국 매력적인 스토리로 만들 수 있단 뜻인가? 스토리의 원동력으로서 주인공의 욕망은 어디에 어떻게 자리잡아야 할까? 주인공의 욕망이 의미심장한 사건/시퀀스의 '원인'에 해당하는 것일까? 그렇다면 주인공의 '욕망'을 단순명쾌하게 정의하는 것에서 시작하면 되는가? '욕망'이란 인간이 가지고 태어나는 본능적인 또는 본질적인 것인가? '원인과 결과의 상관관계'라는 정의가 너무 모호하게만 보였기 때문에, 나는 플롯에 대한 좀 더 선명한 정의를 내리고 싶었다.

"(스토리에 대한 관객의) 정서적 참여, 오직 이것만이 관객으로 하여금 시나리오에서 캐릭터가 벌이는 사건을 체험하게 할 수 있다. 작가가 창조한 주인공이 목표를 추구하는 강렬한 욕망이 없다면 스토리는 결코 앞으로 나아갈 수 없다. 또한 주인공의 욕망에 대한 공감과 동의가 없다면 관객이나 독자는 작가의 스토리에 집중하거나 그것을 읽어야 할 이유를 느끼지 못한다.

'욕망'은 작가의 스토리 콘셉트를 정의하는 데에 필수적인 요소다. 누군가에게 〈인디펜던스 데이〉가 어떤 영화냐고 물어보라. 그러면 '에어리언의 침공에 맞서 삶의 터전인 지구를 지키려는 사람들에 관한 이야기'라고 말할 것이다. 영화나 TV드라마를 소개하는 로그라인들을 읽어보면, 한결같이 주인공이 추구하는 핵심적인 '욕망'을 언급하거나 포함하고 있다."

– 「욕망: 성공적인 시나리오의 동력Desire: The Driving Force of All Successful Screenplays」,
(마이클 호그, 파이널 드래프트 홈페이지)

그렇다. 성공한 스토리에는 주인공의 강렬한 욕망이 있고, 그것은 우리 시대의 욕망을 대변한다. 그렇다면 시대적 욕망의 정체는 과연 무엇일까? 인간의 본질을 이해하는 데에서 시작해, 우리가 살고 있는 시대에 대한 성찰에 이르기까지, 한 사람의 행복이 무엇을 통해서 이루어지는지조차 모르면서, 시대적 욕망의 실체를 안다는 것은 쉬운 일이 아니다. 설령 안다고 해도 그것을 스토리로 새롭게 해석하고 표현하기는 더더욱 어려운 일이다. 스토리는 재미있어야 한다는 명제 하나를 달성하기도 쉽지 않은 일인데, 거기에 시대적 욕망까지도 담고 대변해야 하다니! 성공한 스토리에는 그만한 수고가 들어가 있다.

그런데 과연 주인공의 욕망은 어디에서 비롯되는가? 이 화두는 결국 스토리 이전에, 우리 인간의 욕망에 관한 문제를 이해할 수 있어야 답할 수 있는 질문이다. 나는 현대철학, 특히 자크 라캉의 『욕망 이론』을 읽으면서 그 답을 찾을 수 있었다. 그의 철학사상을 옳게 이해한 것일지는 모르겠지만, 적어도 스토리(창작)에 관한 한 옳은 결론에 이르렀다고 확신한다. 현대철학자들은 "인간 존재의 본질은 결핍에 있다. 그것은 인간이 끊임없이 욕망한다는 데서 알 수 있다"고 말한다. 그 정점에 자크 라캉[1]이 있다.

인간이 사는 세상을 '거대한 언어의 질서'라고 정의했던 자크 라캉에 따르면, 인간 존재의 본질은 '결핍'이라고 한다. 따라서 결핍으로 가득한 '실재'에 만족할 수 없는 인간은 그 결핍을 채우기 위해 안간힘을 쓰는데, 이것이 바로 '욕망'이라는 것이다. 그러나 욕망을 성취했다고 생각한 순간 인간이 발견한 것은 '내가 진정으로 바라던 것'이 아니라, 1백 퍼센트 만족할 수 없는 '대체물'에 불과할 뿐이다. 왜냐하면 인간은 타자라는 대체물을 통해 자신의 욕망을 실현하고자 하는데, 타자조차도 결핍을 가진 존재인 이상 1백 퍼센트 만족될 수 없는 불완전의 실재일 수밖에 없기 때문이다. 따라서 인간의 욕망은 하나의 대체물에 만족하지 못하고, 끊임없이 다른 대체물로 옮겨간다. 이것을 자크 라캉은 '욕망의 환유적 운동'이라고 정의했다.

많은 남자와 여자가 만나고 사랑하며 헤어진다. 어떤 사람은 인간에게는

---

1   자크 라캉 Jacques (Marie Emile) Lacan 프랑스의 정신분석학자. 프로이트에 대한 최초의 해석자로 국제적인 명성을 얻었다. 라캉은 1932년 의사 자격을 취득해 생애 대부분을 파리에서 정신과 의사이자 정신분석학자로 살았다. 1930년대 프랑스에 프로이트 학설을 소개하는 데 이바지했으며, 1953년 파리대학교에서 프로이트에 대한 정규 강좌를 개설했다. 그의 에세이와 강의록이 담긴 저서 『에크리Écrits』(1966)가 출판된 후 저명인사가 되었다. 1964년 '파리 프로이트 학파'라는 단체를 설립했고, 1980년 프로이트주의를 그대로 추종하는 데 실패했다고 단언하면서 해체할 때까지 단체장으로 있었다. 자크 라캉은 언어가 무의식의 정신세계를 반영한다고 강조했다. 그리고 정신분석학적 치료법에 현대의 언어학, 철학, 시학에서처럼 언어에 대한 연구를 도입하려고 시도했다. 주요 업적은 프로이트 연구에 대한 재해석으로, 이는 20세기 후반 프랑스 작가들이 발전시킨 구조언어학의 기초가 되었다.

물불 가리지 않는 사랑의 호르몬이 있는데 그 유효기간이 2년밖에 되지 않아서, 누구나 만난 지 2년이 지나면 사랑의 열정이 식는다고 말한다. 자크 라캉이라면 어떻게 대답할까? 한 남자가 사랑했던 여자를 향해서 "어떻게 사랑이 변하니?"라고 항의할 때, 자크 라캉은 이렇게 답할 것이다. "인간이기 때문에! 네가 나의 결핍을 1백 퍼센트 만족시켜줄 수 없는 불완전한 대체물이기 때문이야!"

이것이 어떻게 사랑에 국한된 문제일까? 사람들은 왜 끊임없이 스토리 콘텐츠를 소비하는가? 이 스토리가 때로는 '눈 가리고 아웅' 식의 거짓말인지 뻔히 알면서도, 영화관을, 서점을, TV를 찾고 또 쉬지 않고 휴대폰을 들여다보는 이유는 무엇일까? 이 또한 자크 라캉의 '욕망의 환유적 운동'으로 설명하면 쉽고 간단하게 이해할 수 있다. 인간도 세상도 결핍뿐인 현실에서 상상과 허구를 통해서라도 채우고 싶은 욕망의 대상이 바로 스토리다. 자신의 현실에, 주어진 운명에 만족하는 사람은 없다. 새롭고 더 나은 사람이 되기 위해서 도전하고 개선을 추구하며, 행복해지기를 바란다. 즉, 인간은 태어나면서부터 절대자, 완성된 인격을 꿈꾸는 존재다. 그렇게 자신의 인생을 꿈꾸고 설계하며 추구하고 행동한다. 누구나 죽는 순간에 후회한다는 사실을 감안하면, 절대적으로 완성된 인격을 꿈꾸는 것 자체가 사르트르의 말처럼 '부질없는 고행苦行'[1]에 불과하지만. 그래서 인간은 상상하는 존재기도 하다. '부질없는 고행'인 줄 알면서도, 그 고행을 멈출 수 없기에, 상상과 허구의 힘으로

---

1   사르트르 Jean Paul Sartre에 따르면 인간은 '이드Id'에서 '자아Self'로, 다시 '초자아Super Self'가 되기를 꿈꾼다고 하며, '초자아'는 결코 실현될 수 없는 꿈이라는 의미에서, 이런 인간의 노력을 '부질없는 고행'이라고 했다. '부질없다'고 해서 포기하라는 뜻은 아니다. 사르트르가 현대의 가장 완벽한 인간으로 칭송한 사람이 남미의 혁명가 체 게바라였다. 사르트르는 부질없는 일인 줄 알면서도 끊임없이 추구하는 것이 바로 인간의 자기 증명이라고 했다.

라도 버티며 사는 존재다. 결국 욕망은 결핍에서 비롯된다. 결핍은 인간 존재의 1차적 본질이고, 욕망은 결핍의 결과이자 반증으로서 인간 행동의 출발점이 된다. 결핍과 욕망은 다람쥐 쳇바퀴 같은 인과관계로 엮여 있다.

플롯에 관해 쉽게 쓴 정의: 결핍과 욕망의 인과구조

다시 강조하지만, 욕망은 주인공으로 하여금 사건에 임하고 해결하고자 하는 핵심행동을 하게 만드는 원동력이자 목적이다. 그러나 사막에서 오아시스를 찾는 이유는 무엇일까? 목이 마르기 때문이고 갈증을 해소하기 위해서이다. 아무리 아름다운 오아시스가 있다 한들, '평양감사도 저 싫으면 그만'이라는 속담처럼 현재의 결핍이 없다면, 현실의 결핍을 채우고 넘어서야 하겠다는 인식과 소망과 의지가 없다면, 주인공은 목적지(욕망의 대상)를 향해서 한 걸음도 나아가지 않을 것이다. 결론적으로 주인공의 결핍을 세팅하면 그의 욕망을 자연스럽게 그릴 수 있다.

영화 〈7번방의 선물〉(2013)을 예로 들어본다. 먼저 4막의 스토리, 즉 네 줄 로그라인부터 정리해보자.

〈1막〉 가난한 지적 장애인이지만, 어린 딸과 함께 나름대로 행복한 일상을 살던 용구는 경찰청장의 딸이 사망하는 사건에 휘말린다. 단지 장애인이라는 이유만으로 살인용의자로 몰려 교도소에 갇히고, 딸 예승은 보육원에 맡겨진다. 7번방의 방장 소양호를 구해준 용구에게 소원을 말하라고 하니, 딸과 함께 있게 해달라고 청한다.

〈2막〉 용구는 동료죄수들의 도움으로 어린 딸을 7번방에 데려와 함께 지내는 데 성공하지만, 기쁨도 잠시! 교도과장에게 발각되어 어린 딸과 다시 헤어지게 된다. 교도과장을 위기에서 구해준 용구, 마음이 흔들린 교도과장은 보육원의 예승을 찾아가고, 딱한 처지의 예승을 데려와 7번방에서 함께 지내게 해준다. 그러나 1심에서 사형선고를 받은 용구의 살날이 얼마 남지 않았다.

〈3막〉 결국 용구가 무죄를 인정받고 교도소를 나가는 방법 외에는 없다. 그의 무죄를 확신하는 7번방의 죄수들과 교도과장의 도움을 얻어 재판에 임한다. 그러나 막판까지 적대행위를 자행하는 경찰청장의 공작으로 인해, 용구는 거짓자백을 하고 사형을 선고받는다.

〈4막〉 단지 장애인이라는 이유로 천진난만한 용구가 사형수가 되는 세상, 이제 마지막 선택은 무엇일까? 이 세상을 탈출하는 일이다. 모두의 힘을 모아 열기구까지 만들어 용구와 어린 딸을 떠나보내려 하지만, 마지막 시도까지 실패하고, 결국 어린 딸의 생일파티를 끝으로 용구에 대한 사형이 집행된다. 수십 년의 시간이 흘러 교도과장의 후견 아래 변호사가 된 딸이 아버지(용구)의 무죄를 입증한다.

이제 영화의 줄거리를 '결핍과 욕망의 인과관계'로 정리해보자.

① 차별과 멸시로 가득한 한 장애인의 일상(결핍), 유아살인사건에 휘말려 교도소에 갇히다.

⇨ ② 교도소라도 상관없으니 딸과 함께 살게만 해 달라. (첫 번째 욕망) → 악마는 이들의 행복을 바라지 않는다. 영원한 이별이 기다리고 있다. (첫 번째 욕망의 결과

이자 두 번째 욕망의 원인)

⇨ ③ 장애가 죄는 아니다. 무죄투쟁을 벌이는 용구와 그의 조력자들 (두 번째 욕망) → 세상의 악마가 진실을 거부하다. 사망이 확정되다. (두 번째 욕망의 결과이자 최후의 결전으로 도약)

⇨ ④ 세상을 탈출하려고 하지만 실패하고, 사형이 집행되다. 무죄임이 밝혀지다. (결말)

①에서 세팅된 결핍은 어느 장애인 개인의 결핍이다. ②에서 주인공의 결핍은 교도과장이라는 한 개인과의 투쟁을 견뎌내고 해소되는 듯하다. 특수성에 해당하는 개인의 결핍과 욕망이라는 차원에서 즉자적卽自的이다. 교도과장의 선의로 주인공의 즉자적 욕망은 성취된 듯 보이지만, 세상의 편견과 차별(악마)은 사라진 것은 아니다. 어느 한 개인의 수준이 아니라는 차원에서 이때의 결핍은 보편적인 문제로서 대자적對自的 결핍이다. ③대자적 결핍을 해소(대항)하려는 주인공의 투쟁은 사회적으로 전개되고, 결국 ④의 대단원에서 결말이 내려진다.

이해를 돕기 위해 이상의 내용을 시각화하면 다음 그림과 같다.

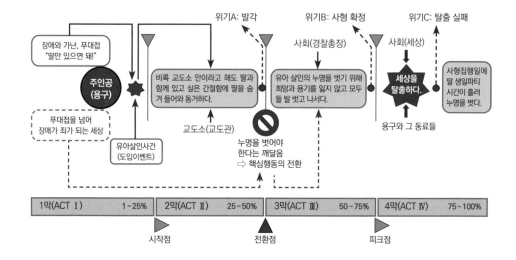

여기에서 보다시피 스토리 창작에서 가장 중요한 핵심은, 1막에서 주인공의 즉자적 결핍(당장 눈에 보이는 결핍/개인적 결핍)을 정의한 기초 위에서, 즉자적 결핍 → (2막의) 즉자적 욕망의 추구의 첫 번째 인과관계와, 대자적 결핍(즉자적 결핍의 근본 원인 또는 사회적/시대적 결핍) → (3막의) 대자적 욕망의 추구의 두 번째 인과관계를 설계하는 일이다. 4막은 3막의 연장선 위에 서 있는 정서적 도약, 즉 결사항전의 시간이다. 이것이 '플롯'이다. 그래서 나는 '플롯'을 '결핍과 욕망의 인과구조'라고 새롭게 정의한다.

'플롯=결핍과 욕망의 인과구조'를 보여주는 또 다른 예를 살펴보자.

〈다크나이트〉(2008)를 보자. 배트맨은 어둠의 기사로 살기에 지쳤다. 배트맨 복장을 입고 범죄를 자행하는 자들이 나타나면서 정의의 사도였던 배트맨을 비난하는 고담 시민들에게 묘한 환멸감도 느끼게 되고, 더욱이 친구로 지내왔던 여인(레이첼)에게 사랑을 고백하고 따뜻한 가정을 꾸리고도 싶다.

배트맨의 현재적 결핍은 '어둠의 기사'로서의 삶에 대한 피로감과 자신을 비난하는 고담 시민들에 대한 회의이고, 사랑하는 여인을 옆에 두고도 프러포즈도 하지 못하는 답답함이다(배트맨의 '즉자적 결핍'). 그렇다면, 여기에서 '대자적 결핍'은 무엇일까? 개인의 평화로운 일상을 위협하는 범죄이고, 범죄에 취약한 사회시스템과 사람들의 안이하고 부패하기까지 한 마음이다.

영웅의 삶을 끝내고 평범한 행복을 추구하고 싶지만, 마피아 같은 조직폭력배들이 다시 수면 위로 올라오려고 하고, 최악의 악당(조커)까지 나타나 고담 시의 평화가 깨질 위험에 처하자, 개인으로서의 평범한 행복을 꿈꾸는 일 자체가 쉽지 않다('도입이벤트'와 배트맨의 '딜레마').

그때 마침 고담 시의 법치를 통한 평화를 추구하는 정의로운 검사(하비덴트)가 등장하면서(욕망추구의 외적 계기), 배트맨에게 자신의 결핍을 해소할 수 있는 아이디어가 떠오르는데, 하비덴트에게 권력을 집중함으로써 사회정의가 구현되는 바람직한 사회시스템을 만드는 것이다. 이제 배트맨의 '즉자적 욕망'이 행동에 옮겨진다. 하비덴트 검사를 고담 시의 새로운 영웅, '양지陽地의 기사'로 부상시키는 계획이다(배트맨의 '즉자적 욕망의 추구').

모든 것이 순조롭게 진행되는 듯했지만, 그것은 배트맨의 착각이고 오판이었다. 흉악한 조커에 의해 레이첼이 죽고 하비덴트 검사는 반인반수의 흉악한 몰골로 전락한다. 사랑하는 여인을 잃은 데 대한 분노와 함께 모든 계획이 좌절되자 그동안 순진하게 생각했던 반성과 각성이 일어나고, 배트맨은 다시 전면에 나설 결단을 한다(위기/좌절 및 배트맨의 '운명의 전환점').

이제 스토리는 후반부로 달려간다. 운명의 전환점을 넘어선 정의의 사도로 다시 나서서 배트맨이 조커와 한판 승부를 벌여 조커를 구속시키는 데 이른다(배트맨의 '대자적 욕망의 추구').

그러나 천하의 배트맨이라고 해도 어찌지 못할 최악의 난관에 봉착한다. 하비덴트 검사마저 악한의 길로 들어서고, 배트맨의 공격으로 벼랑 끝에 몰린 조커가 서로 다른 배에 타고 있는 평범한 시민과 죄수들을 최악의 시험에 빠뜨린다(더 큰 위기/좌절: 소중하게 여겼던 가치 또는 인물이 안타고니스트의 잔인무도함에 상실되고, 그로 인해 주인공의 절망감과 분노는 폭발하며 결사항전으로 나아간다).

배트맨도 어찌할 수 없는 상황. 과연 시민과 죄수, 즉 고담 시민들은 어떤 선택을 하게 될 것인가? 배트맨마저도 노심초사하며, 결과를 지켜볼 수밖에 없는데, 영화를 본 사람이라면 누구나 알다시피, 고담 시민들은 인간의 정의감에 따른 바람직한 선택을 하게 된다(예상치 못했던 보상과 축복).

마침내 악한으로 변한 하비덴트 검사까지 물리친 배트맨은 계속 어둠의 기사로 살게 된다(결말/대단원).

〈다크나이트〉의 배트맨은 자신이 꿈꾸던 욕망(개인의 행복과 사회정의의 시스템)을 온전히 성취했는가? 안타깝게도 '그렇다'고 답하기 어렵다. 그런데도 왜 이 영화가 전 세계 관객들을 열광시켰을까? 우리 시대의 점점 어려워지는 현실을 있는 그대로 대변하고 있기 때문이다. 사회구조적 모순과 대립은 해결책을 찾지 못한 채 부와 권력을 갖지 못한 절대다수의 사람들로 하여금 좌절감과 열패감, 숙명론에 빠지게 만들고 있다. 특히 신자유주의가 본격적으로 득세하기 시작했던 1990년대 이후 현대 스토리의 추세는, 현실의 위축과 악화惡化를 그대로 반영하고 있다. 그 이전까지만 해도 주인공이 꿈꾸는 모든 것이 실현되는 스토리였다. '누구든지 열심히 일하면 잘 살 수 있다'고 믿었던 희망과 낙관의 시대였고, 그런 시대를 반영하는 스토리였다. 그러나 특히 2000년도 이후의 스토리를 보라. 현실의 결핍을 중심에 두는 스토리가 대세가 되었다. 심지어 돈과 권력을 가진 선한 주인공조차도 욕망의 실현에는 실패하기 일쑤다.

〈다크나이트〉뿐만 아니다. 〈괴물〉의 주인공 강두는 잃어버린 딸(현서)을 찾았는가? 〈아바타〉의 제이크 설리가 꿈꾸던 판도라행성의 온전한 유지 또는 인간 세상과의 공존과 상생은 이루어졌는가? 〈7번방의 선물〉의 용구가 그토록 절박하게 꿈꾸었던 딸과의 행복한 삶은 온전하게 성취되었는가? 〈명량〉(2014)의 이순신이 승리의 이유를 묻는 아들의 질문에 "천운이었다"고 답한 이유는 무엇이었는가? 많은 사람들의 공감을 불러 일으켰던 천만 관객 영화들을 되돌아보면, 결말의 해피엔딩 여부와 상관없이, 과연 주인공의 욕망이 실현(성취)되었는지에 대해서는 의문스러운 경우가 많다. 오늘날 스토리의 경향을 살펴보면, 선한 욕망의 실현(성취)을 다루는 스토리에서 현실의 결핍에 더 큰 주안점을 두는 스토리로 옮겨가고 있음을 알 수 있다.

주인공의 '즉자적 결핍'은 '세상의 악' 또는 '시대적 문제'와 연결되어 있다

즉자적卽自的? 대자적對自的? 사실 이 개념은 칸트와 헤겔 등의 근대철학자들이 다루었던 가장 중요한 화두이자, 프로이트나 칼 융으로 대변되는 현대철학의 출발점이 되는 개념이기도 하다. 이 책에서 철학적 논의에 관한 깊은 대화를 나누기는 어렵다. 그저 쉽고 단순하게 이해하도록 하자. '즉자적'이란 누가 봐도 알아볼 수 있을 정도로 겉으로 드러나는 현상적인 것이고, 개인적이거나 외피적인 것이며, 단순하고 말초적인 것이다. 이에 반해 '대자적'이란 본질적인 것이고, 사회적이거나 근본적인 것이며, 복잡하고 이상적인 것이다. '정(正: These)─반(反: Antithese)─합(合: Synthese)'이라는 변증법의 논리에 관해서 배운 적이 있을 것이다. 사실 이 출발점이 '즉자卽自─대자對自─즉자대자卽自對自'의 논리다. 이게 스토리 창작과 무슨 관련이 있는가? 우리가 스토리의 주제와 목표를 찾아나가는 과정이나, 주인공이 성장하고 진화하는 과정이 변증법의 논리를 그대로 따르며 전개되기 때문이다.

〈킹스맨: 시크릿 에이전트〉(2015)를 통해 잠깐 짚어보자.

〈킹스맨〉의 주인공 에그시의 결핍은 현실 속 99퍼센트 민중의 결핍을 그대로 대변한다. 홀어머니와 양아버지의 학대, 가난과 무기력한 상황, 그는 의리와 정의감은 있지만 자존감이 바닥에 떨어져 있는 인물이다(즉자적 결핍). 그래서 에그시는 멋진 에이전트가 될 수 있는 기회를 놓치지 않으려고 최선을 다하고 좋은 결과까지 거둔다(즉자적 욕망의 추구). 그러나 내면의 정의감과 인간애를 버릴 수 없었기에 최종 시험에 떨어지고, 그는 세상을 향한 분노의 질주를 할 뻔한다. 자신을 유일하게 위로해 주고 응원해 주던 멘토 해리의 죽음은 그에게 세상을 어지럽게 만드는 악당의 실체와 음모(대자적 결핍)를 깨닫게 하고, 세상을 구하기 위한 투쟁(대자적 욕망의 추구)에 나선다. '대자적 욕망'이 실현(성취)된 후에, 에그시는 예전의 처지라면 꿈꿀 수도 없었던 예쁜 공주와 사랑을 나누고 정식 에이전트가 된다(즉자적 욕망과 대자적 욕망의 동시 성취＝즉자적·대자적 욕망의 실현).

많은 신인작가들에게서 공통적으로 보이는 약점이자 결함 가운데 하나는, 주인공이 겪게 되는 개인적 경험을 세상 사람들의 보편적 경험과 인식으로 확장하지 못하는 것이다. 그래서 정작 내용의 알맹이가 없거나 싱겁거나 소소한 스토리에 머물게 된다. 즉자적 결핍은 창작자들도 함께 겪고 늘 보고 듣는 문제이기 때문에 세팅하기가 어렵지 않지만, 모든 사람들이 겪고 있는 즉자적 결핍의 근본 원인 또는 대의적 문제, 즉 깊은 사유와 성찰을 필요로 하는 대자적 결핍을 정의하는 데 어려움을 겪기 때문이다. 스토리는 '우연성'에서 시작해 '개연성'으로 끌고 나가 '필연성'으로 결론지어야 한다. 다른 말로 하면, '특수성(주인공이 겪는 개인적 사정과 경험)'에서 시작해 '보편성(사람들이 인식하는 보편적 문제)'으로 끝난다는 뜻이다.

나는 장애인이 아니지만 무시당하고 심지어 박해당하는 장애인의 처지와 억울함을 이해할 수 있다. 그리고 내가 살고 있는 세상이 편견과 고정관념의 벽을 깨고 장애인에 대해 더 많이 이해하고 배려하며 관심을 가져야 한다는 사실도 알고 있다. 눈물을 흘리며 영화 〈7번방의 선물〉을 보고 생각해 보게 되는 것은 우리 시대의 사회적 결핍과 개선해야 할 문제다. 또한 나는 택시 운전사가 아니고 택시운전사를 가족으로 둔 적도 없지만, 내 이웃에게 이념의 잣대를 들이대 빨갱이로 몰아 죽이는 잔인무도한 권력이 세상 사람들의 눈과 귀를 가릴 때, 나 역시 〈택시운전사〉 속 만섭과 같은 오해와 편견에 사로잡힐 수 있음을 이해하고, 그가 발휘하는 용기 있는 반성과 행동에 아낌없는 공감과 응원 그리고 감사의 박수를 보내게 된다. 〈택시운전사〉를 보며 느끼게 되는 사회 정의이자 대의적 진실이다.

TV드라마에서 흔하게 보는 로맨스 스토리는 또 어떠한가? 신분과 계급의 벽을 넘어, 주변의 편견과 고정관념에 맞서 싸우며 온전한 사랑을 성취하는 두 남녀를 보면서, 아무리 세상이 변했다고 해도 사랑이란 저런 것이어야 한다는 믿음과 소망을 다시 다지게 되지 않는가? 다시 말해서, 스토리 속 주인공이 겪는 문제가 '나'의 경험(특수성)과는 다르다고 해도, '우리 모두'의 문제(보편성)로 인식할 수 있기에, 성공한 스토리에 많은 사람들이 모이고 흥행에 성공하는 것이다.

주인공의 즉자적 결핍은 '특수성(개인적 경험)'의 차원이다. 그런데 현실적으로 생각하면, 즉자적 결핍의 원인은 보는 관점에서 따라서 다양한 해석을 낳는다. 개인이 겪는 가난이나 사회적 푸대접의 문제를 따지고 들 때, 어떤 사람(보통 보수주의자)은 개인의 노력과 성실성을 원인으로 짚을 수도 있고, 어떤 사람(보통 진보주의자)은 사회구조나 시스템을 원인으로 짚을 수도 있다.

스토리는 진보주의자의 눈으로 세상을 바라볼 때, 확장성과 파급력을 갖게 된다. 왜? 1퍼센트의 가진 자들이 아니라, 그 대척점에 서 있는 다수의 사회적 약자와 대중들을 소비자로 삼기 때문이다. 주인공의 즉자적 결핍을 사회 구조나 사회시스템, 세상의 편견과 고정관념의 문제로 인식하는 것이 중요하다. 다시 말해서 세상의 악이나 시대적 과제를 즉자적 결핍의 근본 원인으로 연결하거나, 사회적 문제(대자적 결핍)의 해결이 즉자적 결핍의 해소보다 더 크고 중요한 가치요 문제라고 공감할 때, 스토리는 비로소 보편성을 획득하고 나아가 세상을 울리고 오래 기억될 수 있는 스토리가 될 수 있다.

할리우드의 스토리이론가인 로버트 맥키는 스토리가 해결해야 할 갈등의 단계를 세 가지 차원으로 정의한 바 있다. ① 개인의 내적 갈등 ② 인간관계적 갈등 ③ 개인을 뛰어넘은 사회적·우주적 갈등이 그것이다. 개인의 내적 갈등을 즉자적 결핍의 근본 원인으로 삼는 스토리는, 소설이나 연극 같은 작고 정밀한 콘텐츠로 만들어진다. 이에 비해 인간관계적 갈등을 사건(문제)의 근본 원인인 대자적 결핍으로 삼는 스토리는 보통 로맨스/버디 장르나 가족 장르의 스토리가 될 것이고, 마지막 개인을 뛰어넘은 사회적·우주적 갈등을 다루는 스토리는 보편적 주제를 다루며 확장성과 파급력을 가진 스토리가 될 수 있다. 오해하지 말아야 할 것은, 개인을 뛰어넘은 사회적·우주적 갈등을 다루는 스토리라고 해서, 그 갈등만 다루는 것은 아니다. 내적 갈등과 인간관계적 갈등을 해결해야 더 큰 갈등으로 나아갈 수 있기 때문이다. 거꾸로 개인의 내적 갈등을 다루는 스토리도 인간관계적 갈등과 개인을 뛰어넘은 사회적·우주적 갈등도 함께 논쟁적으로 다루기 마련이다.

나는 신인 창작자일수록 개인을 뛰어넘는 사회적·우주적 갈등을 '대자적 결핍'으로 삼는 스토리를 창작하는 데 좀 더 집중하고 심혈을 기울일 필요가 있다고 조언한다. 담대한 스토리 말이다. 습작을 하더라도 담대한 스토리로 창작을 하는 것이 바람직하다. 담대한 스토리 창작은 큼지막한 상상을 필요로 하기 때문이다. 보통 "그런 스토리는 돈이 많이 들어서, 제작이 힘들지 않나요? 그러면 아무리 잘 써도 채택되기가 쉽지 않을 것 같은데요"라고 의문을 제기하는 사람도 있다. 물론 신인이든 기성이든 창작자의 스토리가 채택되지 않는 이유 중에 '제작비가 많이 드는 스토리'이기 때문도 있을 수 있다. 그러나 재미있고 매력적인 스토리라도 그럴까? 세상이 신인 창작자에게 바라는 스토리는, 이미 세상에 흔하게 소비되는 스토리가 아니라 내용과 형식에서 새롭고 담대한 스토리다. 덧붙여 담대한 스토리가 반드시 제작비가 많이 드는 스토리는 아님을 사족으로 첨언한다.

스토리는 인간 삶의 은유隱喩
그렇기에 사람들은 스토리에 더 공감하게 된다

스토리는 인간 삶의 은유이자 거울이다. 이 말을 많이 들어봤을 것이다. 무슨 뜻일까? 답부터 말하면, 스토리는 인간 삶의 여정을 그대로 닮아 있다는 뜻이다. 인간의 삶이 80년 또는 100년이라면, 삶의 여정을 압축하고 압축한 여정을 과장하면 그것이 바로 스토리가 된다는 뜻이다. 반대로 말하면, 스토리는 인간 삶의 여정을 그대로 닮아 있어야 한다는 뜻이기도 하다. 현실의 우

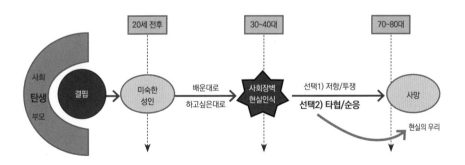

리는 어떻게 사는지 생각해 보자.

인간이라면 누구나 멋있고 폼 나게 살고 싶어 한다. 절대선絕對善과 자아실현에 대해 꿈꾸는 것이다. 그런데 현실은? 아무리 노력하고 추구해도 세상은, 현실은 쉽게 허락하지 않는다. 착한 사람이 이기고 성실한 사람이 성공한다고 배웠지만, 실제 그런 승리와 성공은 존재하기 어렵다. 결국 좌절한 인간은 세상에 순응해 타협하는 길을 선택한다. 절대선과 자아실현의 꿈을 마음속 깊은 곳에 가라앉힌 채 살아갈 뿐이다.

그러나 스토리의 주인공은 다르다. 누구나 꿈꾸는 절대선과 자아실현을 위해 불의한 세상과 끝까지 맞서 싸우고 추구하고 결국 성취한다. 이게 바로 삶의 은유다. 스토리는 현실의 삶 그대로 그리는 게 아니라, 인간이라면 누구나 꿈꾸는 삶을 그리는 것이다. 그래서 스토리의 주인공이 사는 삶은 다음과 같은 궤적을 그리게 된다.

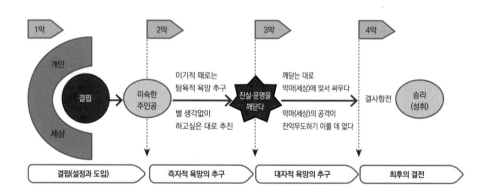

인생은 3막이라고 말하기도 하지만, 실제 인간의 삶은 4막의 구조다. 스토리도 누구나 꿈꾸는 삶을 4막 구조로 그리게 된다.

'4막-24블록'의
플롯구조

플롯의 셋업을 다시 정리하면 아래와 같다.

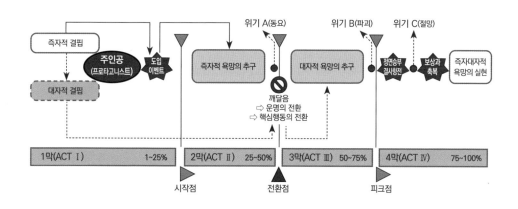

위 그림을 보면 알 수 있듯이, 플롯(결핍과 욕망의 인과구조)을 세팅한다는 것
은 4막 구조의 스토리라인, 즉 네 줄 로그라인과 스토리의 주제를 확정한다

는 뜻이다. 즉자적 결핍을 해소하기 위해 주인공은 2막의 즉자적 욕망을 추구하는 핵심행동으로 나아가고, 위기(A) 끝에 대자적 결핍을 깨달으며 3막의 대자적 욕망을 추구하는 핵심행동으로 전환된다. 4막의 결사항전은 안타고니스트Antagonist(대자적 결핍의 원흉)에 대한 분노와 적개심으로 3막의 핵심행동을 상승 발전시키는 것이기 때문에, 새로운 행동의 전환은 아니다.

물론 플롯의 세팅은 주인공의 (캐릭터) 세팅을 필요로 한다. 그러나 실제 스토리 창작을 진행하다 보면, 첫 단계에서 주인공의 캐릭터를 완성하는 것은 사실상 불가능하다. 스토리의 주제를 어떻게 구현할 것인지에 대응해서 주인공의 가치관과 성격을 정의할 수 있지만, 장애와 시련, 난관과 좌절을 만나서 정서적 혼란과 딜레마를 겪는 주인공이 어떤 판단과 선택을 하는가가 캐릭터의 핵심이라고 본다면, 매력적인 주인공 캐릭터는 스토리 창작의 결과이지 출발점이라고 보기는 어렵다는 뜻이다. 창작자는 조물주가 아니기 때문이다.

플롯의 셋업을 통해 스토리의 4막 구조 스토리라인, 즉 네 줄 로그라인을 확정했다면, 이제 세세한 전체 스토리를 구성해야 한다. 24블록을 채워야 할 시점이다.

187~188쪽 표를 보면, 결핍과 욕망의 인과관계로 구축하는 4막 구조로 '욕망의 레시피'가 구성되어 있다. 도입과 설정인 1막은 전체 스토리의 배경을 설명하고 주인공을 소개하는 시간이다. 주인공이 본격적으로 메인사건에 뛰어드는 2막의 (7)시작점은 주인공이 즉자적 욕망을 추구하기 시작하는 문門이다. (13)전환점은 (12)위기를 통해 진실을 깨닫고 대자적 욕망을 추구하는 3막의 문이자 전체 스토리의 주제와 목표를 제시하는 창窓에 해당한다. 진실의 힘은 주인공으로 하여금 대자적 욕망을 추구하도록 이끌지만, 안타

'욕망의 레시피' 24블록 플롯구조

4막 구조 정의		〈1막〉 도입과 설정					
		(1)	(2)	(3)	(4)	(5)	(6)
메인플롯	블록 정의	오프닝 이벤트	주인공의 소개① 평온한 일상 속의 '결핍'	주인공의 소개② '결핍'을 해소하려는 소극적 노력	도입이벤트	이벤트의 후유증 (혼돈/딜레마)	후유증의 일시적 해소 → 시작점의 구성
	스토리 (외적)사건	주인공의 일상(하이 라이트) 소개	주인공이 가진 특별한 능력과 사연, '소극적 노력'은 반항, 자포자기도 포함		사건에 휘말리고 누군가와 엮임	딜레마(욕망의 추구와 상실의 두려움과의 충돌) 및 해소(일시적/즉흥적)	
	주인공 (내적)정서	주인공의 특별한 능력 또는 가치관	결핍의 상황 또는 시작점을 구성하는 내적 동기: ① 가난 ② 질병/장애 ③ 고립무원 ④ 비밀 사연 ⑤ 특이성격: 중복 가능		"이런, 제기랄!" "하필 왜 내게 이런 일이!"	후유증 해소의 계기: ① 멘토의 권유 ② 상황의 악화 ③ 불가항력 ④ 호기심/자만심 발동의 계기: 앞 (2)번 블록의 '결핍'과 결합하여 시작점으로 넘어간다.	
서브플롯	B-STORY (로맨스/조수플롯)						
	C-STORY (조력인물플롯)				전령 (전령적 이벤트)		2막을 여는 멘토적/ 상황적 계기
	Run Time(±5%)	1~12%			10~13%	12~25%(1막의 분량은 15%까지 줄여도 좋다: 스피드가 중요)	

4막 구조 정의		시작점	〈2막〉 즉자적 욕망의 추구				
		(7)	(8)	(9)	(10)	(11)	(12)
메인플롯	블록 정의	핵심행동의 시작 (결정)	주인공의 자격 시험 + B-Story의 시작	악마의 발톱(콘타고 니스트 등장)	C-STORY의 조력자들 참여	콘타고니스트와의 투쟁 → 즉자적 욕망의 성취(착각/오판)	위기와 좌절 끝에 깨달음
	스토리 (외적)사건	욕망의 공간으로 진입	3~5곳의 메인 스토리 공간 활용				즉자적 욕망이 성취된 듯했지만, 그것은 착각일 뿐! 위기와 좌절이 찾아온다. 주인공은 진실을 깨닫는다.
	주인공 (내적)정서	"그래, 한번 해보자!" "나라고 못할 게 뭐 있어?"	평온하고 익숙했던 일상의 관점과 태도로, 외적 목표(욕망의 대상)를 향해 추구하고 이루어지는 듯 보이지만, 두려워하고 걱정했던 상황이 발생하면서 좌절과 위기가 초래된다.				
서브플롯	B-STORY (로맨스/조수플롯)		B-Story 인물과의 관계 시작(유쾌하지 않은 동거의 시작)			주인공에 대한 감정이 호감으로 변화	
	C-STORY (조력인물플롯)		시험관(시험이벤트)		C-Story 조력자 들의 합류 시작		멘토가 있을 경우, 퇴장(죽음/이별)
	Run Time(±5%)	25%	25~50%				

4막 구조 정의		전환점	〈3막〉 대자적 욕망의 추구				
		(13)	(14)	(15)	(16)	(17)	(18)
메인 플롯	블록 정의	핵심행동의 전환(결심)	악마 전면 등장-안타고니스트의 본색이 드러나다.	B - STORY의 급진전	악마와의 총력 투쟁① - 의기투합, 승리 기대감, 준비 결행	악마와의 총력 투쟁② → 그러나, 역부족(패배/좌절 예감)	더 큰 위기와 상실의 고통
	스토리 (외적)사건	진실의 발견·운명의 전환	1~2곳의 공간으로 메인 스토리 집결				가장 소중한 가치 또는 인물의 상실: 물러설 수 없다! - '악마'의 잔혹무도함을 극대화시켜 주인공의 분노, 위기감 절정
	주인공 (내적)정서	내적 갈등 해소에 일차적 주안점	욕망의 본질 또는 사건의 진실을 깨닫고, 이전(2막)과는 180도 바뀐(전환된) 관점과 태도로 근본적인 투쟁에 나서지만, 아직 미숙하고 훈련되지 못한 탓에 더 큰 좌절과 위기가 초래된다.				
서브 플롯	B-STORY (로맨스/조수플롯)	주인공에 대한 사랑에 확신을 갖는다.		B - Story 인물과의 관계 급진전	주인공과 함께하다.	주인공과 함께하다.	
	C-STORY (조력인물플롯)				주인공과 함께하다.	주인공과 함께하다.	
Run Time(±5%)		50%	50~75%				

4막 구조 정의		피크점	〈4막〉 최후의 결전				
		(19)	(20)	(21)	(22)	(23)	(24
메인 플롯	블록 정의	핵심행동의 상승 (결단)	악마와 최후의 결전	그러나 최악의 위기와 좌절	클라이맥스	(행복한) 결말	에필로그
	스토리 (외적)사건	최후의 결단 - 안타고니스트는 없어져야 한다!	이판사판 정면승부	'죽음의 위기'라고 할 만큼 최악의 위기와 좌절 : 안타깝지만, 그래도 후회는 없다!	예기치 않았던 보상과 축복	대단원	에필로그 또는 속편의 암시
	주인공 (내적)정서	"죽기를 각오하고 ......"	모든 것을 내려놓고 질주한다.		하늘은 스스로 돕는 자를 돕는다!	대자적 + 즉자적 욕망의 성취	
서브 플롯	B-STORY (로맨스/조수플롯)	(오직 주인공 홀로 나서야 한다!)			B - Story 인물의 마지막 조력(하늘의 뜻을 대신 전하다)		
	C-STORY (조력인물플롯)	(오직 주인공 홀로 나서야 한다!)					
Run Time(±5%)		75%	75~93%		93~100%	100%	

고니스트의 잔혹무도함은 주인공이 그토록 지키고자 했던 소중한 가치나 인물을 빼앗아간다. 안타고니스트의 잔혹무도함에 분노하고 자신의 무기력함에 절망한 주인공은 (19)피크점을 통해 4막 최후의 결전으로 나아간다. 목숨을 내던지는 결전이다.

이상에서 보듯이 세 개의 문에 해당하는 블록, 즉 (7)시작점 (13)전환점 (19)피크점에 덧붙여 (4)도입이벤트와 (22)클라이맥스를 합쳐서 '플롯 포인트'라고 한다. '플롯 포인트'는 새로운 막幕을 여는 3개의 개막점開幕点과 2개의 이벤트를 가리키는데, 스토리의 흐름이 높은 단계로 상승 발전 확대되거나 큰 변화를 일으키는 블록이다. 다른 말로 하면 '터닝 포인트' 즉 '변곡점'이라고 불러도 된다. 스물네 개의 블록을 채우는 데에 플롯 포인트부터 세팅하는 것이 바람직하다. 플롯 포인트는 한 번 세팅하면 쉽게 변하지 않는다. 플롯 포인트의 내용이 바뀐다는 것은 곧 스토리의 주제와 콘셉트, 목표가 바뀐다는 것을 뜻하기 때문이다. 스물네 개 블록은 '욕망의 레시피' 고유의 플롯구조(스토리구조)다. 이것만 익히면 '욕망의 레시피'를 전부 이해했다고 할 수 있고, 창작자의 빛나는 아이디어를 완성도 높은 스토리로 완성해 나갈 수 있다. '4막-24블록'의 플롯구조는 모든 스토리에 적용할 수 있는 기본규칙이자 스토리텔링의 원칙에 해당한다.

5개의 '플롯 포인트'와 함께 눈여겨봐야 할 블록이 있다. 24개의 블록 가운데 가장 중요한 블록이 있다면? 나는 고민할 것도 없이 2번 블록(주인공의 소개 1)이라고 답한다. 나는 2번 블록에 "평온한 일상 속의 결핍"이라고 정의해 놓았다. 바로 이것이 주제이다. 주제를 암시하거나 제시하는 것을 스토리 셋업이라고 말한다. 2번 블록에 세팅한 (즉자적) 결핍을 해소하기 위해 주인공은 7번 블록의 시작점을 넘어 즉자적 욕망을 추구한다. 그리고 11번 블록에서 주인공의 즉자적 욕망은 성취되거나 성취된 듯 보인다. 물론 11번 블록에서의 즉자적 욕망의 성취(실현)는 주인공의 착각이고 오판일 뿐이다. 12번 블록 착각과 오판에 따른 좌절의 위기를 겪으면서 주인공은 진실을 발견하고 자신의 운명을 깨닫게 된다. 3막을 여는 전환점의 행동으로 나아가는 발견이고 깨달음이다. 이렇게 보면, 2번 블록-7번 블록-11번 블록으로 이어지는 스토리의 맥락이 보일 것이다. 그렇다. 2번 블록 다음으로 중요한 블록이 있다면, 특히 11번 블록이다. 2번 블록의 결핍은 11번 블록에서 성취된 듯 보일 것이기 때문이다. 마이스토리를 창작할 때 특히 이 두 개의 블록이 직접 연결된 맥락으로 보이도록 해야 한다. 〈명량〉의 2번 블록은 주인공 이순신이 주재하는 작전회의 장면이다. 수하 장수들은 전투를 반대한다. 이순신의 결핍은 고립무원의 상태에 빠져 있는 현실이다. 7번 블록에서 이순신은 군율을 잡기 위해 탈영병의 목을 친다. 병사들과 수하 장수들을 다잡기 위한 즉자적 욕망의 시작점이다. 그리고 우여곡절 끝에 마당에 모두를 불러 모아놓고 진지를 태우며, "살고자 애쓰면 죽을 것이고, 죽고자 싸운다면 살 방도가 있을 것이다生卽必死死卽必生"라는 연설을 한다. 모두가 장군을 따라 싸우겠다고 함성을 지른다. 이 장면이 11번 블록에 정확히 위치해 있다. 물론 바로 이어지는 12번 블록에서 병사들도 안위 장군도 내일 죽을 운명에 처할 것이라는 사실에 풀이 죽어 있지만…… 〈극한직업〉의 2번 블록은 아무리 열심히 일해도 돌아오는 것은 질책뿐인 고반장의 결핍 가득한 일상을 보여준다. 그래서 악마 이무배를 잡기 위해 자신의 퇴직금을 당겨 치킨집을 인수하는 게 7번 블록, 시작점이다. 그리고 마침내 11번 블록에서 식당 밖에서 잠복 중이던 영호는 이무배 일당의 출현을 보게 된다. 잡을 수도 있는 상황, 즉자적 욕망이 성취될 것 같은 상황이 드디어 찾아온 것이다. 다른 영화나 TV

드라마도 마찬가지이다. 흥행 성공이 매력적인 스토리의 판단기준이 될 수 있다면, 흥행에 성공한 스토리일수록 2번-7번-11번 블록으로 이어지는 스토리의 맥락이 선명하게 세팅되어 있음을 알 수 있다.

물론 장르에 따른 특수성은 감안해야 한다. 즉 현재의 블록별 정의를 좀 더 확장된 개념으로 해석하고 보충해야 한다는 뜻이다. 예를 들면 로맨스 장르를 메인플롯으로 삼는 스토리의 경우, (2)주인공의 소개①은 제1주인공을 소개하는 블록이고 (3)주인공의 소개②는 제2주인공을 소개하는 블록이다. (4)도입이벤트에서 두 주인공이 만나게 되는데, "이런 제기랄!" "하필 왜 내게 이런 일이!"라고 한 것처럼, 유쾌하지 않은 첫 만남으로 엮이게 된다. 스토리의 2막(즉자적 욕망의 추구)에서는 함께할 수밖에 없는 상황에서 두 주인공이 티격태격하며 싸우면서 정이 드는 시간이고, 서로를 이해하며 사랑을 깨달아가는 시간이다. 2막에서 등장하는 '콘타고니스트'는 제1주인공의 가족이나 가까운 지인으로 등장하는데, 이들의 공격 대상은 정작 제1주인공이 아니라 대개 신분이 낮거나 내세울 것이 변변치 않은 제2주인공에게로 향한다. 이들의 방해와 반대로 인해 (12)위기와 좌절이 초래된다. 제2주인공이 물러서고자 마음먹는 것이다. 그러나 위기는 기회로 작용한다. 제1주인공이 사랑을 깨닫고 선포하는 시간이 (13)전환점의 블록이다. 로맨스 장르 스토리의 대자적 결핍, 즉 세상의 악은 무엇일까? 사랑에 대한 세상의 편견이고 고정관념이다. '오르지 못할 나무는 처다보지도 마라!'라는 속담처럼, 세상에는 넘볼 수 없고 꿈꿔서도 안 되는 사랑이 있다고 생각하는 것은 편견이고 고정관념이다. 이런 세상의 악은 로맨스 스토리에서 어떻게 표현될까? 2막에서는 제2주인공을 겨냥한 편견과 오해, 공격으로 드러난다면, 전환점 이후 3막의 시간은 그런 사랑을 선택한 제1주인공을 파멸과 죽음으로까지 몰아

넣는 위협과 공격으로 그려진다. 3막만 예로 들면 TV드라마 〈도깨비〉의 경우에는 기억상실증 저승사자 김신을 죽이려고 달려드는 고려 역적 귀신의 공격, 〈미스터 션샤인〉의 3막에서는 애신아기씨를 둘러싼 시대의 검은 그림자가 그것이다. 24블록의 블록별 정의가 장르에 따라 어떻게 확장된 시각으로 해석되어야 하는지 참고가 될 것이다.

'4막-24블록의 플롯구조'가 스토리텔링의 기본규칙이라면, '장르의 규칙'은 스토리텔링의 특수규칙에 해당한다. 여기서 장르의 특수규칙은 '4막-24블록'의 기본규칙에 반하거나 전혀 다른 규칙을 뜻하는 게 아니다. 단지 기본규칙의 확장된 해석을 필요로 할 뿐이다.

스릴러 장르를 메인 장르로 삼는 스토리의 규칙을 하나 더 살펴보자. 스릴러 장르 스토리는 (4)도입이벤트에서 재앙 같은 사건이 발생하면서 본격적으로 시작된다. 2막의 즉자적 욕망은 재앙에서 벗어나거나 탈출하려는 행동으로 추구되면서 결과적으로 재앙의 실체를 파악하게 되고, (13)전환점에서부터 시작되는 3막의 대자적 욕망은 더 이상 피하지 않고 재앙 자체와 맞서 싸우는 분투의 행동으로 추구된다. 그러나 정작 주인공이 지키고자 했던 소중한 가치와 인물을 상실하면서 4막의 결사항전으로 도약해 결국 재앙을 물리친다. 〈괴물〉이나 영화 〈추격자〉(2008)의 스토리를 보면 스릴러 장르의 규칙을 이해할 수 있다.

'플롯의 마술사'가 되기 위한
가이드라인

나는 바로 앞에서 '욕망의 레시피'가 정의한 플롯구조를 보여주었다. 4막 구조에 기초해서, 하나의 막을 여섯 개의 블록으로 쪼개어 총 스물네 개의 블록으로 구성했다. 다섯 개의 플롯 포인트를 기준으로 삼고 있는데, '도입이벤트' '시작점' '전환점' '피크점' '클라이맥스'가 그것이다. 결론은 간단하다. 이 플롯구조에 따라 창작하고 쓰면 된다!

'4막-24블록 플롯구조'에 기초한 스토리 창작에서는 세 가지 유의해야할 것이 있다. 가장 중요한 첫 번째는, 다섯 개의 플롯 포인트부터 단순명쾌하게 정의하라는 것이다. 플롯 포인트는 스토리의 정서적 역동성을 구축하는 데 중요한 터닝포인트로 작용한다. 하나의 플롯 포인트에서 다음 플롯 포인트로 가는 여정과 동선(에피소드)은 바뀔 수 있지만, 플롯 포인트를 바꿔서는 안 된다. 플롯 포인트가 바뀐다는 것은 곧 스토리의 주제와 주인공의 핵심행동(목표)이 바뀐다는 뜻이기 때문에, 새로운 스토리를 창작하는 결과가 초래된다. 다섯 개의 플롯 포인트 중에서도 특히 '도입이벤트'와 '시작점' 및 '전환점'이 가장 중요한 터닝포인트라는 사실도 기억할 필요가 있다.

두 번째는, 일종에 '퍼즐 맞추기'라고 생각하고 재미있게 채우라는 것이다. 그저 머릿속에 떠오르는 낱낱의 아이디어들을 해당하는 블록에 우선 채워 넣고, 그 블록과 연결된 다른 블록으로 연장시켜 채워 나가다보면, 전체 스토리라인을 완성할 수 있다. 예를 들면 B-Story의 인물은 8번 블록에서 본격적으로 등장하고, 15번 블록에서 주인공을 위한 헌신적 행동으로 상승되며, 22번 블록 클라이맥스에서 주인공의 승리(성취)에 함께한다. 어느 한 블록에 해당하는 B-Story의 인물에 관한 아이디어가 있다면, 이와 연관된 다른 블록의 스토리를 상상하고 채우는 작업이 그렇게 어렵지만은 않을 것이다.

세 번째는, 스토리는 논리가 밑받침이 되어야 하지만, 논리 이상으로 정서의 흐름을 담아야 한다는 사실이다. '스토리의 정서적 역동성을 구축하라'는 말로 대신하고 싶다.

'4막-24블록 플롯구조'의 정서적 역동성을 표현해 보았다. 첫 번째 위기(12번 블록)와 두 번째 더 큰 위기(18번 블록) 그리고 세 번째 최악의 위기(21번 블록)의 정서적 저점低点이 어떻게 위치해 있는지 주목하기 바란다. 위기는 새

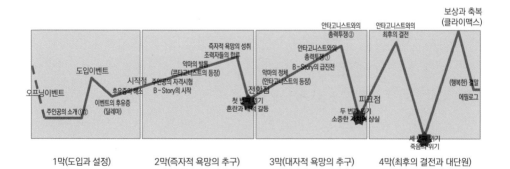

로운 행동의 도약을 낳는다. 사람들은 어떤 대목에서 카타르시스를 느끼는가? 당연히 '클라이맥스'라고 답할 수 있지만, 단계적으로 위기와 새로운 행동의 도약을 차곡차곡 쌓아나갈 때 사람들은 짜릿한 통쾌함과 긴장의 해소로 카타르시스를 느낀다.

5

한 편의 스토리에는
몇 개의

캐릭터가
필요할까?

"인물의 진정한 가치와 품격이 드러나는 순간은,
 위기상황에서 선택을 해야 할 때다"

캐릭터의
전형

어떤 특정한 상황에서 누군가 예상치 못한 반응을 보일 때, 평소에 보지 못했던 특별한 면모를 보였을 때 흔히 "한성격 한다!"거나 "캐릭터가 있다!"고 말한다. 내가 평소 알고 있던 사람에게서 평상시와 다른 의외의 발견을 하게 되었을 때, 그 사람의 '숨겨진 본성'이라도 본 것처럼 놀란다.

사르트르가 했던 말 중에서 가장 많이 애용되는 격언이 "인생은 B$_{Birth}$와 D$_{Death}$ 사이에 끼어 있는 C$_{Choice}$이다"란 말이다. 우리네 인생이란 작고 하찮은 일부터 크고 중차대한 일에 이르기까지, 삶과 죽음의 경계선에서 죽을 수도 있는 두려움(결핍)과 살고자 하는 욕망 사이에서 벌어지는 선택의 연속이다. 미국 TV드라마 〈24〉는, 캐릭터 플레이의 진면모가 잘 드러나는 스토리다. 대통령(후보)을 암살하고자 하는 안타고니스트는 암살을 막고자 분투하는 주인공의 발목을 붙잡기 위해 가족을 납치하고 협박한다. 가족을 살리는 일과 대통령(후보)의 암살을 막는 일 모두 절박한 주인공은 어떤 선택을 하게 될까? 매회마다 주인공은 가족을 구하는 일과 암살을 막는 일 사이에서 무엇을 우선할 것인지 선택의 딜레마에 빠진다. 과연 이 두 개의 미션을 모두 해결할 수 있을까? 최초의 리얼타임 드라마를 표방하며 24부작으로 구성한 〈24〉는 매회 주인공에게 선택의 미션을 던지며, 이를 시청하는 시청자들에게도 주인공의 긴장감을 함께 느낄 수 있도록 하여 흥행가도를 달렸다. 주인공인 잭 바우어는 테러대응반을 이끄는 유능한 팀장이지만, 그의 캐릭터는 평범하기 이를 데 없다. 마치 옆집 아저씨 같은 캐릭터다. 시청자의 정서적 소통과 공감을 중요하게 생각하는 리얼타임 드라마의 특성상, 주인공이 능력자이고 특별한 캐릭터였다면 오히려 어울리지 않았을 것이다. 주인공 캐릭터에 대한 창작자의 전략적 선택이 매우 돋보였던 작품이다.

인생의 긴 시간을 압축한 스토리에서는 그 어떤 인물도 평온한 일상 속에 놔두는 법이 없다. 늘 극단의 상황에 몰아넣고, 그가 과연 어떤 생각과 태도를 가지고 어떤 행동을 할 것인지를 보여준다. 특히 시련과 위기의 상황에서 어떤 가치를 선택하고 행동하는지를 보면 인물의 캐릭터가 드러난다. 창작자가 자신이 창조한 캐릭터에게 해주어야 할 가장 중요한 일은, 극적인 선택의 순간을 만들어주는 일이다. 영화 〈다크나이트〉에서 배트맨이, 정의의 수호자로 내세운 하비덴트 검사와 사랑하는 연인 레이첼 가운데 누구를 선택할지 관객들에게 지켜보게 하는 일이 그것이다. 또는 〈부산행〉에서 주인공 석우가 좀비로 변하는 자신의 모습을 보면서 과연 이 위기의 순간에 어떤 선택을 할 것인지를 스스로 보여주고 입증하도록 만드는 일이다.

스토리는 관객들에게 재미를 느끼도록 만들어야 한다. 그러기 위해 1차적으로는 우리 삶을 대변하는 인물을 내세워야 한다. 스토리에 등장하는 인물들은 우리의 일상적 삶을 반영하고 대변하는 까닭에, '원형原型' 또는 '전형典型'

이라고 번역하는 아키타입Archetype에 기초해 세팅되기 마련이다. 이것은 실재하는 현실의 인물이 아니라, 몇 가지 유형으로 정의되고 분류되는 보편적·이상적 개념이라는 뜻이다. 따라서 아키타입의 장점은 단순명쾌함이다. 이제 창작자는 인물의 아키타입을 기초로 실제 우리 주변에 살고 있을 것 같은 인물로 스토리를 꾸미는 작업이 필요하다.

본래 아키타입이란 현대심리학자 칼 융이 주장한 개념으로, '인간의 집단 무의식 속에서 공통되게 나타나는 보편적인 이미지'를 뜻한다. 예를 들어 우리가 어떤 사람을 가리켜 '삼국지의 유비 같은 사람'이라거나 '홍길동 같은 사람'이라고 말하면, 굳이 부연설명을 하지 않아도 어떤 모습일지 미루어 짐작할 수 있다. 이때 '유비'나 '홍길동'을 아키타입으로 사용한 것이다. 또는 '법 없이도 살 사람' '망나니 같은 사람' '미치광이'나 '거짓말쟁이' 같은 개념도 이런 아키타입 개념에 해당한다. 이것이 캐릭터의 개념이다.

메인캐릭터에 관한 전통적인 아키타입은 프로타고니스트Protagonist와 안타고니스트다. 보통 안타고니스트의 뜻은 '반대자' '경쟁자' '라이벌'이다. 오늘날 '적대자' '악당'이라고 단순화해 이해하는데, 사실 정확하게는 '나쁘고 악랄한 안타고니스트villainous antagonist'라고 표현하는 게 옳다. 그만큼 안타고니스트의 뜻은, 프로타고니스트에 비해서 대단히 복합적이고 다층적인 뜻을 가지고 있다. 프로타고니스트 못지않게 안타고니스트를 어떻게 세팅하느냐가 스토리의 완성도와 매력도를 좌우한다고도 볼 수 있다. 마치 배트맨의 숙명적 라이벌인 조커처럼.

한국영화를 빛낸
천만 관객의 주인공들

    소설을 읽거나 연극이나 뮤지컬, 영화 또는 TV드라마를 볼 때 스토리의 출발점이 되는 소재나 스토리 전체를 관통하는 사건에 대해서 관심을 가지고 있더라도, 가장 중요하게 정서적으로 소통하고 공유(공감)하게 되는 것은 주인공이다. 스토리에서 정서적인 소통과 공유의 요소를 뺀다면, 그저 한 편의 다큐멘터리를 보거나 심층적인 기획기사를 읽는 것보다 나을 게 무엇이겠는가? 모든 스토리는 주인공을 소개하는 것에서 시작한다. 주인공은 스토리를 가장 주도적으로 끌고 나가는 인물이자, 우리가 가장 먼저 정서를 대입하고 소통하며 공감할 수 있는 인물이기 때문이다.

    한국영화 중에서 흥행에 성공한 스토리의 주인공, 즉 대중적으로 사랑받은 주인공은 어떤 캐릭터들일까? 한국에서 천만 명 이상 관객을 동원했던 영화는 2023년 7월 현재 30편이다. 가장 최근에 천만 관객을 기록한 영화는 2023년 5월 31일에 개봉한 〈범죄도시 3〉이다. 할리우드 영화 9편을 빼고 한국영화만 따지면 21편이다. 이 가운데 〈실미도〉(2003)와 〈태극기 휘날리며〉(2004)의 경우 한국영화진흥위원회의 통합전산망이 구축되기 이전이라 공식 통계에 올라와 있지는 않지만, 각 1,100만 명과 1,170만 명의 관객이 관람한 것으로 알려져 있다. 21편의 한국영화 속 주인공에 대해 직관적으로 떠오르는 바를 정리해 보았다.

흥미롭게도 한국인이 좋아하는 스토리의 주인공은 뚜렷한 공통점이 있다.

① 순수성과 도덕성의 소유자다.
② 정신적·사회적 장애로 인한 고립 또는 낙오, 권력에 의해 희생당하는 처지에 있다.
③ 생사를 달리할 만큼 극단적인 딜레마의 상황에 휘말린다.
④ 가족 또는 동료, 백성과 나라를 위해 스스로 고난의 십자가를 진다.

천만 관객을 모은 영화의 주인공들은 한결같이 자신의 목숨을 담보로 누군가를 구하는 영웅들이다. 그러나 희한한 일은 어느 누구도 '나도 저런 사람이 되어야지'라고 소망하지 않는다는 점이다. 도덕과 정의에 대한 관념에서는 그 어느 나라 사람들보다도 높고 크고 깊은 한국인의 도덕적 잣대는 참으로 역설적이다. 나는 한국인이 역사적·시대적으로 스스로 죽음을 선택하는 위인이 되려하기보다는, 현실의 고단함을 구원해 줄 위인이 나타나기를 갈망한다고 생각한다. 이것은 뒤틀린 한국 현대사에서 쌓아온 극단적 피해의식의 결과이자 동시에 그런 극단적 피해의식을 씻어내지 못한 상태에서 반복되는 정치적 배반과 왜곡에 따른 좌절의 후유증이라고 봐야 하지 않을까 싶다. 한국영화 스토리의 특별함은 두드러지겠지만, 이런 주인공 캐릭터의 연속되는 흥행 성공이 과연 기쁘고 좋은 일일 수만은 없는 까닭이다. 천만 이상 관객을 동원한 한국 영화 21편 가운데 대표적으로 10편만 추려 보았다.

	영화		주인공	캐릭터
1	태극기 휘날리며 (드라마, 전쟁 액션)	2004	이진태(장동건)	전쟁의 극한상황에 휘말리는(동정이 가는), 동생만 생각하는(희생적인 보호자)
2	왕의 남자 (드라마, 역사 팩션)	2005	장생/공길 (감우성/이준기)	천민이자 성노리개인 광대(사회적 장애/동정이 가는), 순수한(순수), 서로가 서로를 지켜주는(희생적인 보호자)
3	괴물 (스릴러, 드라마, SF)	2006	강두(송강호)	다소 모자라고 가족은 뿔뿔이 흩어져 사는(동정이 가는), 순수하고 저돌적인(순수), 딸바보(희생적인 보호자)
4	해운대 (드라마, 재난)	2009	최만식(설경구)	무지렁이로 아픔이 있는(동정이 가는), 사랑하는 여자만 생각하는(순수/희생적인 보호자)
5	광해, 왕이 된 남자 (드라마, 역사 팩션)	2012	하선(이병헌)	권력에 의해 끌려간 광대(사회적 장애/동정이 가는), 순수한(순수), 백성의 편에 서는(희생적인 보호자)
6	7번방의 선물 (드라마, 코미디)	2013	용구(류승룡)	차별과 멸시의 지적 장애인(동정이 가는), 순수하고 저돌적인(순수), 딸바보(희생적인 보호자)
7	명량 (드라마, 전쟁 액션)	2014	이순신(최민식)	고립무원의 상태(사회적 장애/동정이 가는), 우직하고 저돌적인(순수), 백성과 나라만 생각하는(자기희생적인 보호자).
8	신과 함께 : 죄와 벌 (드라마, 판타지)	2017	자홍(차태현)	억울한 죽음(동정이 가는), 순수한(순수), 어머니와 동생에 대한 걱정(희생적인 보호자)
9	극한직업 (코미디, 드라마, 액션)	2019	고반장(류승룡)	아무리 열심히 노력해도(동정이 가는), 우직하고 저돌적인(순수), 나쁜 놈 때려잡기와 부하들 걱정에 여념없는(희생적인 보호자)
10	범죄도시 3 (액션, 드라마, 코미디)	2023	마석도(마동석)	대체불가 괴물형사(능력자), 우직하고 저돌적인(순수), 나쁜 놈 때려잡는 데에는 이유가 없다(희생적인 보호자)

한 편의 스토리에는 과연
몇 개의 캐릭터가 등장할까?

TV드라마나 영화를 제작하기 위해 사업을 세팅할 때 가장 먼저 중요하게 검토하는 것이 바로 제작예산이다. 제작 프로듀서가 제출한 제작예산표를 보다가 큰 작품이든 작은 작품이든 제작예산에 적혀 있는 모든 항목들이 동일한 내역으로 채워져 있는 것을 발견했다. 특히 배우 캐스팅과 출연료 항목을 보면, 주연과 주조연급·조연급·보조출연 등의 내역에서부터 그 인원수에 이르기까지도 그 구성이나 수는 비슷하다. 이것을 보니 결국 등장인물과 그 역할은 모든 스토리에서 공통된다는 생각이 들었다. 스토리의 장르나 규모에 상관없이 어떤 스토리든지 동일한 캐릭터로 세팅되어 있다는 생각에 이르면서, 캐릭터셋업에 관해 알아보기 시작했다.

미국의 대표적인 신화연구자로 조지프 캠벨이 있다면, 이보다 10여 년 앞선 시기에 러시아에는 러시아를 대표하는 신화와 민담연구자가 있었다. 바로 블라디미르 프롭Vladimir Propp이다. 블라디미르 프롭은 러시아 역사에서 전래되어 온 1백여 편의 민담을 연구하면서, 서른한 개의 시퀀스로 구성된 민담의 서사구조를 정리하는 한편, 한 걸음 더 나아가 민담 스토리에 등장하는 일곱 개의 캐릭터 원형을 정리했다. 블라디미르 프롭이 정의한 일곱 개의 캐릭터 원형은 아래와 같다.

① 악당	영웅에 맞서 싸우는 캐릭터
② 전령	영웅이 자신의 결핍을 깨닫고 새로운 세상으로 떠나도록 만드는 캐릭터
③ 마법을 부리는 조력자	영웅의 멘토이자 영웅을 돕는 캐릭터
④ 공주 또는 상(償) 그리고 공주의 아버지	영웅은 여정의 끝에서 악당을 물리치고 공주와 결혼하거나, 상을 받는다.
⑤ 기부자	영웅의 능력을 키워주거나, 영웅에게 마법도구를 건네주는 캐릭터
⑥ 영웅	공주와 결혼한다.
⑦ 가짜 영웅	영웅의 행동을 모방하거나, 영웅의 자리를 가로채고자 애쓰는 캐릭터

전래 신화/민담의 스토리텔링에 관한 연구와 캐릭터에 관한 연구 또는 캐릭터 세팅에 관한 스토리이론의 출발점은 블라디미르 프롭이라고 해도 과언이 아니다. 그의 캐릭터 원형들을 오늘날의 그 어떤 스토리에 적용해도 무방하다. 그 이후로 할리우드에서 다양한 캐릭터 세팅 이론이 등장하기 시작하는데, 살펴보면 다음과 같다.

1. 크리스토퍼 보글러 '영웅의 여정'

앞에서도 설명했듯이, 크리스토퍼 보글러는 조지프 캠벨의 '영웅의 여정'이론의 계승자다. 그는 스토리 전개에 따라 여덟 개의 캐릭터 원형이 등장한다고 정의한다. '영웅의 여정'을 알아도, 정작 이 캐릭터 원형들의 셋업에 관해서는 잘 모르는 경우가 의외로 많다. 창작의 영감을 불러일으키는 크리스토퍼 보글러의 캐릭터 원형의 개념 정의를 한번 짚고 넘어가면 좋겠다.

	영웅의 여정	정의
1	영웅	영웅, 주인공, 프로타고니스트
2	전령	영웅의 출발을 알려주는 캐릭터. 전령 캐릭터의 역할은 암시적 이벤트로 대체될 수도 있다.
3	멘토	영웅의 출발을 독려하고 도와주는 스승. 영웅 자신이 지키고자 하는 정신적 가치관이나 도덕적 원칙을 대변한다.
4	관문수호자	영웅의 자격과 능력을 시험하는 캐릭터 또는 주인공을 괴롭히는 내적인 두려움. 반드시 인물로 구현되지 않고, 이벤트로 대체될 수도 있다.
5	그림자/먹구름	영웅과 대립하는 적대자(악당) 또는 인물들로 드러나지만, 눈에 보이지 않는 (사회적·정치적·도덕적) 억압일 수도 있다.
6	변신자재자	영웅 편인지 악당 편인지 헷갈리는 캐릭터(동맹군의 일원으로 등장할 때도 있는데, 이때에는 배신자가 되기도 한다)
7	동맹군	영웅의 동맹군은 충성스러운 조수, 진실한 조력자, 애인이나 단짝 친구 등으로 구성된다.
8	어릿광대	보통 영웅의 동맹군에 소속한 일원이지만, 그중에서도 유머(코믹)를 담당하는 캐릭터

크리스토퍼 보글러가 크리에이팅을 했거나, 그의 스토리이론을 기초로 개발된 작품들로, 작품 속 캐릭터 전형의 예를 들면 다음의 표와 같다.

	영웅	멘토	그림자/ 먹구름	관문수호자	변신자재자	어릿광대
라이온 킹	심바	무파사(라피키)	스카	하이에나	–	티몬과 품바
매트릭스	네오	포피어스	매트릭스	스미스	사이퍼	–
니모를 찾아서	말린	크러쉬	다라	브루스	길	도리
해리포터 시리즈	해리 포터	덤블도어	볼드모트	퀴렐	스네이프	론 위슬리

그러나 크리스토퍼 보글러의 캐릭터셋업은 개념적으로 다소 모호한 측면
이 있다. 캐릭터(아키타입) 자체를 본질적으로 선명하게 정의내리기 어렵다. 특
히 '전령' '관문수호자' '어릿광대' 등의 캐릭터를 대단히 명확히 정의하면서
도, 정작 주인공(영웅)과 가장 중요한 대립관계에 있는 악당은 '그림자/먹구
름'으로 다소 모호하게 뭉뚱그린 점이 그렇다. 실제 작품을 통해 적용된 사례
를 봐도 고개를 갸우뚱하게 하는 측면이 있다. 그러다보니 〈매트릭스〉에서
'스미스'를 관문수호자로 '사이퍼'를 변신자재자로 정의한 것에서 보듯, 등장
인물의 비중과 캐릭터 정의가 맞아 떨어지지 않는 대목이 발견된다.

2. 드라마티카 '새로운 스토리이론'

드라마티카에서는 캐릭터를, 우선 스토리를 끌고 나가는 메인 캐릭터인 '운
전사'와, 스토리의 극적 효과를 살리는 서브 캐릭터, 프로타고니스트의 조력
자 그룹인 '승객'으로 구분한다. 이런 캐릭터셋업은 여러 가지 생각할 거리
를 준다. '운전사' 캐릭터와 '승객' 캐릭터를 구분해 정의한 것은 스토리를 끌
고 나가는 주동적인 캐릭터와 스토리의 긴장과 이완, 풍요로움을 만들어주
는 양념적인 캐릭터를 구분한 점에서 매우 중요한 발견이고 정의다.

특히 '운전사' 캐릭터 중 '콘타고니스트'라는 캐릭터에 대해서는 시사하는 바가 매우 크다. 드라마티카에서 처음 정의한 캐릭터로, 이를 가장 상징적이고 심오하게 표현한 인물이 〈해리포터〉 시리즈의 스네이프 교수와 〈다크나이트〉의 하비덴트 검사다. 특히 첫 작품에서 독약을 다루는 교수로 등장해, 시리즈의 마지막 편엔 해리포터와 볼드모트와의 사이에서 고뇌하는 인물로 스토리의 긴장감을 키워주었던 스네이프 교수는 콘타고니스트 캐릭터로서 매력적인 연기를 선보인다. 콘타고니스트는 보통 '안타고니스트의 대리인'으로서 전면에 나서서 악당의 역할을 하는 인물로 그려지지만, 본질적으로는 유혹과 갈등을 던지고 주인공으로 하여금 고뇌하게 만드는 역할을 수행한다. 현실의 모든 인간은 선과 악, 정의와 불의, 원칙과 유혹 사이에서 고뇌하고 갈등하는 존재다. 그러나 상상과 허구로 지어낸 스토리에서는 등장인물을 가급적 단순명쾌하게 표현할 필요가 있다. 현실의 인간이 갖는 복잡성

		드라마티카	정의(예시 : 〈스타워즈 에피소드 4〉)
운전사	1	프로타고니스트	주인공(〈스타워즈〉의 루크)
	2	안타고니스트	대립자, 보통 적대자(〈스타워즈〉의 모프의 군대)
	3	가디언(Guardian)	영웅의 출발을 독려하고 도와주는 스승 또는 정신적 가치관이나 도덕적 원칙(〈스타워즈〉의 오비완)
	4	콘타고니스트	'드라마티카'의 독창적인 캐릭터. 유혹과 방해. 전면에 나서는 안타고니스트(〈스타워즈〉의 다스베이더)
승객	5	이성	프로타고니스트 또는 관객의 이성을 자극(촉발)하는 캐릭터(〈스타워즈〉의 레이어 공주)
	6	감성	프로타고니스트 또는 관객의 감성(정서)을 자극(촉발)하는 캐릭터(〈스타워즈〉의 치바카)
	7	충성스러운 조수	프로타고니스트의 추구에 늘 충성스러운 조수 캐릭터(〈스타워즈〉의 R2D2와 C-3PO)
	8	회의론자	프로타고니스트의 추구에 의문을 제기하는 캐릭터, 때로는 배신자가 된다(〈스타워즈〉의 한 솔로).

을 그대로 표현하면, 사람들이 이해하기 어렵고 불편하며 머리 아파서 외면하기 일쑤다. 그래서 최대한 단순명쾌하게 정리하는데, 유일하게 현실의 인간을 있는 그대로 표현하는 캐릭터가 콘타고니스트다.

3. '욕망의 레시피'에서 정의하는 캐릭터셋업

나는 캐릭터 원형에 관해서 새로운 개념을 만들기보다는, 기존에 보편적으로 사용해 온 캐릭터들을 재활용하는 것이 옳다고 생각한다. 괜한 혼선을 예방하기 위해서다. 다만, 다수의 영화와 TV드라마 등을 분석하고 적용하면서 약간의 재해석이 필요했다. 그래서 어떤 캐릭터 원형이 유용한지를 살펴보고, 열 개의 캐릭터 원형으로 정리했다.

	욕망의 레시피	정의
	메인 캐릭터	
1	프로타고니스트	관객(독자/TV시청자)의 공감과 응원을 받으며 스토리의 여정을 주도하는 주인공이다. 그는 시대의 결핍을 대변하고 욕망을 추구한다. 내적 갈등을 해소하고, 외적 갈등을 해결한다.
2	안타고니스트	주인공의 결핍을 만들었거나 결핍을 자극(조장)하고 나아가 욕망의 추구를 반대하고 가로막는 캐릭터다. 일반적으로는 '적대자' '악당'의 역할이지만, 본래 '대립자' '상대역'라는 의미를 가지고 있다.
3	멘토	일반적으로는 '멘토'이지만, '주인공의 행동을 촉구하고 권장하는 도덕적 원칙'이라고 할 수 있다. 등장인물로 표현될 때에는 멘토의 역할에만 충실할 수도 있고, 다른 캐릭터에 멘토의 역할이 부가되기도 한다.
4	콘타고니스트	주인공의 욕망 추구에 방해와 유혹, 시련과 좌절을 제공하는 캐릭터다. '앞단(스토리의 2막)에 나선 안타고니스트' 또는 '악마의 발톱'이라고 이해할 수 있다.
	중개 캐릭터: 중개 캐릭터의 역할은 암시적 이벤트로 대체할 수 있다.	
5	전령 (배달부)	프로타고니스트가 펼쳐나갈 스토리의 여정과 미션, 목표를 알려주는 캐릭터 또는 이벤트다.

6	시험관 (관문수호자)	프로타고니스트가 스토리의 여정을 시작할 때, 관객(독자/TV시청자)을 대신해서 주인공의 자격을 시험하는 캐릭터 또는 이벤트다.
	서브 캐릭터 또는 프로타고니스트의 조력자 캐릭터	
7	충성스러운 조수	프로타고니스트를 위해 시종일관 충성과 생명까지도 다 바치는 캐릭터다. 보통 '시작점' 직후, 즉 2막의 시작과 함께 등장한다.
8	로맨스의 연인 또는 버디 파트너	프로타고니스트가 함께하고자 하는 로맨스의 연인 또는 단짝 파트너다. 주인공과는 유쾌하지 않은 첫 만남으로 맺어진다.
9	어릿광대/유머	스토리의 유머 또는 코미디를 제공해 주는 캐릭터다. 극적인 변화와 헌신적인 희생을 통해 웃음과 감동을 함께 주는 경우가 많다.
10	회의론자/배신자	관객(독자/TV시청자)이 갖게 될 의문을 대변해 주는 캐릭터다. 그래서 프로타고니스트를 배신하기도 한다.

이 캐릭터셋업을 그림으로 표현하면 아래와 같다.

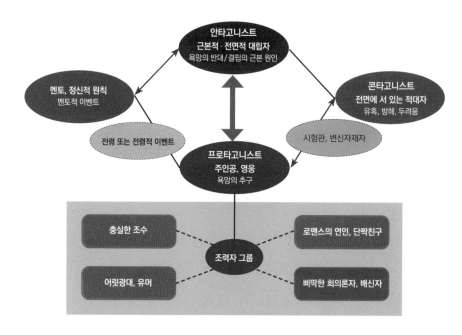

캐릭터란 원형 그 자체로서 원칙적으로는 하나의 캐릭터가 한 사람의 등장인물로 표현되는 게 바람직하지만, 하나의 캐릭터가 두 사람의 등장인물로 구현되기도 하고, 한 사람의 등장인물이 몇 개의 캐릭터를 구현하는 경우도 있다. 대표적으로 영화 〈광해, 왕이 된 남자〉에서 사월이와 조내관은 충성스러운 조수의 캐릭터를 맡고 있지만 멘토의 캐릭터도 대변하고 있다. 또 도부장은 버디 파트너로서의 캐릭터와 어릿광대의 캐릭터를 함께 구현하고 있다.

영화나 연극/뮤지컬·소설같이 주인공이 이끌어가는, 메인플롯을 중심으로 구성되는 스토리에 대해서는 앞에서 설명한 캐릭터셋업을 그대로 활용하면 되지만, TV드라마의 경우에는 어떨까? 평균 20부작 미니시리즈나 50부작이 넘는 TV드라마처럼 긴 호흡의 스토리에서도 과연 동일한 캐릭터셋업을 적용할 수 있을까? 대답은 '동일한 캐릭터셋업을 적용할 수 있다'이다. 설령 50부작이 넘는 TV드라마라고 해도, 단면을 잘라놓고 보면 언제나 동일한 캐릭터셋업을 갖는다.

부연설명이 필요하다. 캐릭터셋업을 어떻게 활용하면 좋을까? 앞에서도 잠깐 설명했듯이, 스토리 창작의 초기 단계에서 완벽하게 세팅할 수 없다. 과장되게 말하면 완벽하게 세팅하려고 애쓸 필요도 없다. 정확히 말하면, 스토리가 완성되는 단계에서 인물들의 캐릭터가 완성되고 캐릭터셋업이 다듬어진다. 경험적으로 본다면, 대략 다섯 쪽짜리 분량의 시놉시스를 작성한 후에 캐릭터셋업을 점검하고 정비하는 게 가장 적당하다. 메인 캐릭터를 중심으로 작성한 시놉시스를 통해 더 보충해야 할 캐릭터가 무엇인지 되짚어보면서 스토리의 디테일을 구축해야 바람직한 창작작업이 진행될 것이다. 그 이전이라면 너무 빠른 시점이라 정확히 세팅하기 어렵고, 다양한 에피소드로 구성되는 세부 스토리 창작단계에 들어간 후라면 너무 늦은 시점이다.

캐릭터의 3요소:
사상, 성격, 능력

영화나 TV드라마(시리즈)의 제작계획안에는 작품의 기획의도와 콘셉트 그리고 '등장인물 소개'와 줄거리가 담겨 있다. 보통 한국에서는 각 인물마다 나이와 직업을 밝히고 어떤 성격의 소유자인지를 간략히 설명한다. 이런 소개가 읽는 사람한테는 어떤 느낌을 불러일으킬까? 대개 인물에 대한 밋밋한 정보 외에 그 어떤 느낌도 제공해주지 않는다. 그래서 등장인물 소개는 읽으나마나 한 경우가 많다. 물론 반대의 사례도 있다. 내가 TV드라마 〈주몽〉을 제작하겠다고 결심한 이유는 최완규 작가가 작성해서 보여준 짤막한 시놉시스를 읽고 나서였다. 81부작 드라마를 만드는데 시놉시스가 18쪽밖에 되지 않았다. 어라, 이 긴 분량의 드라마에 18쪽의 시놉시스밖에 없다고? 등장인물을 소개하는데 10쪽쯤 되었으니, 줄거리도 채 완성되지 않았던 것이다. 그런데 등장인물을 한 명씩 읽어내려 가는데, 스토리의 콘셉트나 전체 줄거리가 자연스럽게 이해되었다. 그리고 아주 재미있었다. 나는 시놉시스를 읽자

마자 내가 제작하겠다고 결정했다. 당시로서는 엄두를 내지도 못할 만큼 천문학적인 제작비가 들어갔던 까닭에 너무나 많은 사람들의 반대에 부딪혀 난항을 겪기도 했지만, 내가 올곧게 밀어붙일 수 있었던 이유는 등장인물 소개를 읽으며 한눈에 들어왔던 전체 스토리의 느낌과 재미 때문이었다. 최완규 작가의 천재성에 감탄했고, 등장인물을 이렇게 소개할 수도 있구나 하는 깨달음도 얻을 수 있었다. 미국 드라마('미드')의 기획안Bible을 읽어보면 훨씬 정교하게 정리되어 있기는 하지만, 매우 비슷한 느낌을 받는다. 내가 미드 최고의 명작 중 하나라고 생각하는 〈24〉(2001~2014: 총 9개 시즌으로 제작)의 주인공 잭 바우어Jack Bauer의 캐릭터에 관해 위키피디아 영어판에서 소개하는 글을 옮겨본다. 〈24〉의 정식 기획안을 옮긴 것이 아니라서 한계는 있지만, 인물의 캐릭터를 어떻게 정의하는지 미루어 짐작할 수 있을 것이다.

잭 바우어Jack Bauer는 가상의 캐릭터이자 Fox TV 시리즈 〈24〉의 주인공이다. 그는 로스앤젤레스에 기반을 둔 CTU(대테러부대)의 연방 요원으로 활약했다. 시즌 7 동안 워싱턴 D.C.에서, 〈24〉 스토리에서 잭의 임무는 미국에 대한 주요 테러 공격을 방지하여 민간인의 생명과 정부를 구하는 것이다. 대개 적대적인 테러리스트가 잭이 사랑하는 사람들을 표적으로 삼기 때문에 엄청난 선택의 딜레마에 시달린다. 그는 비뚤어진 요원이 아니지만, 암살과 테러에 관한 중요한 정보를 수집하기 위해 자주 고문을 사용하는데, 이것이 많은 논란을 불러일으켰다.

잭 바우어는 1966년 2월 18일 캘리포니아주 산타모니카에서 필립 바우어 Phillip Bauer의 아들로 태어났다. 어머니의 이름은 알려져 있지 않다. 잭에게는 형제 그래엄 바우어Graem Bauer가 있다. 아버지 필립은 원래 잭에게 회사를 넘길 계획이었지만, 잭이 시즌 6에서 말했듯이 "나는 내 길을 가야만 했다." 잭은 로스앤젤레스에 있는 캘리포니아 주립대학에서 영문학 학사 학위를, 버클리에 있는 캘리포니아 주립대학에서 범죄학 및 법학 석사 학위를 받았다. 대학을 졸업한 후에 미군에 입대했고 나중에 장교 후보 학교를 졸업하기도 했다. 잭은 처음에 특수부대에서 복무했으며, 나중에는 보통 델타포스로 알려진 제1특수부대 작전분견-델타(1st SFOD-D)의 일원이었다. 그가 군에서 받은 상과 훈장 중에는 Silver Star, Purple Heart, Legion of Merit가 있다. 특수부대 및 델타훈련 외에도 그는 공군특수훈련을 받았다. 잭은 12년 동안 복무한 후 대위로 육군을 떠났다.

육군에 있는 동안 그는 테리 바우어Teri Bauer와 결혼하여 킴 바우어Kim Bauer라는 딸을 두었다. 군 경력을 쌓은 후 잭은 로스앤젤레스 경찰서의 특수 무기 및 전술 부서와 CIA에서 국가 비밀 서비스의 사건 담당관으로 근무했다. 그는 CTU의 현장 작전 책임자인 크리스토퍼 헨더슨Christopher Henderson의 권유로 CTU로 옮겼다.

잭은 총기를 잘 다루었는데, 시즌 1과 시즌 2에서 개인화기로 SIG-P228을 사용하다가 USP-Compact로 바꾼 후 시즌 8에서 다시 P30으로 바꾸었다. 그는 또한 폭발물과 전자장치를 다룰 수 있고, 고문에 대한 높은 저항력을 가지고 있다. (중국 요원에게 납치되어 거의 2년 동안 고문을 당하면서 그는 내내 한 마디도 하지 않은 것으로 밝혀진다.) 그는 독일어에 능통하며 스페인어, 세르비아어, 러시아어 및 아랍어를 말하거나 이해할 수 있는 능력을 가지고 있다. 그는 또한 비행기와 헬리콥터를 조종할 수도 있다. 잭은 군대와 연방 요원으로 근무하면서 치열한 백병전을 치렀는데, 이 전투에서 여러 명의 적을 죽였다.

잭은 그저 평화롭고 겸손한 삶을 살기를 원하지만, 자신의 생명을 희생하더라도 기꺼이 앞으로 나아가고 국가와 국민을 지키려고 한다. 그러나 시리즈 전반에 걸친 그의 숭고한 목표와 뛰어난 리더십에도 불구하고 사랑하는 많은 사람들을 잃었다. 누구나 잭의 공로를 인정하지만, 그의 상관들은 합법적인 승인도 없이 취하는 악랄하고 극단적인 작전을 명령하는데, 잭은 이에 저항하고 충돌한다.

읽으면서 어떤 느낌이 들었는가? 스토리를 위해 창작된 가상의 인물이라고 하지만, 마치 실존하는 사람의 약력을 읽는 느낌이다. 그가 어떤 가치관(사상)을 가지고 있고 어떤 성격의 소유자이며 얼마나 특별한 능력을 발휘할 수 있는지 등을 상세하게 정의하고 있다. 어느 인물을 창조한다는 것은 곧 캐릭터를 창작하는 일이다. 이름과 직업 따위는 중요하지 않다. 한국의 언어로 캐릭터Character를 번역하면 보통 성격이라고 답할 수밖에 없지만, 정작 캐릭터를 구성하는 데에는 세 가지 요소를 세팅해야 한다. 캐릭터의 3요소는 사상, 성격, 능력이다. 다음 그림을 보면 이해하기가 쉬울 것 같다.

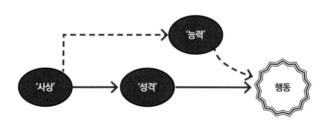

스토리는 본질적으로 주인공의 행동을 다룬다. 자신의 개인적 때로는 이기적이거나 탐욕적으로 보이는 (즉자적) 욕망을 추구하는 데에서라도 얼마나

선한 생각과 의지를 가지고 행동하는지, 그 과정에서 시련과 역경 또는 위기에 닥쳤을 때 어떻게 행동하는지, 결국 스스로 깨달은 절대선絶對善의 진실(대자적 욕망)에 대해 외면하거나 도망치지 않고 목숨까지 걸고 싸우는 행동에 이르기까지…… 주인공은 자신의 행동을 통해서 주인공다움을 입증하는 것이다. 보통 인물의 행동은 본질적으로 사상이 드러난 결과이다. 선한 사상의 소유자는 선한 행동을 한다. 스토리의 소재나 주제에 따라서 정의되는 바는 구체적으로 표현할 수 있지만, 본질적으로 주인공은 선한 사상의 소유자라는 점에서 인물의 사상 또는 가치관의 문제는 단순명쾌하다. 그러면 인물의 개성은 어디에서 달라지는가? 바로 성격이 변수로 작용한다. 예를 들어 어떤 사람에 대해서 "저 친구는 원칙주의자라서……"라고 정의한다면, 그 사람은 고지식하고 고집이 세다는 뜻일 게다. 반대로 "저 친구는 너무 물러 터져서……"라고 정의한다면, 착할뿐더러 남에게 싫은 말도 하지 못한 채 혼자서 끙끙 앓는 사람을 떠올릴 수 있을 것이다. 이런 게 성격이다. 성격은 타고나는 요소이기도 하지만, 특히 젊은 시절까지의 성장과정에서 환경과 사연에 따라 만들어지는 요소이다. 앞에서 예로 든 〈24〉의 잭 바우어의 출생배경과 성장과정, 심지어 출생연월일까지 지나칠 정도로 세세하게 정의한 까닭이 이런 이유이다. 이렇게 형성된 성격은 특별한 계기가 없는 한 일관되게 유지되고 굳어진다. 특정한 성격은 특정한 행동의 패턴을 보여준다는 뜻이다. 이렇게 본다면 캐릭터의 핵심 요소는 성격에 달려있다고 말할 수 있다. 한국의 스토리들은 어떨까? 그저 단순하고 상투적으로 성격을 정의하고 서술하는 데 머무른다. 그러다보니 스토리의 전개과정에서 때로는 성격에 어울리지 않게 얼토당토않은 행동을 하는 경우도 적지 않다. 캐릭터의 핵심 요소인 성격을 어떻게 만들고 그 일관성을 유지하느냐 하는 방법에 관해서는, 다음 장에서 자세히 설명하겠다.

스토리에 등장하는 인물의 소개(설명)는 정작 영화나 TV드라마, 웹툰과 소설 같은 콘텐츠에서는 어디에도 적혀 있지 않다. 즉 관객이나 시청자, 독자의 입장에서는 스토리를 따라가는 과정에서 이해하는 수밖에 없는 것이다. 그런 점에서 제작자(프로듀서)나 감독이나 배우만이 등장인물의 면면을 따로 읽을 수 있는 특권을 가지고 있다. 한국에서는 기획안 또는 제작계획이라고 말하고, 미국 할리우드에서는 바이블 또는 미니 바이블이라고 부른다. 한국의 기획안에는 보통 기획의도, 콘셉트 또는 로그라인, 등장인물 소개, 시놉시스 또는 줄거리 등이 담겨 있다. 미국 할리우드의 영화나 TV드라마(시리즈)의 바이블에서는 등장인물을 어떤 식으로 소개하고 있을까? 저작권 문제로 여기에 옮기기가 어렵지만, 내가 읽어본 미국 드라마의 기획안(바이블)에는 의외로 등장인물을 소개하는 항목이 따로 존재하지 않는 경우가 많다. 간단히 소개하면, 스토리의 기획의도와 배경 및 세계관을 먼저 설명한 후에 주인공이 어떤 성장과정을 지나왔는지, 그 과정에서 어떤 가치관과 성격을 가지게 되었는지, 현재 그의 상태는 어떠한지를 소개해주고, 그런 주인공이 어떤 사건의 터널에 들어가는지, 터널 속에서 만나는 인물은 어떤지, 그들과 함께 어떤 도전과 모험을 겪게 되는지를 서술한다. 결국 인물 중심의 줄거리를 서술하다 보니 등장인물을 따로 소개할 필요가 없고, 읽는 사람은 인물 하나하나에 매달리지 않고 전체 줄거리를 몰입하여 읽을 수 있게 서술되어 있다. 제작자나 감독, 배우가 읽는 방식이나 스토리 소비자가 보거나 읽는 방식이 거의 비슷하다는 뜻이다. 각자의 시장 환경과 문화가 다른 탓이겠지만, 한국에서도 일부의 제작자나 감독은 등장인물 소개 항목을 건너뛰고 줄거리를 가장 먼저 읽는다. 배우들도 마찬가지, 기획안을 건너뛰고 대본부터 읽는 배우도 적지 않다. 나는 기획의도를 읽고 난 다음에 바로 줄거리를 읽는다.

등장인물 소개를 먼저 읽으면, 머릿속에 너무 많은 정보가 입력되어 줄거리에 빈틈이 있어도 알아서 메꾸어 이해하게 되기 때문이다. 군이 미국 할리우드의 예를 들지 않더라도, 스토리를 소비하는 관객이나 독자가 인물에 대한 구체적인 정보 없이 바로 줄거리를 본다면, 창작자도 그렇게 기획안을 작성하는 게 바람직하다고 생각한다.

주인공(프로타고니스트),
그 특별한 캐릭터를 세팅하는 데 대하여

모든 스토리는 우리의 주인공이 어떤 사람인가를 소개(설명)하는 것에서 출발한다. 마치 우리에게 함께 여행을 떠나자고 초대하는 것과 같다. 우리는 이 여행이 얼마나 매력적이고 재미있을까를 따지는 것에 못지않게, 여행을 함께할 가이드이자 동반자가 어떤 사람인지도 당연히 궁금하다. 장르와 사건과 상황이 아무리 매력적이더라도, 스토리를 이끌어가는 주인공이 누구인지가 가장 중요하다. 주인공은 곧 스크린 속에서 우리 자신을 대신하는 사람이기 때문이다. '도시의 어둠을 지키는 검은 옷의 기사' 배트맨을 보라. 그가 얼마나 '특별한' 부자인지는 굳이 설명할 필요가 없다. 그러나 그를 빛나게 하는 것이 과연 그의 재산인가? 아니다! 그가 빛나는 이유는 지위와 신분, 직업과 배경 때문이 아니다. 그의 특별한 캐릭터 때문이다. 그가 선과 악 사이에서, 개인적 사랑과 사회적 정의 사이에서 고뇌하는 인물이 아니라면, 부러울 것 하나 없는 부자와 상처뿐인 영웅 사이에서 갈등하는 인물이 아니라면, 배트맨은 결코 〈다크나이트〉로 멋지게 부활할 수 없었을 것이다.

〈본 아이덴티티〉(2002)의 제이슨 본은 잘생기고 싸움도 잘하며 재주 많고 책임감이 강한, 아주 매력적인 암살자다. 그러나 이런 매력이 우리로 하여금 〈본 시리즈〉를 좋아하게 만든 요인일까?

이탈리아 어부들이 지중해 한가운데에서 등에 두 발의 총상을 입은 채 표류하고 있는 한 남자(제이슨 본)를 구하게 된다. 그는 기억상실증에 걸려 자신이 누구인지조차 모른다. 그가 누구인지 알 수 있는 단서는 본능적인 전사戰士로서의 능력과 등에 입은 총상, 몸에 새겨진 스위스 은행의 계좌번호뿐.

제이슨 본을 빛나게 하는 것은, 그가 스파이인 데다 잘생기고 싸움을 잘하는 인물이어서가 아니라, 기억을 잃어버린 스파이가 자신이 좋은 편인지 나쁜 편인지도 모른 채 자신을 죽이려는 정체 모를 세력에 맞서 싸우며, 자신의 기억을 찾아야 한다는 상황과 미션 때문이다. 제이슨 본의 처지에 대한 연민의 정서 때문에 그가 추구하는 욕망에 열렬한 응원을 보내게 되는 것이다. 이렇게 본다면 사람들이 스토리를 읽거나 볼 때 처음으로 마주하는 주인공에 대해서 연민의 정서를 느끼게 만드는 것이 매우 중요하다. 너무 완벽하게 잘난 주인공에게는 정서적으로 몰입하기 힘들다. 그래서 최근 할리우드 영웅스토리에서조차도 첫 출발점에서는 주인공이 겪고 있는 결핍을 그린다. 연민의 정서를 담아내는 데 주안점을 둔다.

그럼에도 불구하고 주인공은 특별해야 한다. 그의 특별함은, 마치 모래사장에 숨겨져 있는 진주알처럼, 평범함 속에서도 빛을 발하는 캐릭터에서 찾아진다. 그렇다면 과연 무엇이 주인공을 특별하게 만드는가?

첫째, 가장 중요한 것은 계속 강조했지만, 연민을 불러일으키는 결핍, 그 결핍을 넘어서기 위해 추구하는 욕망이다.

둘째, 가치관이다. 무엇보다 주인공은 선하고 정의로운 인물이어야 한다. 설령 조폭이나 포주의 직업을 가진 인물을 주인공으로 삼았다고 해도, 그의 악하고 비열한 행동의 이면에는 어쩔 수 없이 이런 직업을 가지고 있고 행동하고 있지만 근본적으로 선하고 정의로운 가치관이 자리하고 있어야 한다.

셋째, 변화와 성장 그리고 '위대한' 선택이다. 시대가 강요하는 도덕적 가치에 대한 주인공의 반기反旗와 도전, 그 과정에서 주인공은 성장하고 진화한다. 플롯 포인트는 스토리의 방향과 궤도를 진화시키며 상승발전해 나가게 만드는 터닝포인트가 된다. 터닝포인트의 핵심에 주인공의 '위대한' 선택과 결정이 자리한다. 그것이 '위대한' 까닭은 주인공의 가치관과 성격 즉 캐릭터가 드러나기 때문이고, 성장과 진화의 결정적 계기가 되기 때문이다.

넷째, 특별한 능력이다. 쉽게 마주할 수 없는, 특별한 사건 또는 딜레마적 상황 속에서 문제(사건)를 해결할 수 있는 능력을 갖추고 있어야 한다. 다만, 스토리의 첫 출발점에서 보이는 주인공의 능력이 반드시 특별할 필요는 없다. 지금은 보잘것없어 보이겠지만, 스토리가 전개되는 곳곳에서, 특히 주인공의 욕망이 성취되는 마지막 플롯 포인트인 클라이맥스의 지점에서 결정적인 무기로 드러날 것이다.

"나에게 멋진 스토리가 있다!"고 자신하는 창작자에게 물어본다. 당신의 스토리가 위의 네 가지 특징에 단순명쾌하게 부합하고 있는지. 그 정리가 마무리될 때까지는 창작의 과제가 끝난 게 아니다. 묻고 따지고 정리하고, 다시 묻고 다듬어야 한다. 화려한 수사가 필요한 게 아니다. 아무리 정리가 서툴어도, 이 네 가지 항목에 명쾌하게 부응한다면, 나만의 스토리를 성공의 활주로에 올려놓을 수 있을 것이다.

스토리에 국한해서 생각한다면, 한국인이 극단적이라고 할 만큼 스토리의 극적 상황을 좋아하는 것은 분명하다. 어떻게 하면 주인공의 특별한 캐릭터를 드러내 보여줄 수 있을까? 인물의 캐릭터는 오직 그의 행동으로 나타나야 한다. '그가 어떤 가치를 선택하는가?'의 문제이기도 하다. 〈괴물〉의 주인공 강두는 '딸을 구해야 한다'는 하나의 가치만을 일관되게 선택한 인물이다. 무지렁이에 불과하지만 선함과 정의로움으로 가득 차 있는 인물이다. 〈명량〉의 이순신도 마찬가지다. '조국과 백성을 구하기 위해 전쟁을 승리로 이끌어야 한다'는 하나의 가치만을 선택한다. 〈베테랑〉(2015)의 주인공 서도철은 어떤가? 그 또한 초지일관된 선택을 하는 인물이다. 할리우드의 영웅들도 늘 선함과 정의로움의 가치를 선택한다는 데에는 별다르지 않다.

이렇게 초지일관하는 주인공에게서 별다른 궁금증이나 기대감을 불러일으키긴 어렵다. 주인공에게 괜한 선택의 딜레마를 주는 것으로는 관객의 재미를 불러일으키기 어렵다. 안타고니스트를 엄청난 존재로 키워야 한다. 아무리 특별한 능력을 가지고 있다고 해도 결코 쉽게 이길 수 없을 것 같은 능력자로 키워야 하고, 도저히 넘어설 수 없을 것 같은 시련과 좌절의 장벽을 세워야 한다. 반대로도 마찬가지다. 안타고니스트가 엄청난 능력자라면, 주인공은 일관된 선택을 하는 인물로 세팅해도 괜찮다. 그에 반해서 〈변호인〉의 변호사 우석이나 〈부산행〉의 펀드매니저 석우는 성장하고 진화하는 인물이다. 석우는 혼자만 살겠다고 허둥대는 인물이지었만, 결국 함께 살아야 한다는 가치를 선택하고 나아가 자신의 목숨을 스스로 내던지는 선택을 한다. 어떤 캐릭터를 세팅하느냐의 문제는 일차적으로는 스토리의 주인공이 누구(안타고니스트)와 맞서 싸우느냐의 문제와 긴밀하게 연결되어 있다. 이와는 다른 차원에서 창작자가 초지일관한 선택의 소유자로 세팅할 것인가 아니면 성장과 진화의 인물로 다루고 싶은가의 선택을 요구하는 문제이기도 하다.

어느 프로듀서가 내게 '선진국'형 캐릭터셋업과 '개발도상국'형 캐릭터셋업이 있는 것 같다고 비유를 든 적이 있다. 신분과 계급 상승이 어려운 안정된 시스템의 선진국 사람들은 초지일관된 선택을 하는 인물을 선호하는 한편, 신분과 계급 상승의 가능성이 열려 있는 개발도상국 사람들은 작든 크든 성장과 진화를 거듭하는 인물에게 정서적으로 몰입하기 쉽다는 비유였다. 적절한 비유라고 생각하지만, 할리우드에서도 후자의 인물로 주인공을 세팅하는 경우가 많은 것을 보면, 창작자가 자신의 주제를 구현하는 데에 어떤 인물이 적절할지를 판단하고 선택하기 나름의 문제라고 보는 게 옳다. 어떤 경우든지 '주인공의 결핍을 어떻게 세팅할 것인가?'와 '주인공 앞에 어떤 극적 상황, 즉 어떤 미션과 딜레마를 설정할 것인가?'의 과제가 가장 중요하다.

사례를 통해서 몇 편의 작품을 정리했듯이, 감각적으로 익숙해질 때까지 여러 편의 작품들을 각자의 방식으로 정리하고 또 정리해 보라. '시작이 절반'이라는 격언처럼, 주인공의 캐릭터와 그가 헤쳐 나갈 극적 상황을 어떻게 설정하느냐가 성공의 절반을 약속한다. 반대로 스토리 창작의 출발점에서 이 몇 줄만으로 특별한 매력을 풍기지 못한다면, 그 이상 앞으로 나아가는 작업은 부질없는 노력이 될 가능성이 높다.

주인공에게 콤플렉스, 트라우마, 핸디캡 등의 내적 결함 그리고 장애와 질병, 사회적 제약 등의 외적 장애를 설정함으로써, 주인공에 대한 연민의 정서를 세팅하고, 나아가 그가 넘어야 할 결핍과 성취해야 할 욕망과의 간극이 얼마나 어렵고 힘든 일인지를 예측 불가능의 수준으로 설정할 수 있다. 주인공이 겪게 될 변화와 성장은 마치 롤러코스터를 타듯 상승할 것이다.

스토리의 시작점에서 설정한 주인공의 결함과 장애는, 스토리의 전개과정에서 주인공이 직면하게 될 외적 상황에 맞물리면서 또 다른 어려움에 부딪힌다. 예를 들면 도덕적 갈등이나 선택의 갈림길에 선 주인공이 겪게 될 딜레마, 패러독스 또는 아이러니나 미스터리 같은 상황들이다. 스토리를 읽거나 보는 사람들의 입장에서 볼 때는 정서적 높낮이가 엄청나게 커질 수밖에 없고, 창작자가 의도하는 카타르시스를 공유하고 공감할 가능성이 그만큼 커진다는 뜻이다.

주인공의 셋업에 관한 자세한 설명은 6장에서 다룰 것이다.

에니어그램을 활용한
캐릭터 아이덴티티 구축방법

"인물의 캐릭터와 관련해서는, 다음의 네 가지를 목표로 삼아야 한다.

첫째, 인물(주인공)은 선해야 한다.

둘째, 인물에 걸맞은 적합성이 있어야 한다.

셋째, 인물은 사실적 또는 실재적이어야 한다.

넷째, 인물은 일관성이 있어야 한다. 일관성 없는 사람을 그릴 때에도, 그의

일관성 없음은 역시 일관되게 나타나야 한다.

플롯 구성과 마찬가지로, 인물 묘사에서도 창작자는 언제나 개연성과 필연성

을 추구해야 한다. 그래서 특정의 인물은 개연성과 필연성의 원칙에 따라, 고

유의 말과 행동을 해야 한다."

– 아리스토텔레스 『시학』 제15장

스토리를 창작하는 데에 캐릭터의 새로움이나 특별함만큼 중요한 것이 일

관성이다. 많은 창작자들이 일상 속의 다양한 인간관계와 경험 속에서 만나는 사람의 성격을 자신의 스토리 속 인물에게 부여한다. 창작자는 그렇게 창조한 캐릭터에 자신의 소망을 담는다. 그러다보니 캐릭터의 새로움과 특별함은 만들었지만, 그를 일관성 있게 끌고 나가는 데에는 실패하는 경우가 많다. 마치 부모가 자식에게 바라마지 않는 희망사항을 무리하게 주문하거나 강요하는 경우와 마찬가지다. 어떻게 하면 이런 위험상황을 막을 수 있을까?

사실 우리가 알고 있는 성격분석 도구가 얼마나 많은가? 띠(12간지)별 성격, 별자리에 따른 성격, 심지어 혈액형 4개만으로도 그 성격을 들으면서 고개를 끄덕이며 적극 공감하는 경우가 많다. 당신이 창조한 주인공과 인물들의 혈액형은? 띠는? 별자리는? 정작 창작자에게 이런 질문을 던지면, 전혀 생각해 보지 않았다는 답변이 돌아온다. 자신이 창조한 인물에 아직 생명을 불어넣지 않은 것이다. 어떤 성격분석 도구라도 상관없으니, 이런 도구들을 잘 활용하면 좋겠다. 조금 더 전문적인 성격분석 도구 MBTI와 에니어그램이 있다. MBTI도 괜찮지만, 나는 에니어그램을 많이 권한다. 인간의 결핍과 욕망에 주안점을 두고 있다는 점에서, 스토리 창작에 많은 도움이 될 것이다.

에니어그램은 고대 기독교에서부터 시작된다. 고대 기독교에서는 신의 피조물인 인간에 대해 "아홉 가지의 신성神性 중 하나씩을 부여받고 태어났지만, 그에 반하는 타락/죄악을 가지고 태어났다"고 말한다. 긍정의 요소를 자극하고 부정(타락/죄악)의 요소를 견제하는 방식으로, 종교 지도자들이 일반 민중을 올바른 신앙의 길로 이끌고자 활용했던 것이 에니어그램의 출발점이다. 굳이 종교적 해석에 따르지 않더라도, 인간만이 절대 인격, 절대 행복, 절대 선을 추구한다는 사실을 감안하면, 누구나 욕망하지만 그럴수록 쉽게 빠질 수 있는 함정을 간파한 것이라고 볼 수 있다.

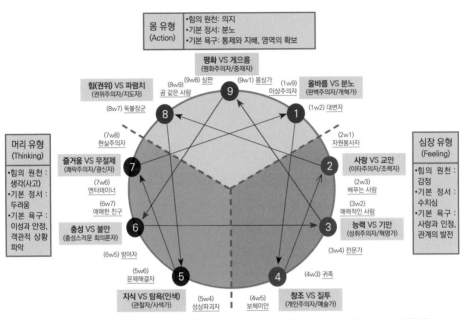

에니어그램에서 말하는 세 개의 힘의 원천, 아홉 개의 기본 유형, 긍정의 방향(보라색 화살표)과 부정의 방향(검은색 화살표), 열여덟 개의 날개 유형.

각 유형의 정의를 보듯이, 마치 캐릭터의 원형(아키타입)과 유사한 느낌이 든다. 캐릭터의 원형에 대한 정의는 캐릭터셋업을 위한 지위와 역할을 다루는 차원이지만, 에니어그램 같은 성격분석 도구에서의 정의는 각 유형 간의 역학관계, 즉 지위와 역할을 다루는 게 아니다. 위의 기본개념을 보면 짐작하겠지만, 일반적으로 프로타고니스트나 안타고니스트가 되는 인물의 에니어그램 유형은 전체 스물일곱 개 유형 중에서 몇 개 되지 않는다.

에니어그램은 각 성격 유형의 인간이 특히 어떤 결핍에 대해 두려움을 느끼는지, 추구하고 욕망하는 바가 무엇인지, 그 욕망의 추구가 좌절되거나 과잉의 상황이 될 때 어떤 부작용(타락/범죄적 방향)을 낳게 되는지, 한 걸음 더 나아가 어떤 성격 유형의 인간과 만났을 때 긍정 또는 부정의 시너지효과를 발휘할 수 있는지 등에 집중하는데, 캐릭터셋업과 스토리 전개에 이르기까지 매우 유용한 시사점과 지침을 준다.

힘의 중심	유형	기본정의	두려움	욕망	날개에 따른 정의	
몸 – Action	⑧	지도자 (권위주의자)	다른 사람에 의해 통제받는 것	다른 사람을 보호하는 것	7번 날개	독불장군
					9번 날개	곰같이 우직한 사람
	⑨	중재자 (평화주의자)	상실과 분리되는 것	내적 안정감, 마음의 평화	8번 날개	심판
					1번 날개	몽상가
	①	개혁가 (완벽주의자)	타락, 결함	좋은 사람, 균형감각	9번 날개	이상주의자
					2번 날개	대변자
마음 – Feeling	②	조력자 (이타주의자)	타인에게 소외, 사랑받지 못하는 것	타인의 사랑을 받는 것.	1번 날개	자원봉사자
					3번 날개	베푸는 사람
	③	혁명가 (성취주의자)	쓸모없다고 평가받거나 느끼는 것	가치 있다고 평가받거나 느끼는 것	2번 날개	매력적인 사람
					4번 날개	전문가
	④	예술가 (개인주의자)	정체성 또는 자기가치의 상실(감)	자기가치와 중요성을 찾는 것	3번 날개	귀족
					5번 날개	보헤미안
머리 – Thinking	⑤	관찰자 (사색가)	쓸모없는 인간이 되는 것 또는 무력감	능력 있고 자신감 넘치는 모습	4번 날개	성상파괴자
					6번 날개	문제해결자
	⑥	충성스러운 회의론자	타인의 지원/조력을 받지 못하는 것.	안정감, 지원의 획득	5번 날개	방어자
					7번 날개	애매한 친구
	⑦	광신자 (쾌락주의자)	고통 속에서 상실감을 느끼는 것.	욕구의 충족	6번 날개	엔터테이너
					8번 날개	현실주의자

에니어그램의 성격 유형은 캐릭터의 완성도를 구축하는 작업에서 많이 활용되지만, 특히 할리우드의 경우 배우를 캐스팅하는 작업에서도 널리 활용된다. 예를 들어 머리를 힘의 원천으로 하는 주인공 캐릭터인데 정작 몸을

힘의 원천으로 하는 배우를 캐스팅했다면, 그 배우가 제대로 된 연기를 할 가능성은 거의 없다고 봐야 한다. 자신의 행동패턴과 다르기 때문에, 이 주인공 캐릭터가 왜 이렇게 행동하는지를 충분히 이해하고 표현하기 어렵다. 그래서 할리우드에서는 에니어그램을 특정하지 않더라도, 배우 캐스팅에서나 실제 스토리 창작에서 에니어그램과 유사한 성격분석 도구를 활용한다. 특히 애니메이션 콘텐츠에서는 더욱 그렇다. 실제로 월트 디즈니/픽사나 드림웍스 등에서 제작한 애니메이션 작품들을 분석해 보면 에니어그램 성격 유형에 정확하게 들어맞는다. 실제로 에니어그램에 기초한 캐릭터 창작도구가 얼마나 적극적으로 활용되는지 알 수 있다.

스토리 창작에서 에니어그램을 활용하는 과제를, 처음부터 너무 어렵고 복잡하게 이해하려고 애쓸 필요는 없다. 첫째, 인간은 행동형, 감성형, 생각형이라는 세 가지 에너지의 원천을 갖는다는 사실을 기억하는 게 도움이 된다. 둘째, 세 가지 에너지의 원천을 출발점으로 삼아 만들어진 아홉 가지 기본 유형들을 이해할 필요가 있다. 아홉 가지 기본 유형별 결핍과 욕망 그리고 행동의 패턴에 관해서는 친절하게 설명해 놓은 자료들이 많다. 이것만 읽어봐도, 자신이 창조한 캐릭터의 일관성을 구축하는 데 많은 도움을 얻을 수 있다. 한 걸음 더 나아가 캐릭터를 창조하는 단계에서도 상상력을 키워줄 수 있다.

캐릭터의 일관성을 구축하는 일은 창작자의 상상력만으로는 한계가 있다. 창작자가 신은 아니기 때문이다. 에니어그램이 아니더라도 다양한 성격분석 도구들을 활용할 필요가 있다. 어떤 도구를 활용하든 상관없다. 이런 도구들은 창작자가 창조한 인물들의 성격적인 일관성을 유지하는 데 적지 않는 도움이 될 뿐더러, 창작자가 진정으로 원하는 캐릭터가 어떤 것이었는지를 찾을 수도 있고, 그 과정에서 새롭고 독창적인 캐릭터를 창조할 수도 있게 한다.

6

스토리:
후크의 마술

캐릭터를 앞세운
스토리셋업

"세상이 스토리 창작자를 통해 보고 싶은 것은,
새롭고도 담대한 도전의 스토리입니다."

후크의 핵심은
'카타르시스'다

흥행에 성공한 영화나 TV드라마, 웹툰과 소설에 대해 한번 물어보자.

"어땠나요?"

"좋았어요."

"무엇이 좋았나요?"

"……그냥, 재밌었어요."

물론 주제이든 등장인물의 매력이든 장르 스타일 등을 콕 집어 대답하는 사람도 있겠지만, 보통은 비슷한 느낌의 대답이 나온다. 나는 마지막에 이런 질문을 던진다. "이 작품을 왜 보게 되었나요?" 개봉이나 방영 초기에 본 사람은 하나의 요소를 특정해서 답하는 경우가 많다. 예를 들어 감독이나 작가, 배우 또는 스토리의 콘셉트를 상징하는 로그라인과 제목 같은 요소에 끌려서 보기 시작했다는 답변이 그런 경우이다. 물론 이런 경우에도 보고 난 후에는 대답을 달리한다. 처음 이끌렸던 요소는 사라지고, 스토리의 완성도에 관련된 내용으로 대답하는 것이다. 이런 얼리어댑터에 뒤이어 따라 들어온 소비자들은 더더욱 스토리의 완성도를 따져 합류 여부를 결정한다. 대개 미리 본 사람들이 전파하는 권유와 소위 '입소문'에 영향을 받고 소비에 참여하는 것이다. 흥행 성공에 한 표를 던져준 사람들이 느끼는 재미는 어떤 재미일까? 한 편의 스토리에 담긴 재미의 요소를 작품마다 구체적으로 따질 수도 있겠지만, 뭉뚱 그려 말하면 바로 '카타르시스'이다.

아리스토텔레스의 『시학』은 인류 최초의 스토리작법서이다. 무려 2300년 전에 강의했던 노트라니, 그 이전에 이런 가르침이 있었을 리는 없다. 아리스토텔레스는 스토리, 스토리텔링의 목적은 카타르시스라고 말했다.

> "스토리는 진지하고 완전하며 일정한 크기를 갖는 '하나의 행동'을 모방한 것이다. 그것은 언어 또는 극적 연기의 방식을 취하는데, 관객으로 하여금 연민이나 두려움을 불러일으켜서 그런 감정들의 카타르시스를 얻게 한다."
>
> – 아리스토텔레스 『시학』 제6장

아리스토텔레스의 이 가르침보다 스토리에 관해 더 정확한 표현을 나는 지금까지 보지 못했다. 왜 사람들은 스토리가 허구와 상상에 기초해서 지어낸 것인 줄 뻔히 알면서, 그토록 몰입하는 것일까? 왜 그 뻔한 '거짓말'에 울고 웃고 때로는 분노하고 아파하는 것일까? 아리스토텔레스는 이렇게 답할 것이다. "원래 스토리가 그것을 위해 만들어진 것이기 때문이다." 한 편의 스토리를 잘 만들었다는 것은 카타르시스를 선명하게 잘 담았다는 뜻이다. 그래서 많은 사람들이 그 카타르시스를 함께 느끼기 위해 보거나 읽는다.

'카타르시스'란 쾌감과 같은 감정을 수반하는 마음의 정화淨化 상태를 뜻한다. 원래 카타르시스라는 용어가 배설排泄을 뜻하는 그리스어였는데, 이때 느끼는 감정 상태를 아리스토텔레스가 비유하면서 전혀 새로운 뜻으로 바뀌었고, 프로이트가 자신의 정신분석학에서 오늘날 우리가 사용하는 뜻으로 자리잡게 해주었다. 물론 쾌감이라고 해서 반드시 웃고 즐기는 감정상태만 뜻하는 것은 아니다. 우리는 즐거운 행동이나 웃음을 통해서 카타르시스를 느끼지만, 반대로 눈물과 통곡을 하면서도 마음이 한결 홀가분해지는 경험을 한다.

스토리의 영역에서는 어떤 경우에 카타르시스를 느낄까? 주인공의 도전과 성장과 성공을 통해서도 느끼지만, 지적인 상상과 멋진 추리를 보면서도 '대단한데?!' 감탄하게 되고, 실화를 기초로 상상의 나래를 펼친 스토리에서는 '진짜 저런 일이 있었다고?!' 놀라며 존경의 마음 또는 반대로 분노의 마음을 드러내기도 한다. '새로운 발견' '사유와 성찰'의 기회를 가지며 '무언가에 대한 깨달음과 희노애락의 감정'을 느끼는 것, 이것이 스토리를 통해서 느끼게 되는 카타르시스가 아닐까? 이처럼 스토리를 창작할 때에는, 다른 어떤 것에 앞서서 '이 스토리를 소비할 사람들에게 어떤 카타르시스를 경험하게 할 것인가?'를 가장 먼저 그리고 가장 중요하게 생각해야 한다. 그것을 정하고 끝까지 끌고나갈 수만 있다면, 설령 글을 좀 못 쓰고 표현이 서툴더라도 당신의 스토리는 절반 이상의 성공을 거둘 수 있을 것이다. 자그맣더라도 어떤 사실과 정보, 실낱같은 아이디어를 스토리로 발전시키는 출발점으로 삼을 때, '하이 콘셉트 – 빅 스토리'의 개념을 이해하면 도움이 될 것이다.

하이 콘셉트 - 빅 스토리 High Concept-Big Story

'하이 콘셉트 – 빅 스토리'는 "What if...?" 즉, "만일 ~하다면, 어떻게 될까?"
라는 질문으로부터 상상의 나래를 펼쳐가는 스토리를 뜻한다. 보통 블록버
스터급 스토리로 개발하는 출발점으로 활용하기 시작해 높은 수준의 상상을
요구하는 까닭에 '하이'와 '빅'을 붙였지만, 담대한 상상을 이끌어내는 질문
의 중요성을 강조한 것으로 이해하면 된다.

예를 들어 한국영화 〈괴물〉은 "만일 한강에 괴물이 나타난다면?"이라는 하
이 콘셉트로부터 시작하는 스토리이다. 괴물의 탄생배경을 실제로 용산 주
한미군사령부 영안실에서 벌어졌던 독극물 무단방류사건을 모티프로 설정
하고, 한강 둔치에서 장사를 하는 가족을 주인공으로 삼아 상상력을 펼쳤다.
'하이 콘셉트'는 현대물 또는 SF 스토리에서만 필요한 발상법이 아니다. 〈광
해, 왕이 된 남자〉는 오프닝 이벤트에서 설명하듯이, 광해군의 움직임이 며
칠 동안 기록되지 않는다는 사실로부터 상상력을 발휘한 스토리다.

미국 할리우드의 예를 들어보자. '하이 콘셉트 – 빅 스토리'라는 개념이 본
격적으로 등장하기 시작했던 시기의 영화 세 편을 소개한다. "지구를 산산조
각 낼 수 있는 행성 하나가 엄청나게 빠른 속도로 다가오고 있다. 어떻게 할
것인가?" 1998년 두 편의 할리우드 영화가 똑같은 하이 콘셉트로 승부를 펼
쳤다. 바로 〈아마겟돈〉과 〈딥 임팩트〉라는 영화이다. 결과는 〈아마겟돈〉의 승
리! 과학적인 지식과 개연성에서는 누가 봐도 말이 안 되는 스토리에도 불
구하고, 원유 시추 기사들이 행성에 구멍을 뚫고 핵폭탄을 설치해 폭파시킨
다는 설정이 대단한 흥행을 이끌었다. 사실 지금도 이따금 발표되지만, 당시

에 NASA가 실제 지구를 향해 날아오는 행성(혜성) 소식을 뉴스로 내보낸 적이 있었다. 이 뉴스를 들은 창작자들의 상상력이 발동했던 스토리다. 다른 영화 한 편을 소개한다. 2000년을 전후해 세상을 떠들썩하게 만들었던 인간유전자프로젝트Human Genome Project가 있었다. 미국을 중심으로 6개국의 과학자가 모여, 인간 유전자에 있는 약 32억 개의 뉴클레오타이드 염기쌍의 서열을 밝히는 것을 목적으로 한 프로젝트였다. 공식적으로는 1990년에 시작해 2003년에 완성되었는데, 연구의 성과가 1990년대 말부터 2000년대 초반까지 수시로 발표되면서 전 세계를 술렁이게 만들었다. 그 연구발표 중 하나가, 어떤 염기쌍의 경우 범죄에 대한 취약성을 암시하고 있다는 것이었다. 그래서 누군가 이런 상상을 했다. "범죄를 저지를 사람을 미리 알 수 있다면? 그래서 그 사람이 범죄를 저지르기 전에 제거하는 비밀경찰이 있다면?" 이미 답을 알아차린 독자가 있겠다. 2002년도 개봉된 〈마이너리티 리포트〉이다. 앞의 두 질문에 덧붙여 "정작 그 비밀경찰이 제거 대상으로 지목되었다면?"이라고 추가적인 질문을 던져보자. 이 세 줄의 문장만으로도 스토리는 흥미진진하게 느껴진다.

'하이 콘셉트'의 스토리를 창작할 때에는 최대한 단순명쾌한 플롯으로 세팅하고 다소 교과서적인 플롯구조로 풀어나가는 게 바람직하다. 〈부산행〉의 주인공 석우는 혼자만 살겠다는 이기적인 욕심으로 군대가 대기해 있는 대전역의 안전지대로 도망친다. 그곳에 인원제한이 있는 것도 아닐텐데, 다른 사람들의 행렬을 가리키는 딸을 제지하고 '다른 사람들은 죽든 말든 상관없어. 우리는 따로 갈 거야.'라고 외면한다. 그러나 좀비로 변한 군인들에게 물려 죽을 뻔한 위험에 빠진다. 위기에서 구해준 상화와 성경 부부에게 감동해,

석우는 모두를 살리기 위한 이타적 투쟁에 나선다. 이기심으로 똘똘 뭉친 사람이 한순간에 이타적인 사람으로 변할 수는 없다. 그러나 여기는 스토리의 세상이기 때문에, 가능한 일이다. 얼마나 단순명쾌한 플롯인가?! 〈아바타 1〉에서는 주인공이 변화하는 과정을 무려 4단계로 상승 도약을 하면서, 관객을 설득하려 애쓴다. 반신불수의 장애를 고치기 위해 침략기업의 스파이로 나비족에 침투했던 인물이 나비족과 친해지면서, 침략행위를 막아서며 중재자로 변신한다. 그러나 침략자들의 탐욕은 물러설 줄 모른다. 오히려 침략자들에게 가둬지는 결과를 초래할 뿐이다. 결국 감옥을 탈출한 주인공 제이크가 마지막으로 선택하는 결단은, 트루크막토가 되어 나비족의 편에 서서 자신을 고용했던 침략자들을 물리치는 투쟁이었다. 〈아바타 1〉은 3시간 가까운 러닝타임을 쓰는 모험을 감행했다. 그러나 결핍 가득한 장애인에서 침략기업의 스파이로, 침략기업과 나비족간의 중재자로 변신했다가 결국 약자의 수호자로 도약하는 단순명쾌한 플롯이었기 때문에, 긴 러닝타임에도 불구하고 사람들을 스토리에 몰입시킬 수 있었다.

〈부산행〉이나 〈아바타 1〉을 보듯이, 단순명쾌한 플롯구조를 구축하기 위해서는 주제와 주인공을 극단적으로 대비시키는 방법이 의외로 효과를 발휘할 때가 많다. 재난으로부터 사람들을 구하는 주제에는 이기적인 욕심으로 나서는 주인공 또는 사람들로부터 상처받아 외톨이로 살아가는 주인공이 훨씬 드라마틱한 변신과 성장의 재미를 보여줄 수 있지 않겠는가?

주제와 주인공이 활과 화살처럼 한 몸으로 세팅될 경우에는 다른 차원에서의 대비가 필요하다. 〈명량〉과 〈베테랑〉, 〈극한직업〉이 그런 세팅인데, 세 편의 영화가 각각 다른 대비를 보여준다. 〈명량〉은 아군을 일으키려는 투쟁과 적군을 물리치려는 투쟁으로 대비하고 있고, 〈베테랑〉에서는 악마에 대한 느슨한 압박과 결사적인 대결로 대비하고 있다. 〈극한직업〉은 특이하게 3단계로 세팅되어 있는데, 실적을 위한 잠복(2막)과 실패한 후의 포기와 낙담 (3막), 결국 4막에서 다시 악마를 때려잡는 중소상공인으로 도약한다.

'하이 콘셉트'가 블록버스터급 스토리에만 활용되는 것은 아니다. 그저 스쳐지나가는 뉴스나 때로는 소소한 일상 속에서 어느 하나에 착안해 매력적인 스토리 한 편을 상상하는 일의 중요성을 강조한 개념이라고 생각해도 된다. 한국에서 866만 명의 관객을 동원한 〈수상한 그녀〉의 첫 번째 질문은 "만일 스무 살로 돌아갈 수 있다면?"이었다. 누구나 쉽고 가볍게 떠올리는 질문이지 않은가? 심지어 20대의 젊은이들도 세상의 현실이 참 고단하다며, "아기였을 때가 가장 행복했어."라고 농담을 나누기도 한다. 농담에만 머무르지 말고 스토리로 상상해 보라. "만일 내가 아기로, 유치원생으로 돌아간다면?" 20대로 사는 현재의 결핍을 세팅하고, 어린 시절로 돌아가는 외적 계기를 만들고, 아기 또는 유치원생의 눈으로 바라보는 세상이 어떠한지 그려보라. 그안에 사건을 세팅하고 24블록에 따라 마치 시뮬레이션 게임을 하듯이 스토리를 전개해 보라. 물론 현재의 젊음이 어떤 의미와 가치를 갖는지, 그리고 어떻게 살아야 하는지 주제를 정하는 일을 빠트리면 안 된다.

이것만으로 충분한 감感을 잡기 어렵다면, 유사한 콘셉트의 성공작품들을 두루 살펴보며 분석하는 벤치마크 방법을 활용하면 도움이 될 것이다. 마이 스토리와 꼭 유사한 작품이 아니어도 된다. 위에서 든 몇 편의 영화에서 알수 있는 플롯의 유형만 이해한다면, 마이스토리에 활용하는데 큰 어려움이 없을 것이다. 이렇게 질문을 열심히 던지고, 질문을 집요하게 붙들고 스토리로 상상해 보라. 만일 창작자 자신이 던진 질문에 스스로 놀라며 감탄한다면,

계속 이어진 질문이 스토리로서의 콘셉트로 어렴풋이 그려지고 그것만으로 카타르시스를 느낀다면, 그 스토리는 이미 성공의 언덕을 절반 이상 넘어섰다고 생각해도 된다.

플롯으로 후크하라: 로그라인에 대하여

플롯은 후크라는 요리를 담는 그릇이다. 아무리 대단한 요리를 만들었어도 그것을 담는 그릇이 신통치 않으면 제 맛과 멋을 내기 힘들다. 많은 요리사가 요리 만드는 일만큼이나 그릇 또는 플레이팅에 관심을 갖는 이유이다. 또한 플롯은 목적지에 이르는 최적의 동선動線이다. 차를 몰고 도로를 달려야지, 그 도로의 가드레일을 넘어가면 사고가 난다. 차는 도로의 차선을 지켜야 하고, 기차는 궤도를 벗어나서는 안 되며, 비행기는 정해진 하늘길을 따라가야 한다. 플롯을 건물에 비유하면 건물의 뼈대에 해당하는 구조물과 같다. 우리가 흔히 공사 중인 건물의 휑한 콘크리트 구조물을 볼 때가 있는데, 바로 이것이 스토리의 플롯에 해당한다. 구조물에 벽체와 지붕이 씌워지고 색칠까지 입히면 멋지고 아름다운 건물을 볼 수 있을 것이다. 벽체와 지붕의 재료는 바꿀 수 있고, 덧입힐 색깔은 얼마든지 변경할 수 있다. 하지만 건물의 무게를 떠받치는 기둥과 핵심 구조물은 바꿀 수 없고 바뀌서도 안 된다.

바꾸는 순간 다른 건물이 되든가 괴상한 건물이 되기 때문이다. 4장에서 설명한 '플롯의 마술' 중 24블록에서 강조했던 '플롯 포인트'를 비롯한 몇 개의 추가적인 핵심 블록들이, 건축에 빗대면 건물의 무게를 떠받히는 기둥에 해당한다. 24개의 블록 중에서 10개 남짓의 핵심 블록은 그 자체만으로도 스토리의 콘셉트와 주제, 스토리라인을 정의해준다. 조금 과장해서 말하면, 나머지 14개의 블록들은 양념이고 장식에 해당할 뿐이다. 세상에는 수많은 스토리들이 있다. 한 해에 만들어지고 세상에 선보이는 스토리 콘텐츠는 수백 편이다. 물밑에서 아직 얼굴을 드러내지 않은 스토리까지 따진다면 수천 편에 이른다고 짐작된다. 솔깃한 마케팅적인 후크에 이끌렸다가 허망한 배신감에 사로잡힌 경험은 누구나 가지고 있을 것이다. 창작자가 승부해야 할 진정한 후크는 스토리 자체의 후크이다. 문제는 수십 수백 쪽에 이르는 스토리를 다 읽어보기를 바랄 수는 없다는 점이다. 신진 창작자라면 더더욱 그런 문제에 봉착하기 쉽다. 최선의 방법은 플롯만으로 승부를 보는 것이다. 그렇다면 플롯은 어떻게 작성하는 것일까?

'엘리베이터 피칭Elevator Pitching' 또는 '에스컬레이터 피칭Escalator Pitching'이라는 용어를 들어본 적이 있는가? 할리우드에서 로그라인의 중요성을 말할 때 사용하는 유명한 격언이다. 엘리베이터나 에스컬레이터를 타고 오르내리는, 그 짧은 시간에 마이스토리를 상대에게 설득하게 만들어야 한다는 뜻이다.

한국 영화시장만 볼 때, 영화제작을 하려면 회사 소재지의 관할 지방자치단체(구청)를 통해서 문화체육관광부에 영화업신고증을 발급받아야 한다. 그렇게 영화업신고를 한 회사(영화제작사)가 국내에 무려 2천 개가 넘는다. 이게 무슨 말인가 하면, 하나의 회사가 최소 하나의 영화를 제작하려 한다고 가정했을 때, 현재 한국 영화시장에서는 최소한 2천 편 이상의 영화스토리가 개발되고 있다는 뜻이다. 미국이 한국 시장의 약 10~15배 규모라는 사실을 감안한다면, 할리우드에서는 약 3만 편의 영화스토리가 개발되고 있다고 추산할 수 있다. 와우! 3만 편이라니!

한 작가가 자신이 창작한 시나리오를 들고, 어렵사리 소개받은 프로듀서를 만나기 위해 메이저 스튜디오를 방문했다. 그래 봐야 의사결정권이 없는 프로듀서지만, 그에게는 하늘로 데려다줄 동아줄이었다. 떨리는 마음을 진정시키며 엘리베이터에 올라탔는데, 이게 웬걸! 그 메이저 스튜디오의 사장이 타고 있는 게 아닌가! 작가는 사장에게 꾸벅 인사를 한다. 사장은 자신에게 인사를 하는 사람이 직원인지 손님인지 작가인지 누군지도 모르는 상황에서, 누군가 인사를 하니 그저 의례적으로 "아, 네." 인사를 받는다. 인사를 나누고도 그냥 있기에는 어색하니 사장이 묻는다. "뭐 하는 분이세요?" "네, 저는 시나리오 작가입니다." "아하, 작가시구나! 요즘은 어떤 스토리를 쓰고 계세요?" 이런 기회가 또 언제 있을까? 그렇다고 해서 자신의 시나리오에 대해서 배경부터 인물소개, 전체 스토리라인을 일일이 설명할 수 있을 만한 시간이 허락되지는 않는다. 사장은 곧 엘리베이터를 내릴 것이고, 조금 전 엘리베이터에서 누구를 만났는지 기억조차 못 할 것이다. 짧고 간결하며 명쾌하고 강렬하게 한마디로 자기의 시나리오를 설명해야 한다. 바로 '로그라인'이다. 원칙적으로 4막 구조 스토리라인을 뜻하는 '네 줄 로그라인'을 가리키지만, 간결하고 명료하게 설명해야 한다는 차원에서 '한 줄 로그라인'이라고 표현하는 경우가 많다. '한 줄 로그라인'으로 말할 때는 자칫 마케팅적인 미사여구로 무리수를 던질 수 있으니, 주의할 필요가 있다. '네 줄 로그라인'이 정석이라고 생각하면 된다.

창작자로부터 이런저런 스토리에 관한 제안을 종종 듣게 된다. 그럴 때마다 나는 늘 상대에게 "어떤 이야기인데요?" 하고 물어보고, 그의 아이디어에 관심이 가면 "한 쪽 내외의 콘셉트 스토리를 보내주세요"라고 요청한다. 한 쪽이라고? 30쪽도 아니고, 10쪽도 아니고, 단지 한 쪽이라고? 그것을 읽고 스토리를 평가할 수 있단 말인가? 어떤 사람은 내가 무슨 위세를 떠는 사람이거나 오만불손하다고 생각할 수도 있겠다. 그러나 위세를 떠는 것도 아니고, 절대로 상대를 무시하거나 하찮게 여겨서가 아니다. 나름대로 충분히 성숙된 스토리를 정리해서 보내야 한다는 강박관념 때문에 괜한 시간과 노력을 쓰지 말라는 뜻으로 건네는 말일 뿐이다. 또한 세상에 존재하는 어떤 스토리도 결국 네 줄 로그라인이나 한 쪽의 콘셉트 스토리로 요약될 수 있고, 또 그래야 한다고 믿기 때문이다. 제안을 하거나 검토를 하는 데 한 쪽 분량이면 충분하다. 그 한 쪽에 마음이 간다면, 자세한 스토리라인을 듣고 검토하면 된다. 부족한 점이 있다면, 본격적인 개발에 착수하거나 함께 더 매력적인 스토리로 창작해 나가면 된다.

몇 편의 한국영화를 예로 들어, 로그라인(네 줄 로그라인)을 정리해 보자.

〈괴물〉

① 주한미군의 영안실에서 미국인 박사의 지시로 연구용으로 사용하던 독극물이 무단으로 한강에 방류되고, 그로 인해 기형 물고기들이 생겨난다.

② 가진 것은 쥐뿔도 없고 심지어 아이큐 두 자릿수의 소유자, 하나뿐인 딸에 대해서만큼은 모든 것을 다 바치는 아빠 강두. 그러나 한강에 나타난 돌연변이 괴물이 딸을 납치한다. 딸의 장례까지 치렀는데, 진실을

감추려는 정부에 의해 병원에 감금당한다. 그때 딸의 휴대폰으로 전화가 걸려오고, 딸이 살아 있음을 알게 된다.

③ 딸을 구하기 위해 병원을 탈출한 강두와 가족들은 괴물의 소재지로 가야한다. 군인들이 출입을 통제하는 한강 둔치로 숨어 들어간다. 드디어 괴물을 마주한 강두와 가족들은 결전을 벌이지만, 아버지는 죽고 삼촌과 고모는 뿔뿔이 흩어지고, 강두는 군인들에게 끌려가 병원에 다시 감금된다.

④ 괴물이 문제가 아니라, 주한미군의 범죄행각을 감추려는 정부권력이 문제였다. 기억을 지우려는 수술대에서 간신히 탈출한 강두는, 마침 괴물의 소재지를 확인한 삼촌의 연락을 받고 한강 고수부지로 달려간다.

④ 그러나 딸은 이미 죽었다. 군인들의 공격을 받은 괴물은 한강으로 도망치려고 발악한다.

⑤ 각자 고유의 장애와 트라우마를 가진 강두와 삼촌, 고모는 함께 힘을 합쳐 딸과 아버지를 죽인 괴물을 죽이고 복수한다.

〈7번방의 선물〉

① 가난하고 게다가 뇌성마비 장애를 가지고 있지만, 하나뿐인 딸에 대해서만큼은 모든 것을 다 바치는 아빠 용구. 억울하게 유아 살인의 누명을 쓰고 교도소에 갇힌다.

② 홀로 남은 딸과 함께 지내기 위해, 동료죄수들의 도움으로 딸을 교도소(7번방)에 데리고 들어오지만, 곧 발각되어 다시 이별한다. 용구의 선의에 흔들린 교도과장의 도움으로 다시 딸을 데려오지만, 용구는 곧 사형을 당할 상황이다.

③ 딸과 함께하기 위해서는 교도소를 나가야 한다는 생각에, 주변의 도움을 얻어 누명을 벗으려고 혼신의 노력을 다한다. 그러나 누명을 씌운 경찰청장의 협박에 못 이겨, 결국 사형선고를 받는다.

④ 밖으로 나가기 위한 마지막 시도인 교도소 탈출마저 실패했지만, 주변의 도움으로 교도소 안에서 딸의 생일을 치른다. 그날 용구는 형장의 이슬로 사라진다. 장성한 딸은 변호사가 되어 아빠의 누명을 벗겨준다.

〈변호인〉

① 가난이 싫어 돈 버는 일이라면 물불 가리지 않았던 속물 변호사 송우석. 이제 먹고살 만한 형편이 되자, 어렵던 고시생 시절 자신을 챙겨주었던 식당 아줌마를 찾아간다. 식당 아줌마는 하나뿐인 아들과 함께 살고 있다. 식당 아줌마의 아들이 모진 고문으로 시국사건의 희생양이 되자, 속물 변호사는 심각한 고문 사실에 충격을 받아 변호를 자청하고 나선다.

② 법이 정의를 대변한다고 믿는 속물 변호사는 열심히 청년의 결백과 고문 사실을 주장하지만, 독재권력의 어두운 그림자는 신성해야 할 법정마저 더럽게 만든 상황이다. 참다못해 직접 고문 현장을 찾은 변호사는 독재권력의 하수인에게 두들겨 맞으며, 시대의 진실을 깨닫게 된다.

③ 살벌한 공안정국 속에서 같이 변론을 맡았던 변호사들마저 등을 돌리는 상황, 경제적으로도 곤란한 상황에 처하지만, 온갖 위협과 협박을 받으면서도 혼자 고독한 싸움을 벌인다.

④ 군의관의 양심선언으로 마지막 결전을 치루지만, 그마저 찻잔 속의 태풍에 불과할 뿐이다. 그러나 이 변호사는 결국 모두의 존경을 받는 민주투사로 성장한다.

〈괴물〉의 로그라인을 정리할 때에는 다른 작품과 달리 다섯 줄로 정리한 것을 기억할 것이다. 첫째 줄은 스토리의 세계관과 장르 또는 분위기를 설명할 필요가 있는 경우이다. 예를 들어 미국인이 가장 좋아하는 영화 〈스타워즈〉 시리즈의 시그니처는 영화가 시작할 때 음악을 배경으로 자막이 우주로 올라가는 장면이다. 이제 주인공이 특정한 사건에 휘말려 본격적인 행동에 나서게 될 텐데, 어떤 상황과 배경에서 발생하는 일들인지를 설명해주는 것이다. 즉, 스토리의 세계관을 관객들에게 미리 알려주는 오프닝 장면이다. 〈스타워즈〉와 유사한 느낌이 한국 영화 〈광해 : 왕이 된 남자〉에서도 비슷하게 연출되고 있다. 일반적으로 역사물이나 판타지 장르의 경우 이렇게 시대배경을 설명하는 장면으로 첫째 줄을 활용하고 있다. 또 다른 예도 있다. 한국 영화 〈극한직업〉의 첫 장면(고반장팀이 이무배의 끄나풀을 잡기 위해 간이 도박장을 덮쳤지만, 정작 끄나풀을 붙잡은 것은 시내버스였다)을 기억할 것이다. 아마 〈극한직업〉 하면 가장 먼저 떠오르는 명장면이지 않을까 싶다. 스토리의 세계관과 장르를 알려주는 오프닝 이벤트 장면이다.

로그라인이란 이런 것이다. 많은 창작자들이 로그라인을 말하고자 할 때, 무엇을 어떻게 말해야 할지 난감해하는 경우를 많이 본다. 자신의 스토리를 로그라인으로 표현하는 창작자라고 해도 상대방을 후크하기 위해 알 듯 말 듯 한 말로 흐릿하게 말할 때도 많다. 위에서 든 몇 편의 예시를 통해서 알 수 있듯이, 로그라인은 스토리의 모든 것을 함축해 정리하는 것이다. 다시 말해서 네 줄 로그라인이란 4막 구조의 핵심내용을 함축적으로 요약하는 것이다.

영화 한 편의 트리트먼트(시나리오 작업시 준비하는 30여 쪽의 상세 줄거리)나, 16~20부작 TV드라마(시리즈)의 회별 시놉시스를 보통 30~50쪽으로 작성한다. 그러나 50쪽이 아니라, 1백 쪽을 쓴다고 해서 무슨 소용이 있을까? 애초에 관심을 끌 수 없는 스토리라면, 그 누구도 세 쪽, 많아야 다섯 쪽 이상 읽지 않는다. 다섯 쪽 이상으로 쓴 모든 노력은 그야말로 헛수고가 되는 것이다. 적어도 우리가 어떤 스토리를 논할 때, 글로 정리된 분량과 그 안에 담긴 노력은 아무런 판단기준도 되지 못한다. 결국 짧은 네 줄 로그라인으로 상대에게 설명하고, 관심을 이끌어내야 한다. 그래서 나는 모든 스토리의 첫 장에 이 네 줄 로그라인을 제대로 담으라고 권한다. 만일 이 로그라인에 관심을 갖게 된다면, 설령 창작자의 글솜씨가 훌륭하지 않더라도 끝까지 집중해서 읽게 될 것이고, 최소한 원안자(원작자)로서 콘텐츠 제작에 참여할 기회를 얻을 수 있을 것이다. 거꾸로 네 줄 로그라인으로 상대를 '후크'하지 못한다면, 당신의 스토리가 아무리 길고 풍성하게 완성되었더라도, 그 스토리가 특정한 콘텐츠로 만들어져서 세상에 선보일 가능성은 거의 없다고 생각해야 한다.

한 줄 또는 네 줄 로그라인으로 정리하는 습관이 되어 있지 않은 창작자들이 대다수이다 보니, 이 짧은 '요약'으로 어떻게 나만의 매력을 보여줄 수 있느냐는 하소연을 들을 때가 있다. 창작자 스스로 자신의 스토리를 완벽하게 장악하지 못한 결과일 수도 있지만, 그보다는 그런 식의 교육과 훈련을 해본 적이 별로 없기 때문이다.

로그라인을 작성할 때 주의할 점은 철저히 주인공을 중심에 세워야 한다는 것이다. 신진 창작자들을 대상으로 하는 창작수업에서, 흥행에 성공한 영화를 선정해 네 줄 로그라인을 작성해 보라는 과제를 요청할 때가 있다. 그렇게 몇 편의 작품을 네 줄 로그라인으로 분석한 후에, 그 느낌을 유지하면서 마이스토리를 네 줄 로그라인으로 작성하게 한다. 그런데 이 작업이 결코 만만치 않다. 머리로는 이해가 되는데 막상 해보면 쉽지 않다. 나름대로는 스토리 전개에서 중요하다고 생각하는 인물에 꽂혀 주인공보다 더 많은 분량으로 표현하는 경우도 있고, 사건과 분위기를 설명하는데 열심인 경우도 있다. 스토리는 본질적으로 주인공 한 인물에 관한 이야기일 뿐이다. 버디/로맨스 장르처럼 두 인물을 주인공으로 세우는 경우도 있지만, 그들도 결국 한 인물처럼 움직인다는 점에서는 똑같은 이치로 다루어야 한다. 나머지의 등장인물은 주인공 한 인물의 사상과 성격과 능력, 그가 이루어내는 궁극의 목표, 즉 주제를 부각시키는데 기여하도록 만들어야 한다. 스토리의 에센스(핵심 콘셉트)를 짧은 로그라인으로 정리하기 위해서는 영화나 TV드라마, 연극 또는 뮤지컬이나 소설을 보고 난 후 네 줄 로그라인을 정리하는 훈련을 통해 연습하는 방법이 매우 유용하다. 그렇게 짧게 쓰고 말하는 버릇을 들이다 보면, 네 줄 로그라인만으로도 얼마든지 자신이 창작한 스토리의 매력과 차별성·경쟁력을 보여줄 수 있고, 스토리 창작 작업 자체가 훨씬 쉬워진다.

　네 줄 로그라인에서 앞서 예로 든 〈괴물〉처럼 스토리의 배경이 되는 실화 사건을 첫 번째 줄에 작성해 놓는 방법도 읽는 사람의 관심을 끄는데 유용할 수 있다. 피칭을 할 때에는 이를 질문 형식으로 작성하는 것이 매우 효과적이다. 〈괴물〉의 예로 말하면, 이런 것이다. "2000년 주한미군사령부 영안실에서 독극물로 분류되는 포름알데히드를 한강에 무단으로 방류했던 사건을 아시나요?"와 같은 질문이다. 또는 창작자의 경험담을 짤막한 질문 형식으로 툭 던져놓고 시작하는 방법도 괜찮다. "혹시 …… 이런 일을 경험한 적이 없나요? 이 영화(드라마/소설)는 우리 일상에서 실제로 일어나는 …… 이런 일에 관한 스토리입니다." 기획의도를 따로 적지 않아도 창작자의 생각과 스토리의 주제를 이해할 수 있으니, 나쁘지 않은 방법이다.

'후크Hook'는 '낚시 바늘' '갈고리'라는 뜻을 가지고 있다. 이 뜻이 갖는 뉘앙스 때문인지, 스토리적인 후크를 마치 속임수나 미끼쯤으로 이해하는 경우도 있다. '후크가 중요하다'는 말을 잘못 이해하는 사람들이 저지르는 가장 큰 실수는, 충격적이고 기괴하며 심지어 변태적이거나 엽기적인 콘셉트나 사건으로 승부하는 것이다. 또는 자기만의 흥미로운 경험에 집착해 비주류적인 소재나 아이디어를 사용하는 실수도 많이 보게 된다. 누군가를 만날 때 강렬한 첫인상을 심어주어야 한다는 강박관념이 지나쳐 범하는 실수와 마찬가지다.

'후크'는 스토리의 인상을 어떻게 강렬하게 보여줄 것인가의 문제이지, 이유 없이 사람을 괴롭히고 죽이기까지 하는 충격적이거나 기괴하거나 자극적인 내용과 분위기로 승부하라는 뜻이 결코 아니다. 이런 최악의 오해와 실수가 아니더라도, 스토리의 에센스를 벗어나 마케팅적인 미사여구로 장식하는 것도 피해야 한다. 이것은 테크닉이 진정성을 압도하는 경우다. 읽거나 보는 사람에게나, 쓰고 말하는 창작자 본인에게도 정신건강 면에서 좋지 못하다. 진정성보다 더 강력한 무기는 없다. 오로지 진정성과 절실함 하나만으로도 통한다는 생각으로 정면 승부해야 한다.

정리하자면, 네 줄 로그라인이거나 심지어 한 줄로 정의된 로그라인이라고 하더라도, 다음의 네 가지를 담는 데 집중해야 한다.

① 주인공은 어떤 결핍을 가지고 있는 사람인가?

② 주인공이 추구하는 욕망, 즉 주인공의 핵심행동과 목표가 무엇인가?

③ 주인공이 욕망을 추구하는 과정에서 부딪히는 시련과 장애는 무엇인가?

④ 스토리를 통해서 말하고자 하는 주제는 무엇인가? 사람들로 하여금 어떤 감정을 느끼게 하고 싶은가?

스토리셋업이란 무엇인가?
캐릭터를 앞세운 스토리셋업

앞에서 내가 가장 중요하게 강조한 후크의 마술은, 마케팅적인 미사여구로 승부하지 말고 스토리 자체의 후크를 제대로 보여주어야 한다는 것이다. 특히 마이스토리를 짧고 굵게 보여주거나 말할 수 있어야 하는데, 그 최선의 방법, 즉 스토리의 플롯을 단순명쾌하게 설명하는 로그라인에 대해서 이해할 수 있었을 것이다. 우리가 대형 서점에 간 김에 요즘 새로 출간된 소설 코너를 둘러본다고 상상해 보자. 어떤 소설에 후크가 될까? 가장 먼저 눈에 들어오는 소설은 제목과 표지디자인일 것이다. 과거와 달리 요즘에는 소설 책 표지에 이런 저런 글들이 많이 쓰여 있다. 띠지가 붙어 있다면 소설에 관한 많은 정보를 표지에서 알려준다. 마케팅적인 글도 있지만, 스토리의 핵심 콘셉트 또는 로그라인을 적어 놓는다. 과거 같으면 '작가가 무슨 장사꾼도 아니고, 표지에 뭘 설명을 그렇게 덕지덕지 써놨느냐?!' 욕까지 먹을 일이지만, 콘텐츠의 홍수 시대에 자신을 돋보이려는 처절한 노력의 일환이다. 관심이 가는 소설을 한 권 집어 들었다. 그리고 일단 읽어본다. 흥미로운 점은 스토리는 첫 쪽부터 읽게 된다는 것이다. 보통 인문학 서적이나 실용서적이라면 목차를 보고 내가 관심 가는 소제목을 찾아서 읽고 살지 말지를 판단한다면, 소설과 같은 스토리 서적은 중간 어느 대목을 먼저 읽을 수가 없다. 항상 처음부터 읽게 되는 것이다. 그렇게 앞의 몇 쪽을 읽고 재미있을지 아닐지를 판단하고 사게 된다. 그 '앞의 몇 쪽'은 24블록을 기준으로 말하면 1~2번 블록, 길게 보면 1~6번 블록의 1막에 해당한다. 길게 잡아 1~6번 블록에 담긴 내용이 무엇일까? 바로 스토리셋업이 담겨 있다.

스토리셋업이란 스토리라는 꽃과 열매를 잉태한 씨앗과 같은 것이다. 스토리에서 한 사람의 주인공은 특별한 사건에 휘말려 온갖 시련과 장애를 겪고 그를 뛰어넘어 자신이 진심으로 바라는 욕망을 실현한다. 주인공은 왜 특별한 사건에 휘말려 들어가는가? 자신의 결핍을 해소하기 위해서이다. 스토리의 플롯을 '결핍과 욕망의 인과구조'라고 정의했던 것처럼, 1~4번 블록에서 주인공의 결핍이 세팅되고 이 결핍을 해소할 사건을 만나게 된다. 그 사건을 통해 자신의 즉자적 결핍을 해소하고 그 이상으로 세상의 대자적 결핍도 해소시키는 것이다. 씨앗이 뿌리를 내리고 줄기를 뻗으며, 이파리를 내놓고 꽃을 피운 후에 열매를 맺는 일과 같다. 24블록을 기준으로 1~4번 블록, 특히 주인공의 평온한 일상 속 가득한 결핍을 세팅하는 2번 블록이 씨앗을 심는 블록으로, 스토리셋업에서 가장 중요한 블록이다.

여기서 사람들은 세 가지를 만나게 되는데, 첫째가 '주인공(캐릭터)이 어떤 결핍을 가지고 있느냐'이고 둘째는 스토리의 메인 장르이며 셋째는 주인공이 앞으로 휘말리게 되는 사건(상황)이다. 이를 세팅하는 게 바로 스토리셋업

Story-Setup이고 한국말로 번역하면 설정設定이다. 흥미로운 점은 스토리셋업이 특정한 규칙을 갖는데, 오늘날 두 개의 스토리셋업이 세상을 이끌고 있다는 점이다. 하나는 전통적인 강자인 미국 할리우드의 시민주의적 가치관에 기초한 스토리셋업(할리우드형 스토리셋업)이고, 다른 하나는 새로운 강자로 부상한 한국의 민중주의적 가치관에 기초한 스토리셋업(한국형 스토리셋업)이다. 각자 고유한 가치관과 규칙에 관해서 살펴보도록 하자.

한국형 스토리셋업

앞의 로그라인에서 예로 들었던 〈괴물〉〈7번방의 선물〉〈변호인〉도 참고하면서, 다른 몇 편의 한국영화가 어떤 스토리셋업을 가지고 있는지 살펴보자.

〈명량〉

소강상태였던 일본과의 전쟁이 재개되었다(정유재란).

조선 수군에게 남아 있는 전선戰船은 고작 12척밖에 없는 상황, 믿었던 수하 장수들마저 싸우지 말자고 이순신을 만류한다.

330척의 전선으로 무장한 일본 수군이 곧 쳐들어온다는 정보가 들어온다.

나라의 앞날과 백성의 안위를 생각하면 싸워서 물리치는 수밖에 없다.

〈극한직업〉

마약범죄가 기승을 부린다. 마약유통의 두목 이무배를 잡기 위해 정보를 얻으려는 고반장의 마약수사팀.

진심을 다해 열심히 뛰고 달리지만, 우왕좌왕 좌충우돌로 소란만 피울 뿐,

호된 질책과 비웃음만 자초한다.

좋은 실적으로 승진의 길을 달리는 조폭수사팀의 최반장으로부터 공조수사의 제안을 받는다.

제대로 된 평가를 받기 위해서는 수단과 방법을 가리지 않고 이무배를 잡는 길밖에 없다.

〈신과 함께 1 - 죄와 벌〉

인간이라면 누구나 죽는다. 정작 죽는다면, 살았을 때 지은 죄를 어떻게 씻을 수 있을까?

소방관 자홍은 화재 진압 중에 목숨을 살리려다가 자신이 죽는다. 어머니에게 지은 죄를 씻을 기회가 사라진 것이다.

지옥에 도착하니 7개의 재판이 기다리고 있다. 강림을 비롯한 차사들은 의인義人이 왔다며 기뻐하지만, 정작 자홍은 모든 게 허망하고 무의미할 뿐이다. 성의 없게 재판에 임하며 스스로 곤란한 지경을 자초한다.

7개의 재판을 통과하면 현몽을 통해 어머니를 만날 수 있다고 한다. 그렇다면……? 어머니를 만날 수 있다는 기대감으로 적극 재판에 임하는 자홍.

〈광해 - 왕이 된 남자〉

왕좌의 권력을 놓고 왕권과 신권간의 대립이 극에 치달아, 광해군은 암살의 위협에 시달리고 있다.

광해군과 쏙 빼닮은 광대 하선은 백성들의 처참한 삶에 분노를 느끼지만, 평민보다 힘없는 천민일 뿐이다.

광해군의 수하 허균으로부터 왕의 대역을 해달라는 제안을 받는다.

언감생심 거절하지만, 허균이 던져주는 거액의 선금을 받고, 뭐 별거 있겠나 싶어 제안을 수락한다.

몇 편의 정리만으로도 한국 영화로 대표되는 한국 스토리의 셋업은 나름대로의 보편적인 규칙을 보여주고 있음을 알 수 있다.

한국형 스토리셋업의 첫 번째 규칙은 안타고니스트~특히 세상을 어지럽히는 악마~의 세팅을 최우선 순위에 둔다는 점이다. 〈신과 함께 1〉은 아니지 않은가? 되물을 수 있지만, 인간이라면 누구나 죽음을 맞이하며 이승에서 지은 죄를 심판받는다는 운명을 안타고니스트로 전제하고 있으니 결국 마찬가지이다. 가난과 결핍으로 인해 어쩔 수 없이 저지른 죄에 대해 저승에서마저 처벌을 받는다면, 그것이 과연 정의이고 선善이라고 할 수 있는지 영화는 묻고 있다. 안타고니스트, 특히 세상을 어지럽히고 사람들을 괴롭히는 악마를 먼저 세팅한다는 것은, 그만큼 사회적이고 대의적인 문제를 스토리의 메인 사건이자 주제로 잡는다는 사실을 뜻한다.

두 번째 규칙으로, 그렇다면 주인공은 어떤가? 평민이거나 평민 이하의 인물을 주인공으로 삼는다. 속되게 표현하면, 능력으로는 보잘것없는 인물들이다. 형사를 주인공으로 삼는 경우에도 특별한 능력을 가진 인물이기보다는, 정의감에 투철한 무대포 열혈 형사인 경우들이다. 〈극한직업〉의 고반장은 "한번 물면 놓지 않는 능력자(?)"이고, 〈베테랑〉의 서도철 형사도 고집과 뚝심으로 똘똘 뭉친 고반장과 다르지 않으며, 〈범죄도시〉의 마석도 형사도 싸움을 잘 한다는 것 빼고는 크게 다르지 않다. 〈명량〉의 이순신도 자연지형을 이용하는 전략전술가로서의 면모를 강조하지만, 그렇게 인상적인 능력을 선보이지는 않는다. 결핍은 한가득인데, 정작 이 시련과 장애를 헤쳐 나갈 수 있는 능력이라고는 고집과 뚝심과 같은 정신력밖에 없다. TV드라마의 스토리에서도 안타고니스트 세팅에 우선순위를 두고 주인공을 평민 또는 그 이하의 인물로 세팅하고 있음을 흔히 보게 된다. TV드라마에서 다른 점이 있다면, 보통 로맨스를 메인 장르로 삼으면서 특히 제2주인공을 결핍 중심으로만 세팅한다는 것이다. 한국에서 흥행에 성공하는 스토리의 주인공은 하나같이 연민의 대상에 불과할 뿐, 대단한 능력을 선보이지 않는다. 문제점이라고 지적하는 것으로 읽혀지지 않기를 바란다. 주인공에 대한 이런 세팅은 관객이나 시청자, 독자로 하여금 계급적 연대감처럼 공감하고 몰입하기 쉽다는 장점을 갖는다.

세 번째 규칙은 정신력의 소유자인 주인공은 재난 또는 재앙과 같은 치명적 사건에 휘말려 이를 헤쳐 나가야 한다는 것이다. 이 사건은 생사를 오가며 목숨을 걸어야 하는 싸움으로 나아간다. 주인공 개인이 온 세상의 결핍과 오롯이 혼자서 마주하며 싸워야 하는 사건이다. 이 사건 또는 상황에서 빠져나오거나 뒤로 물러설 수 있는 선택의 기회는 별로 존재하지 않는다. 그래서 2막에서는 룰루랄라 나이브하게 행동하다가 좌절의 쓴맛을 보고, 전환점을 통해 열리는 3막에서 죽기살기로 치열하게 대결 투쟁에 나서는 양상으로 스토리는 전개된다. 당신이 어떤 한국영화나 TV드라마(시리즈)를 떠올리더라도 이 규칙에서 예외인 스토리를 찾아보기란 많지 않을 것이다.

네 번째 규칙은 결국 이런 스토리셋업을 통해서 역사와 시대적 삶에 대한 사유와 성찰을 나누는, 그래서 민중으로서의 자각을 일깨우는 주제의식을 강하게 드러내고 있다. 이런 뜻에서 나는 한국형 스토리셋업을 '민중주의 가치관에 기초한 스토리셋업'('민중주의 스토리')이라고 정의하고 싶다.

사실 한국의 민중주의 스토리는 자주 오래 소비하기에는 누적되는 피로 감에 시달리고 자칫 계속 보기에 불편해질 수 있다. 실제로 2020년을 전후하면서 새로운 분위기와 콘셉트의 스토리로 변화하는 조짐이 뚜렷하게 보인다. 영화로 보면 2018년의 〈신과 함께 - 죄와 벌〉과 2019년에 성공을 거둔 한국영화 〈엑시트〉가 그런 변화를 상징한다고 생각한다. 특히 〈엑시트〉에서는 재난을 일으킨 안타고니스트가 중요하게 부각되지 않는다. 대기업 연구소에서 해고를 당한 연구원이 그 앙갚음으로 재난을 일으킨 것이기 때문에, 특별한 의미를 부여하지 않는다. 그래서 독가스가 자욱하게 퍼져 있는 상황 자체가 안타고니스트처럼 그려지고 있다. 그 이전에 한국형 스토리셋업에서는 찾아보기 힘든 사례이다. 〈엑시트〉보다 3년 전인 2016년 개봉한 〈터널〉과 무척 대조적이다. 〈터널〉은 한국형 스토리셋업의 전형을 보여주는 영화이다. 터널이 무너져 사람이 갇혀 있는데, 그를 구출할 생각은 없고 정치인과 언론 모두 자신들의 책임회피와 편향적인 보도에만 열심이다. 그들의 무관심을 헤치고 결국 주인공 정수(하정우 역)는 민중적 연대를 통해 살아 돌아온다. 보통은 이런 식의 스토리셋업이었던 패러다임을 〈엑시트〉가 보기 좋게 벗어난 것이다. 이 재난(재앙)이 어디에서 비롯된 것이든, 심지어 안타고니스트가 누구이든 상관없이 오늘날 각자도생의 시대 정신에 충실한 스토리를 선보였고, 관객들은 〈엑시트〉에 열광했다. 한국형 스토리셋업이 주는 피로감의 누적으로부터 조금은 벗어나고 싶은 사람들의 바람은 이렇게 새로운 스토리셋업으로 이동하며 다양성을 추구하는 시대로 접어들고 있다. 과연 〈엑시트〉의 스토리셋업을 어떻게 해석해야 할까? 사실 이 스토리셋업이 전혀 새로운 방법론은 아니다. 세상의 정의와 선을 어지럽히고 파괴하는 악마의 실체를 접어두고 펼쳐나가는 스토리가 바로 '할리우드형 스토리셋업'이기 때문이다.

할리우드형 스토리셋업

세상의 정의와 선을 어지럽히고 파괴하는 악마와의 싸움에 집중하는 스토리를 '민중주의 스토리'라고 하면, 이와 달리 시민주의 가치관에 기초한 스토리셋업을 '할리우드형 스토리셋업'으로 정의할 수 있다. 굳이 '미국형'이라고 쓰지 않는 이유는, 미국이란 나라가 가진 다양성을 존중하기 때문이다. 소위 인디펜던트Independent 문화는 글로벌 상업주의와 문화제국주의에 열심인 메이저 스튜디오 시스템에 종속되지 않겠다는 의지의 표현으로 만들어졌다. 미국에서 1985년 시작된 선댄스영화제가 세계 인디펜던트 영화의 부흥을 이끌고 있다. 오늘날에는 독립영화라는 용어에서 다양성 영화라는 용어로 훨씬 더 확장된 개념으로 발전하고 있다. 그래서 나는 글로벌 상업주의와 미국 중심의 문화제국주의의 산물에 국한하기 위해 '할리우드형 스토리셋업'이라는 개념을 정의하려고 한다. 다른 말로 정의하면 '시민주의 스토리'라고 생각하면 된다. 이렇게 말한다고 해서 '시민주의=문화제국주의=나쁜 것'이라고 오해해서는 안 된다. 왜냐하면 시민주의란 '시민의 적극적인 참여 증가를 위해 정부가 주도적으로 시민의 덕성을 함양해야 한다는 진보주의적 공동체주의'를 지칭하는 개념이기 때문이다. 더구나 상업적인 스토리도 일반 대중의 취향과 가치관에 호소해야 흥행에 성공할 수 있기 때문에, 시민주의가 민중주의와 반대되는 입장이라고는 할 수 없다. 다만, 민중주의가 역사적·사회적 공동체에 주안점을 둔다면, 시민주의는 주체가 되는 시민, 즉 개인에 주안점을 둔다는 차이가 있을 뿐이다. 물론 개인의 도전과 성장 및 성공에 주안점을 두면서, 역사적·시대적 문제점을 모호하게 표현하거나 의도적으로 피해가는 경우가 많다. 예를 들어 전형적인 선과 악의 대결을 그리는 액션영화, 대표적으로 〈본 아이덴티티〉(2002) 〈본 슈프리머시〉(2004) 〈본 얼티메이텀〉(2007) 등으로 이어지는 〈본〉 시리즈나 2023년까지 9편을 제작한 〈미션 임파셔블〉 시리즈에서 안타고니스트는 CIA와 같은 비밀정보조직인데, 이 영화 스토리에서는 하나같이 조직 내부의 일탈적 개인을 특정하고 있다. 이런 점에서는 1981년부터 2019년까지 제작된 〈람보〉 시리즈의 스토리와 본질적으로 달라진 게 없다. 단지 세련되어졌을 뿐이다.

'할리우드형 스토리셋업'의 정점에는 영화보다 '미드'(미국 드라마)에서 독보적인 완성도와 교과서적인 원칙을 볼 수 있다. 그런 점에서 '미드형 스토리셋업'이라고 정의해도 된다. 할리우드 영화 스토리가 가진 전형적이고 표준적인 플롯 및 스토리셋업보다는 오히려 '미드'가 훨씬 세련되고 창의적인 스토리셋업을 보여주고 있는데, 최근 한국에서 새로운 한류의 지평을 열었다고 평가받는 〈오징어게임〉이나 〈D.P〉 〈파친코〉 등 OTT 시리즈들이 '미드'의 스토리셋업과 플롯을 창의적으로 벤치마크한 작품으로 해석할 수 있다. 이들 작품 이전에, 한국에서 '미드'의 스토리셋업과 플롯을 벤치마크하면서 성공한 TV드라마로 〈굿 닥터〉(2013)가 출발점이다. 여기서 예로 든 한국의 TV드라마(시리즈) 스토리들을 가만히 보면, 흥미롭게도 안타고니스트가 뚜렷하게 존재하지 않거나 있어도 악마로서의 존재감을 발휘하지 않는 것을 알 수 있다. 시대적 가치관이 변화한 까닭도 있지만, '미드'로 대표되는 '할리우드 스토리셋업'의 가치관에서 비롯된 현상이 아닐까 조심스럽게 평가한다. '미드'의 교과서적인 규칙을 보여주는 두 편을 골라, 그 스토리셋업을 정리해보면 다음과 같다.

〈그레이 아나토미 시즌 1〉(2005)

2005년 첫 선을 보인 〈그레이 아나토미Grey's Anatomy〉는 2023년 현재 시즌 19를 방영하였고 시즌 20 제작에 착수하면서, 최장수 시즌드라마로서의 명성을 이어가고 있는 의학드라마이다. 시즌 1이 방영되던 시점에서는 의학드라마라기엔 논란이 있었다. 의학을 다루기는 하지만, 스토리의 핵심 콘셉트는 병원에서 펼쳐지는 막장 로맨스로 봐도 무리가 없기 때문이다. 그러나 시즌1에서 보여준 스토리셋업 자체가 워낙 매력적이다. 정리해 보면 다음과 같다.

주인공은 메러디스 그레이다. 훌륭한 의사로서의 품성과 자질을 가지고 있지만, 의과대학을 졸업한 후 취업에 실패하면서 자존감이 많이 떨어져 있다. 드디어 시애틀의 병원에 인턴으로 출근한다. 스토리는 출근 날 아침부터 시작한다. 인턴으로나마 출근한다는 사실에 들뜬 마음으로 어느 바에서 자축 술을 마신 메러디스는 호감형의 잘생긴 남자를 집에 데려와 하룻밤을 즐긴다. 아침 출근에 늦겠다며 서두르는 메러디스에게 전화번호를 묻는 데릭 – 이들은 아직 서로의 이름조차 모른다. – 에게 "우리 그러지 않기로 했잖아요?!"라고 매정하게 거절하는 메러디스. 병원에는 모두 5명의 인턴이 채용되었는데, 수습기간을 거쳐 최종 2명만이 레지던트로 채용된다. 출근 후 병원을 돌며 설명을 마친 수간호사가 5명의 인턴들에게 평가를 담당할 치프 의사를 소개하는데, 이런 세상에! 어젯밤 원 나이트를 함께 한 데릭이다. 시즌 1의 2회(에피소드2)에서 이 사실이 밝혀지면서 메러디스는 취업을 위해서라면 상사와의 잠자리도 불사하는 사람으로 오해를 받는가 하면 데릭의 계속되는 애정공세에 동요한다. 그러나 환자를 대하는 따뜻한 심성과 의사로서의 능력을 드러내고, 경쟁자인 다른 인턴들과의 우정도 쌓으며 성장해 가는 메러디스, 자존감을 회복한 그녀는 드디어 시즌 1의 마지막 회(에피소드 9)에서 데릭의 프로포즈를 받아들인다. 모든 일이 잘 풀리며 행복한 결말을 맺으려는 시즌1의 마지막 장면은…… 데릭과의 밀월여행을 다녀온 메러디스 앞에, 데릭의 아내가 나타난다.

이 정도의 후크라면, 시즌2를 안 보기가 어렵다. 그래서 〈그레이 아나토미〉 시즌2는 시즌1이 종영된 같은 해인 2005년에 방영된다. 두 개의 시즌이 한 해에 방영된 것도 〈그레이 아나토미〉만이 가지고 있는 기록이다.

〈슈츠 시즌 1〉(2011)

미국(뉴욕)에서 잘 나가는 변호사의 상징인 양복을 제목으로 삼은 〈슈츠 Suits〉는 2011년부터 2019년까지 9개의 시즌으로 제작된 법률드라마이다. 워낙 매력적인 콘셉트와 주인공 마이크의 성장스토리 덕분에 대성공을 거두었다. 한국에서도 같은 제목으로 리메이크되었지만, 크게 성공하지 못했다. 미국의 대형 로펌은 기업 간 M&A 문제를 대리하는 업무가 중심이다. 그게 가장 큰돈이 되기 때문이겠다. 그래서 이 드라마에서는 치고받는 법정 재판이 별로 등장하지 않고, 변호사는 창의적이거나 변칙적인 비즈니스맨처럼 활동하는 모습만 등장한다. 그래서인지 변호사를 소송대리인이라고 선입견을 갖고 있는 한국 시청자에게는 굉장히 낯설고 어렵게 느껴지는 드라마였을 수 있다. 나는 창작자들에게 미국 오리지널 〈슈츠〉를 보라고 많이 추천한다. 재미도 재미일뿐더러, 미국 드라마의 교과서 같은 스토리텔링을 배우기에 가장 적합한 드라마라고 생각하기 때문이다. 시청자의 입장에서 보지 말고, 창작자의 눈으로 분석하듯이 보면 '할리우드형 스토리셋업'의 핵심을 배우고 익힐 수 있다. 이것은 드라마 스토리에만 국한된 스토리셋업이 아니라, 영화를 포함해 할리우드 스토리의 보편적인 규칙이다. 꼭 보시라.

주인공은 마이크와 하비다. 메인 주인공인 마이크는 부모님을 교통사고로 잃고 할머니한테 양육받은 무일푼 청년이다. 그는 법조문과 판례를 줄줄 외울 정도의 천재적인 기억력을 가지고 있다. 사실 하버드 로스쿨에 합격통지를 받았지만, 때마침 할머니가 응급실에 실려 가는 바람에 모아두었던 입학금을 병원비에 쓰고 입학을 포기할 수밖에 없었다. 지금은 하버드 로스쿨의 부정입학자의 시험을 대리해주고 받는 보수로 하루하루를 버티는, 그야말로 부질없는 삶을 영위할 뿐이다. 나쁜 친구로부터 마약을 배달해달라는 제안을 받고 거절하지만, 대가가 무시 못 할 금액이다. '딱, 이번 한 번뿐!'이라며 제안을 수락한다.

뉴욕에서 잘 나가는 로펌에서 최고의 대우를 받는 변호사 하비는 까칠한 완벽주의자여서 보조 변호사를 두는 게 오히려 귀찮다며 늘 혼자 일한다. 로펌 대표는 그러지 말라며 반강제적으로 하비만을 위한 변호사 채용 면접을 호텔 컨벤션룸에 마련해 주었다. 그러나 면접에 들어오는 신출내기들이 하나같이 마음에 들지 않아 하는 둥 마는 둥이다.

어느 호텔 방으로 마약배달을 간 마이크는 뭔가 이상한 낌새를 눈치챘다. 형사들이 잠복해 있던 것이다. 형사들에게 쫓겨 도망치던 마이크는 하비의 면접장으로 숨는다. 하비와의 실랑이 중에 탁월한 법률지식을 선보이고 보조 변호사로 채용된다. "나는 변호사 자격증도 없는데요?" "자격증 있는 놈들보다 네가 더 탁월하니까 괜찮아. 네가 자격이 없다는 사실은 나와 너만 아는 거야!" 졸업장과 자격증도 없이 변호사 활동을 하면 어느 나라나 중대 범죄이다. 미국은 더 심하다. 몇 년간 징역을 살아야 한다. 그런데도 이 두 사람은 이렇게 심각한 결정을 너무나 가볍게 했다.

마이크는 변호사 생활에 익숙해지면서 로펌에서 법률보조업무를 맡아 하는 레이첼과 연애도 시작한다. 그러나 점점 조여 오는 주변의 의심으로부터 자유롭지 못하다. 과연 마이크의 운명은 어떻게 될까?

마이크가 변호사 자격증을 갖지 않았다는 비밀은 몇 개 시즌을 계속 이어 간다. 결국 마지막 시즌(시즌 9)에서 자수를 하고 징역을 사는 마이크는 출소 후에 뉴욕 빈민들을 위한 법률상담센터에서 일하는 것으로 드라마는 항해를 마친다.

할리우드형 스토리셋업의 첫 번째 규칙은 주인공의 캐릭터를 매우 정밀하게 세팅한다는 점이다. 주인공의 사상과 성격, 능력이라는 3요소를 정의하는 데 심혈을 기울인다. 메러디스와 마이크는 선한 사상의 소유자이고, 친절하고 사려 깊은 성격과 태도를 가지고 있으며, 자신의 영역에서 최고를 추구해도 될 만한 자질과 능력을 갖춘 인물이다. 특히 우리가 미국 드라마에서 만나는 주인공의 첫인상은 그가 특별한 능력의 소유자라는 사실이다. 이는 드라마에 국한되는 일이 아니다. 할리우드 영화에서도 스토리 창작의 출발점을 주인공의 캐릭터 셋업으로부터 시작한다는 점은 매우 인상적일 정도로 교과서적이다. 24블록을 기준으로 말하면 첫 번째 1번 블록(오프닝이벤트)은 거의 모든 영화나 드라마에서 주인공의 특별한 능력을 보여주는 장면으로 채워진다. 그렇지 않은 경우도 있다? 예를 들면 〈스파이더맨〉의 피터 파커나 〈킹스맨〉의 에그시의 첫 인상은 찌질하기 이를 데 없지 않은가? 맞다. 그런 경우에 주인공은 4번 블록(도입이벤트)에서 특별한 능력을 얻게 된다. 피터 파커는 박물관 거미에게 물려 초능력을 갖게 되고, 에그시는 전설적인 킹스맨의 아들이라는 사실을 알게 되면서 킹스맨의 후보자로 추천을 받는다. 〈아바타 1)의 주인공 제이크도 4번 블록에서 죽은 형과 같은 DNA의 소유자임을 알게 되면서 아바타로서의 제안을 받는다. 주인공의 모든 세팅, 특히 주인공은 특별한 능력의 소유자라는 세팅이 1막에서 이루어진다. 참고로 한국형 스토리에서 주인공의 특별한 능력은 거의 세팅되지 않는다. 그러다보니 주인공이 메인 사건을 해결하는 승부수는 고집과 끈기, 사랑과 투철함과 같은 정신력적인 요소인 경우가 많다.

다음 두 번째로 보여주는 장면은 주인공이 특별한 능력자임에도 불구하고 무척이나 부질없는 삶을 살고 있는 현재적 상황을 보여준다. 할리우드 영화를 예로 들면, 〈다크나이트〉의 배트맨은 영웅으로서의 삶에 회의를 갖고 있으며 사랑하는 레이첼과의 행복한 가정을 꾸리지 못한 현재 상황을 괴로워한다.

세 번째 규칙은 부질없는 삶을 청산할 수 있는 기회와 딜레마가 함께 찾아온다는 점이다. 메러디스는 레지던트로 정식 채용될 수 있는 인턴 수업을 시작한다. 그러나 경쟁자이자 동료인 5명의 인턴이 있고 더구나 최종 합격의 결정권을 가진 인물이 어젯밤 잠자리를 같이한 남자다. 마이크는 하비와의 우연한 만남을 통해 그의 보조 변호사로 채용된다. 물론 마이크는 무자격 변호사라는 사실을 철저히 감춰야 한다.

마지막 네 번째는 미국 드라마에만 있는 규칙이다. 하나의 시즌만 따져도 12~16회, 최소 3개 이상의 시즌을 달리는 드라마 스토리에서는, 긴 호흡에 걸맞게 주인공이 이끌어나가는 메인 플롯(A-Story)와 서브 플롯으로서의 B-Story 및 C-Story에 덧붙여 또 다른 서브 플롯(순서에 맞춰 정의하면 D-Story)을 배치한다. 특히 D-Story는 주인공과 밀접한 관련을 갖지만, B-Story나 C-Story에 비해 조금은 독립적인 스토리라인으로 진행된다. 보통 주인공의 주변에 안타까운 사연을 가진 인물이 있거나 주인공 자신의 비밀스러운 사연을 배치한다. 메러디스에게는 치매에 걸린 엄마가 있고, 마이크에게는 병약한 할머니가 있다. 〈슈츠〉의 또 다른 주인공 하비가 젊은 시절 아버지와 얽힌 어두운 사연이 있는데, 이 하나만 가지고 하나의 시즌을 구성하고 있다. 이를 통해 현재의 하비가 왜 이렇게 삐딱한 성격과 태도를 가지게 되었는지를 설명해 주면서, 한 걸음 더 나아가 하비가 스스로 더 좋은 사람으로 거듭나는 계기를 보여준다.

한국형 스토리셋업 VS 할리우드형 스토리셋업 : 상호작용과 진화

한국의 스토리는 할리우드로부터 태어난 아기와 같다. 오늘날 한국 스토리 산업의 주춧돌이 된 창작자들은 어린 시절 할리우드 스토리와 음악을 보고 들으며 자란 세대이다. 심지어 TV에서 방영하는 드라마들은 할리우드 드라마에 한국인 성우가 더빙한 작품들 일색이었다. 여기에 덧붙여 주한 프랑스 문화원에서 예술영화를 보면서 스스로 융합의 길을 개척한 세대이기도 하다. 또한 치열한 반反독재·반反분단·반反제국주의의 정서가 팽배한 정치사회환경에서 성장한 세대이다. 이런 복잡다단한 환경 탓이었을까? 할리우드가 낳은 키드는 분명한데 묘하게 할리우드와는 다른 정서와 분위기를 연출했다. 그것이 할리우드 스토리의 밑바탕에 깔린 미국식 시민주의 또는 문화제국주의와 대립적인 민중주의 가치관을 가지게 된 것은 아니었을까? 결과적으로 그런 가치관의 차이가 오늘날 글로벌 한류열풍의 밑거름이 되었다고 생각한다. 자본력에서도 한참 뒤처지고 기술적 역량에서도 모자라며 창의인재의 풀pool에서도 얕은 한국이 미국 할리우드와 어깨를 나란히 할 수 있는 원동력이 무엇일까? 많은 사람이 궁금해 하는데, 나는 그것이 한국 스토리가 발 딛고 있는 가치관의 차이가 중요한 원천이자 원동력이라고 답하기 좋아한다. 인류가 부딪히고 있는 역사적·시대적 과제에 용감하게 마주 하고 진정성 있게 제기하며, 인간이라면 당연히 추구해야 할 선善과 정의正義가 무엇인지 추구한다. 이것이 많은 인류가 오락 일변도의 할리우드 스토리와 함께 사유와 성찰을 담은 한국 스토리를 소비하는 이유라고 생각한다. 그렇다면 글로벌 한류열풍은 언제까지 이어질까? 아마도 한참, 10년 20년을 이어갈 것이라고 믿는다.

그러나 앞에서도 지적한 바 있듯이, 발견과 사유와 성찰의 즐거움을 담기 좋아하는 한국 스토리에도 한계와 약점이 있다. 그 어떤 즐거움도 일정한 임계치가 있다는 것 때문이다. 앞에서 나는 영화 〈엑시트〉 〈범죄도시〉 시리즈 등을 예로 들면서, 한국 스토리소비자들의 변화를 눈여겨 볼 수 있다고 말했다. 민중주의적 한국형 스토리셋업에 피로감이 누적된 한국 스토리소비자들이 시민주의적 할리우드형 스토리셋업으로 옮겨가는 양상이 나타나는 것이다. 물론 단순히 누적된 피로감 탓만은 아니다. 한국사회가 전통적인 공동체 가치관에서 시민사회의 개인주의 가치관으로 진화하는 과정에서 나타나는 현상이기도 하다고 생각한다. 사건으로서의 시민혁명을 거친 서양과 달리 신식민지新植民地와 군부독재의 억압과 맞서 싸우며 긴 과정으로서의 시민혁명을 거치고 있는 한국사회의 변화에 따른 결과이다.

흥미로운 점은 미국 할리우드에서는 한국과는 거꾸로 민중주의적 한국형 스토리셋업을 벤치마크하는 현상이 보인다는 것이다. 대표적인 영화가 〈조커〉(2019)이다. 이와 함께 한국영화 〈기생충〉을 비롯해 〈오징어게임〉 등 한국 시리즈물에 대한 뜨거운 반응도 인상적이다. 그만큼 미국사회의 분열과 대립, 공고해지는 계급사회에 대한 위기감이 커지고 있는 현실의 반영이라고 볼 수 있다. 또한 미국시장을 넘어 전 세계 시장을 대상으로 하는 할리우드의 전략적 행보이기도 하다. 한국 스토리와 할리우드 스토리 간에 일어나는 상호작용이 세계 스토리 콘텐츠를 99%의 인류를 위한 진보 또는 진화로 나아가게 될까? 나는 필연적인 추세라고 생각한다.

7

TV드라마(시리즈), 웹소설 등

긴 호흡의 스토리 창작 방법론

"집단창작,
이제 선택이 아니라 필수입니다."

OTT시리즈가 대세로 떠오른 시대,
TV드라마의 미래는?

이 책의 초판이 나왔던 2019년만 해도 OTT라는 용어가 지금처럼 일반적이지 않았다. 4년여의 시간이 흐르면서, OTT 플랫폼의 대약진으로 한국 나아가 세계 콘텐츠산업의 심각한 지각변동이 일어났다. 물론 OTT 플랫폼이 확산된 데에는 코로나19가 촉발시킨 계기가 되었지만, 사실 코로나19만이 아니라 사회환경과 인류의 가치관이 변화하고 있다는 데 근본적인 원인이 있다. OTT는 "Over-The-Top"의 이니셜을 딴 이름이다. 여기서 'Top'은 텔레비전을 외부의 망서비스 사업자와 연결시켜주는 셋톱박스를 가리키는 약칭이다. 우리가 텔레비전TV를 통해 시청하는 콘텐츠를 제작 송출하는 회사는 방송사밖에 없었던 시절이 있었다. 그때에는 공중파(지상파)를 통해서 콘텐츠를 송출했고, 모든 집에는 송출된 콘텐츠를 잡아주는 안테나가 설치되어 있었다. 안테나를 통해 수신하는 공중파 콘텐츠는 바람과 날씨 그리고 지형의 영향을 많이 받아서 품질이 좋지 않았다. 그 약점을 보완하기 위해 케이블 플랫폼이 등장한다. 원래는 산악지형에 거주하는 집에 콘텐츠 서비스를 제공하기 위해 제한적으로 설치했다가, 안정적인 품질을 장점으로 거의 모든 가구로 확대되었다. 2000년도를 전후해서 인터넷 서비스를 제공하는 전용 통신망과 결합되어, 점차 디지털 케이블 플랫폼으로 진화한다. 케이블 플랫폼이 확산되면서 모든 집에는 셋톱박스가 설치되는데, 이 셋톱박스에 인터넷 서비스까지 결합 제공된 것이다. OTT란 단지 셋톱박스와 연결된 TV를 통해서만이 아니라 스마트폰을 통해서도 시청할 수 있게 되었다는 의미에서, "Over-The-Top"이 아니라 "Over-The-TV"라는 뜻이 더 어울릴 것 같다.

맨 처음 온라인 비디오 대여서비스로 시작한 넷플릭스가 설립된 시점이 2007년이었다. 그보다 먼저 2005년에 구글TV가 선을 보였고, 다음 해인 2006년 구글은 유튜브를 인수했다. 애플TV도 2007년 서비스를 시작했다. 이런 점에서 2005~2007년은 세계 콘텐츠시장에서의 혁명이 시작되었던 시기라고 봐도 좋겠다. 그러나 이때까지만 해도 오늘날의 OTT서비스와는 차원이 달랐다. 넷플릭스나 애플TV, 구글TV와 유튜브는 콘텐츠사업자 또는 프로슈머와 소비자를 연결시켜주는 단순 플랫폼 사업자에 불과했기 때문이다. 서서히 달궈지던 콘텐츠 혁명이 화산처럼 폭발하기 시작한 신호탄은, 넷플릭스가 2013년 발표한 〈하우스 오브 카드House of Cards〉라는 정치스릴러 드라마였다. 넷플릭스는 온라인 비디오 대여(스트리밍) 서비스를 이용하는 고객들의 빅데이터를 분석해 최적의 스토리라고 판단했던 원작 소설을 구매해서 직접 제작해 서비스한다. 대박을 쳤다! 넷플릭스는 꾸준히 드라마를 제작하며 사용자를 불러나갔고, 코로나19를 계기로 폭발적인 성장을 기록한다. 전통적인 영화제작스튜디오가 먼저 치명타를 맞으며 세계적인 논란을 불러일으켰다. 상대적으로 느긋한(?) 관망을 하던 굴지의 방송사들은 손쓸 틈도 없이 철퇴를 맞았다. 전통적 강자들은 이제 문을 닫아야 할 상황에까지 이르렀다고 해도 과언이 아니다. 그렇다고 넷플릭스는 여유로울까? 충분히 낙관하기에는 이르다. 넷플릭스가 콘텐츠 제작에 참여하면서 그동안 평온했던 세계 콘텐츠 제작시스템을 온통 뒤흔들어 놓았기 때문이다. 즉, 승자의 저주로부터 자유롭기는 쉽지 않아 보인다. 더구나 패자로 전락한 전통적 강자들이 넋 놓고 주저앉지만은 않을 것이기 때문에, 어디로 향할지 모를 폭풍전야와 같은 시절을 보내고 있는 중이다.

넷플릭스에서 서비스하는 킬러 콘텐츠는 드라마 콘텐츠다. 전통적인 TV드라마의 형식을 취하고 있다. 그러나 미국에서는 애초부터 TV드라마라는 용어가 없었다. 일반적인 용어로 TV Show 또는 TV시리즈(약칭으로는 그냥 '시리즈')라고 부른다. 이제는 TV만이 아니라 스마트폰을 통해서 시청하는 사람들이 늘어났기 때문에, 이 콘텐츠를 TV시리즈라고 부르기에 더 이상 적합하지 않다는 차원에서 OTT시리즈라고 부르고 있다. 용어 하나를 정하는 데서부터 혼란스러운 시절이다.

나는 초판을 쓰면서, 드라마장르와 구별하기 위해서 TV드라마라고 표현했다. 세계에서 가장 큰 시장인 미국에서 사용하는 TV Series를 사용해도 되었지만, 한국에서는 너무 낯선 용어라 절충하는 차원에서 TV드라마라는 용어를 사용한 것이었다. 이제 와서 다시 표현을 정해야 하나? 개정판을 쓰면서 가장 고민했던 대목이다. 결국 'TV드라마' 또는 'TV드라마(시리즈)'라는 용어를 조금 더 사용하기로 결정했다. 넷플릭스를 비롯한 OTT 플랫폼에서 제작 서비스되는 시리즈의 형식이 전통적인 TV드라마(시리즈)의 포맷으로 만들어지고 있기 때문이기도 하고, 아직은 TV드라마라는 용어가 조금 더 익숙한 표현이라고 생각했기 때문이다. 독자 여러분께서는 이 책에서 사용하는 'TV

드라마'라는 용어를 읽을 때 넓은 의미에서 OTT시리즈를 포함하는 뜻으로
이해해 주시기를 바란다.

OTT시리즈가 대세를 이루고 있지만, TV가 없어지지 않는 이상 TV드라마
가 없어지지는 않을 것이다. 방송사가 멸종되지 않은 이상 드라마와 예능보
다 더 큰 수익을 가져다주는 콘텐츠를 찾기란 쉽지 않기 때문에 드라마 제작
을 포기하지는 않을 것이다. 그렇다면 세상은 전통적인 영화사와 방송사 그
리고 다양한 OTT사업자들이 치열하게 경쟁하는 구도로 전개될 수밖에 없지
않을까? 소비자들의 취향 또한 스마트폰이 대세라고 해도 TV나 영화관의 스
크린을 외면하지는 않을 것이기 때문에 더욱 그렇게 예상할 수 있겠다. 그
렇다면 순수한 콘텐츠 제작회사들이 주목받는 시대가 열릴 것 같다. 여기서
'순수한'이라는 수식어를 사용한 이유가 있다. 미국 할리우드의 스튜디오시
스템은 창작-제작-배급유통-컨슈머서비스를 망라한 거대 공룡이 되었다.
한국의 스튜디오시스템도 미국의 선례를 따라갔다. 대표적으로 CJ E&M을
보면 미국 할리우드 스튜디오시스템을 똑같이 모방한 구조다. 문제는 OTT
플랫폼이 약진을 거듭하면서 배급유통과 컨슈머서비스 영역의 시장을 크게
빼앗았다는 사실이다. 창작과 제작 영역은 돈을 투자하는 비용의 영역이고
배급유통과 컨슈머서비스는 투자를 회수하는 수익의 영역인데, 거대공룡의
차원에서는 비용의 영역만 남고 수익의 영역이 크게 잠식당한 상태인 것이
다. 그렇다면 거대 스튜디오시스템은 붕괴되고 분열될 일만 남아 있다. 그래
서 다양한 플랫폼과 채널에 전략적으로 공급함으로써 수익원을 다각화하는
전략적 선택으로 갈 수밖에 없을 것이다. 창작과 제작에 전념하는 순수한 제
작회사들의 몸값이 올라가는 추세가 자연스러워 보인다.

TV드라마,
무엇이 어떻게 다를까?

지금까지 스토리 기획창작을 '플롯의 마술' '후크의 마술' 두 부분으로 나누어 설명하였다. 많은 창작자들이 '짧아도 열 시간 보통은 스무 시간, 때로는 쉰 시간이 넘기도 하는 TV드라마에는 어떻게 적용할 수 있을까?'라는 질문을 던진다. 결론부터 말한다면, 그대로 적용할 수 있다. 원칙적으로 4막 구조의 스토리를 기반으로 하는 콘텐츠라면, 스토리텔링의 원칙과 기본은 똑같이 적용되어야 마땅하고 실제로도 그러하기 때문이다. 다만, TV드라마의 형식이 영화를 비롯한 다른 콘텐츠와는 다른 특성을 가지고 있다는 사실을 감안할 필요가 있다. 보통 10부작이 넘는 데다 50부작이 넘는 TV드라마도 많기 때문에 호흡이 길고, 메인 사건이 펼쳐지는 시공간이나 등장인물의 규모에서 차이가 크다. 그런데 가만히 생각해 보면, 두 시간 내외의 짧은 스토리의 경우에는 설령 설계가 없이도 창작되고 써질 수 있겠지만, 보통 20시간을 넘나드는 TV드라마나 1백 회가 넘는 웹소설의 경우 그 많은 분량의 스토리

를 아무 설계도 없이 즉흥적으로 창작할 수는 없는 일이다. 그런데 깜짝 놀
랄 일은, 영화의 경우 한 편의 시나리오를 쓰기 위해 수십 번에 걸친 수정과
각색을 거치는 반면에, TV드라마나 웹소설 같은 경우에는 별다른 수정도 각
색도 없이 콘텐츠로 제작한다는 사실이다.

'스토리 콘텐츠의 꽃'이라고 하는 영화와 TV드라마가 서로 다른 시장에서
놀던 시대는 지나갔다. 공급자의 시대가 저물고 소비자의 시대가 오면서, 콘
텐츠 시장은 소비자의 필요와 소비 형태/방법에 맞춰 변화해 왔다. 이런 시
대적 변화 속에서 영화와 TV드라마, 소설과 만화, 심지어 공연콘텐츠에 이르
기까지 자기만의 영역을 고집하는 것은 의미가 없는 세상이 되었다. 정작 소
비자 입장에서 보면, 영화냐 TV드라마냐가 무슨 소용이 있으며, 종이책 소
설과 웹소설의 차이를 따질 이유가 무엇이겠는가? 그저 재미있는 스토리, 매
력적인 콘텐츠를 소비하고 싶을 뿐이고, 소비하면 만족할 뿐이다. 한 걸음 더
나아가 국경과 경계의 벽을 넘나들며 굳이 불편을 감수할 이유는 더더욱 없
다. 이런 변화는 결국 공급자의 발상과 전략, 제작형태와 방법까지도 바꾸었
다. 글로벌 차원에서 쏟아지는 다양한 스토리 콘텐츠를 즐기면서 사람들의
눈높이가 높아졌기 때문이다. 결국 스토리텔링의 규칙은 지금까지 영역을
나눠온 경계의 벽을 넘어서 누구에게나 필요한 상황이 되었다.

그러나 영화와 TV드라마의 스토리텔링은 본질적으로 동일하면서도, 현실
적으로는 다른 특성을 갖는다. 연극은 배우의 예술이고, 영화는 감독의 예술
이며, TV드라마는 작가의 예술이라고 한다. 그 때문일까? 감독의 예술인 영
화시장에서 시나리오 작가가 오를 수 있는 지위와 역할, 소득도 한계가 있
다. 그래서 영화감독으로 변신을 하거나, 작가의 예술이라는 TV드라마의 시

장으로 이적하는 현상이 두드러진다. 특히 TV드라마 시장으로 옮기면서 훌륭한 성취를 거둔 영화 시나리오 작가들이 있다. 스토리산업의 초창기에는 많은 소설 작가나 라디오 작가들이 TV드라마 작가로 전향을 했지만, 요즘은 영화 시나리오 작가에서 전향을 한 경우도 많다. 스토리산업이 안정화되면서 콘텐츠의 형식에 따라 경계의 벽이 만들어졌는데, 그 벽을 넘어서 TV드라마 작가로 성공적인 변신을 한 경우는, 〈추노〉(2010) 〈도망자: 플랜 B〉(2010) 〈7급 공무원〉(2013) 〈더 패키지〉(2017) 등의 천성일 작가, 〈위기일발 풍년빌라〉(2010) 〈싸인〉(2010) 〈유령〉(2012) 〈쓰리데이즈〉(2014) 〈시그널〉(2016) 〈킹덤〉(2019~2021) 등의 김은희 작가가 대표적인 예다. 물론 이들 외에도 영화시장에서 성공적인 입지를 구축한 시나리오 작가들이 TV드라마 시장으로 이적을 시도한 이가 적지 않은데, 그 숫자에 비하면 TV드라마 작가로의 변신 성공률은 높지 않은 편이다.

나는 영화시장에서 성공적인 입지를 구축했던 몇몇 시나리오 작가들과 TV드라마 창작을 공동 작업했던 경험을 가지고 있다. 그들이 초창기에 보여준 공통적인 문제점이 있다면, TV드라마의 스토리텔링에 대해 만만하게 생각하는, 그래서 안일하고 때로는 무모한 접근을 했다는 점이다. 아마 영화시장에서 성공한 경험이 주는 자신감 때문일 수도 있겠고, TV드라마에 대한 무시와 우월감 때문일 수도 있겠다. 그러나 가장 화려한 성공담의 주인공인 천성일 작가는 드라마 〈추노〉의 대본을 4년여 동안 수정과 각색을 거듭하면서 TV드라마의 문을 노크한 끝에 화려한 성공담을 쓸 수 있었다. 또 다른 성공담을 쓰고 있는 김은희 작가의 경우에도 장항준 감독과 함께 tvN을 통해 처음으로 TV드라마 〈위기일발 풍년빌라〉(2010)를 선보였을 때 기대에 못 미치는 성적을 기록했다. 영화와 TV드라마는 비슷한 영상 콘텐츠라는 점에도 불구하고 스토리텔링의 방법과 전략에서 매우 다르다는 사실을 짐작할 수 있다.

영화와 TV드라마의 스토리텔링은 무엇이 어떻게 다를까? 두 콘텐츠가 실어 날라지는 매체(플랫폼)가 다르기 때문에 생기는 차이들이다. TV드라마의 매체 특성을 살펴보자.

① TV라는 매체(플랫폼)의 특성은 본질적으로 광고 수익을 원천으로 한다. 따라서 시청자는 사실상 무료로 이용함으로 수익의 크기가 제한되는 매체다. 물론 TV 콘텐츠의 경우에도 해외 판매나 VOD 다운로드 서비스 등 부가수익시장이 커나가는 추세지만, 여전히 일차적인 수익은 광고에 의한다.

② 시청자 입장에서 콘텐츠 소비가 사실상 무료이기 때문에, '린백Lean Back'이란 개념이 있듯, 집중력과 몰입도가 떨어지는 매체다.

③ 어느 집을 가도 거실에는 TV 모니터가 있다. 아무리 시청등급을 설정해 놓았어도 사실상 남녀노소 누구나 접근 가능한 매체다.

④ 전파가 공공자산이라는 점에서 공익성 또는 공공성을 염두에 두지 않을 수 없는 매체다.

위성과 케이블TV, IPTV 나아가 모바일(스마트폰)에 이르기까지 사용 매체가 다양해지면서 TV의 특성이 많이 희석되기는 했지만, 모든 가정의 거실에서 텔레비전이 사라지지 않는 이상 매체의 본질 자체가 사라질 수는 없다. 콘텐츠 제공자나 시청자 입장에서는 당연히, 콘텐츠에 대한 집중력이 떨어지고 복잡하고 어려운 문제나 윤리적·도덕적으로 민감하거나 자극적인 이슈를 선호하지 않기 마련이다. 이에 따라 TV드라마의 스토리텔링은 상대적으로 건전하고 보편적이며 쉽고 유머가 있는 이슈와 흥미를 다룰 수밖에 없다.

TV드라마의 가장 중요한 특징은 매우 긴 호흡의 스토리라는 것과 회를 이어가며 연속되는 스토리라는 것이다. 물론 TV드라마에도 단막극이나 TV영화같이 짧은 분량의 콘텐츠도 존재하고, 시트콤이나 수사물 같은 에피소드 드라마도 있지만, TV드라마라고 하면 자연스럽게 연속극을 떠올린다. 2000년도 이전만 해도 에피소딕 시리즈만을 제작해 왔던 미국 TV드라마도 이런 보편적인 추세를 거스를 수 없었기 때문에, 2000년 이후 미니시리즈 형식의 연속극을 제작하는 데 집중하고 있다. 특히 한국의 TV드라마는 글로벌 스탠다드를 따르지 않고 독자적인 형식으로 만들기 때문에 더더욱 스토리 창작의 어려움을 겪는다. 세계 어느 나라에서나 보편화된 회당 42분의 러닝타임을 따르지 않고, 광고수익 때문에 60분 이상을 고집하고 있는 한국 TV드라마(미니시리즈)의 경우에는 창작의 복잡성이 상상하기 힘든 어려움으로 작용한다. 한국 TV드라마의 경우에 C-Story(관계인물 플롯)의 비중이 매우 높은 이유가 여기에서 비롯된다.

영화의 스토리는 메인플롯과 서브플롯을 기본으로 삼아 전개된다. 멀티플롯의 플롯구조다. 최근의 복잡해진 시대현실에서 시청자의 사고방식과 현실 경험으로 인해 스토리의 양념과도 같은 관계인물 플롯의 비중이 높아지면서 점점 더 복잡해지고는 있지만, 여전히 영화스토리는 120분이라는 러닝타임의 제약으로 인해 멀티플롯의 플롯구조를 취하고 있다. 이에 비해서 TV드라마의 스토리는 멀티플롯 이상의 플롯구조를 취하고 있다. 그래서 미국에서는 TV드라마의 플롯구조를 멀티플롯이라고 정의하지 않고, '포맷Format'이라고 정의한다. 매회 42분 내외의 스토리를 빠르게 제작해야 하는 속성상 특정한 양식을 정해 그에 맞춰 회별 스토리를 전개해 나가는데, 매회 완결된 에피소드를 기준으로 주인공의 메인플롯과 서브플롯·관계인물 플롯의 스토리를 적절한 비율로 구성하는 것을 뜻한다.

미국 TV드라마
VS 한국 TV드라마

세계적으로 가장 보편화되고 가장 선진적인 TV드라마의 형식을 구현한 것
이 미국 TV드라마다.

미국 TV드라마 구분	정의	예시
단막 시리즈	특정 주제나 장르로 묶인 단막극 드라마 (TV영화는 단막극 시리즈의 진화된 형식이다)	히치콕 감독의 미스터리극장
에피소딕 시리즈	캐릭터의 성장과 진화 없이, 매회 다른 사건(문제)을 해결하는 드라마(매회 완결적 스토리)	2000년도 이전의 미국 TV드라마 2000년도 이후 〈CSI〉 〈섹스 앤 더 시티〉
미니시리즈	한 시즌(보통 12~16부작)을 통해 캐릭터의 성장과 진화를 다루는 드라마(스토리는 한 시즌 관통)	2000년도 이후 미드 열풍 주도 〈프리즌 브레이크〉 등 다수

스토리의 연속성 여부를 기준으로 미국 TV드라마를 분류하면, '단막 시리즈', 시트콤이나 회별 완결적인 스토리로 제작되는 '에피소딕 시리즈' 그리고
시리즈 전체로 스토리를 완결시키는 '미니시리즈'로 나뉜다. 이와는 다른 차

원에서 TV영화가 있다. 보통 영국 드라마로 알고 있는 〈셜록〉(2010~)이 그 대표적인 경우인데, 때때로 TV영화는 시즌제 미니시리즈의 '파일럿' 차원에서 만들어지기도 한다.

미국 TV드라마의 가장 보편적이고 대중적인 형식은 에피소딕 시리즈다. 2000년 이전의 미국 TV드라마는 에피소딕 시리즈 일색이었다. 한국에서 '두 얼굴의 사나이'란 제목으로 방영된 〈인크레더블 헐크The Incredible Hulk〉 (1978~1982)를 비롯해서, 무려 35년간 제작 방영한 최장수 미드 〈형사 콜롬보〉(1968~2003)와 〈고속도로 순찰대〉(1977~1983), 〈맥가이버〉(1985~1992)에 이르기까지 주인공 캐릭터의 성장과 진화 없이 매회 다른 사건을 해결하는, 완결된 스토리로 전개해 나가는 TV드라마의 형식이다. 에피소딕 시리즈는 미국 TV드라마의 전통적인 형식이면서 오늘날에도 가장 많이 제작되는 형식이다. 〈CSI〉 시리즈와 그 스핀오프 시리즈 또는 유사 시리즈나 〈섹스 앤 더 시티〉 〈위기의 주부들〉 〈멘탈리스트〉 등이 에피소딕 시리즈로 분류된다. 쉽게 말하면, 시작부터 끝까지 회차의 순서가 있지만, 굳이 순서대로 보지 않고 아무 회나 보더라도 상관없이 재미있게 볼 수 있는 형식이다.

그러면 '미니시리즈'라는 명칭은 어떻게 만들어진 것일까? 2000년 이후 본격적으로 제작·방영되기 시작한 미니시리즈는 몇 년씩 장기 방영되던 에피소딕 시리즈에 비해 작고 짧은 분량으로, 그 이름 또한 그 분량에서 비롯되었다. 그러나 내용적으로는 TV드라마의 전통적인 형식인 에피소딕 시리즈와 완결성 있는 스토리로 구성된 영화의 콜라보레이션이라고 할 수 있다. 전 세계적으로 미드 열풍을 불러 일으켰던 미니시리즈의 사실상의 원조라고 할 수 있는 〈밴드 오브 브라더스〉의 제작자가 스티븐 스필버그 감독과 배우 톰 행크스라는 사실만 보더라도 알 수 있다. 또한 미국 미니시리즈의 가장 대표적인 창작자가 에이브람스 감독이라는 사실은, 할리우드 영화의 고급 인력과 그 에너지가 TV드라마 시장으로 유입되었음을 반증한다. 미국 TV드라마, 특히 미니시리즈를 보면서 '영화 같다'는 느낌을 갖는 이유는, 무엇보다도 영화의 에너지로 넘쳐나는 영상미학이 매우 크게 작용했기 때문이다. 물론 그 저변에는 엄청난 물량 투입이 있다. 미국 TV드라마의 평균 회당 제작비는 3백만~4백만 달러로 알려져 있다. 그러나 미니시리즈의 경우에는 회당 6백만 달러가 넘는 제작비가 투입된다. 〈왕좌의 게임〉을 예로 들면, 2016년에 방영된 시즌 6의 경우에 회당 1천만 달러가 넘는 제작비가 투입되었다고 하니, 한 회 제작비가 한국 블록버스터 영화 한 편 제작비와 맞먹는 수준이다.

역설적으로 미니시리즈가 '영화 같다'는 느낌을 주면서도 기존의 미국 시청자들에게 낯설지 않고 지루하지 않게 받아들여지는 이유는, 전통적인 에피소딕 시리즈와 유사한 형식(에피소드 형식)을 취하고 있기 때문이다. 그렇다면 한국을 비롯한 미국 외의 시청자들은 왜 미국 TV드라마(미니시리즈)에 열광할까? 마치 매회 한 편의 영화를 보는 듯한 독특한 소재와 엄청난 스케일, 속도감과 스릴감 넘치는 스토리 전개가 가장 큰 몫을 하지 않았을까? 한없이 늘어지는 전통적인 자국의 연속극에 식상해 있던 차에, 매회 하나의 사건(메인이벤트)을 해결해 나가는 회별 완결적 구조의 신선함 때문이라 할 수 있다.

에피소딕 시리즈와 미니시리즈의 스토리텔링은 어떻게 다른가? 가장 큰 차이는 주인공 캐릭터의 성장과 진화가 있느냐 없느냐에 달려 있다. 고정된 캐릭터셋업에 기초해서 매회 다른 미션을 해결해 나가는 에픽소딕 시리즈와 달리, 미니시리즈의 플롯구조는 매회 다른 미션을 해결해 나가면서 주인공 캐릭터와 인물관계가 성장하고 진화한다. 다음 쪽의 그림을 보면 이해하기 쉬울 것이다.

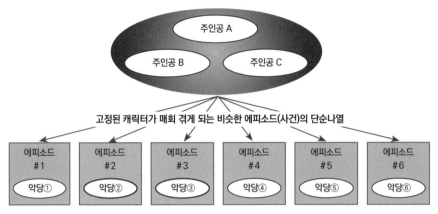

고정된 캐릭터가 매회 겪게 되는 비슷한 에피소드(사건)의 단순나열

2000년대 이전 미국 드라마의 스토리구조: 에피소딕 드라마(시리즈)

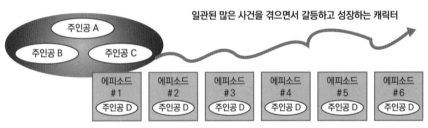

일관된 많은 사건을 겪으면서 갈등하고 성장하는 캐릭터

2000년대 이후 미국 드라마의 스토리구조: 시리얼 드라마(시리즈)

　　그렇다면 미국의 미니시리즈가 한국의 프라임 타임 TV드라마와 다른 점은 무엇일까? 일단 출발점부터 차이가 있다. 한국의 TV드라마는 선명한 장르를 가지고 있지 않다. 따라서 플롯구조가 무의미할 정도로 불분명하다. 이런 현상은 창작자의 문제가 아니라, 오히려 러닝타임 60분(70~80분물 형식)을 고집하면서 메인플롯과 서브플롯의 상관관계로 스토리를 풀어 나가기에는 한계가 있기 때문에, 관계인물 플롯을 확대 강화하면서 초래되는 문제다. 그점을 떠나서 생각할 때 미국의 미니시리즈가 모든 플롯을 용해시켜 에피소

드로 표현하는 전략을 취하고 있다면, 한국의 TV드라마는 인물과 인물의 관계에서 발생하는 이슈들을 중심으로 풀어 나간다는 점에서 에피소드플롯이 없거나 회별로 선명하지 못하다는 데 결정적인 차이점이 있다.

복잡계시대에 사는 사람들의 입장에서는 스토리가 심플하면서도 속도감이 있는 미국 TV드라마의 스토리텔링 쪽으로 점차 기울어질 수밖에 없다. 따라서 '후크와 플롯의 마술'을 TV드라마의 스토리텔링에 적용한다고 할 때, 한국의 전통적인 TV드라마를 대상으로 하는 작업은 사실상 의미를 갖기 힘들다. 왜냐하면 변화와 혁신이 불가피하기 때문이다. 현재 지상파를 중심으로 나타나는 TV드라마 시청률의 추락현상은 다매체·다채널 환경 때문에 생기는 문제이기도 하지만, 전통적인 TV드라마의 스토리텔링에 근본적인 혁신을 요구하는 것이기도 하다.

미국 TV드라마(미니시리즈),
재미있게 보는 방법

미국 TV드라마의 스토리는 매회마다 에피소드를 전면에 내세우는 까닭에, 시청자로 하여금 지루함을 느낄 틈 없이 스토리를 따라갈 수 있게 해준다. 에피소드는 기승전결의 구조로 구성되는 완결성을 갖춘 사건이자 이벤트를 뜻한다. 특히 미니시리즈의 경우, 주인공의 메인플롯(주제플롯)에 대응하는 메인 에피소드와 주변인물과 로맨스 등 양념적인 서브플롯에 대응하는 서브 에피소드로 구성된다.

　매회의 에피소드 하나하나는 그 회에 구현해야 할 (주제)플롯의 과제를 충실히 반영하고 있다. 예를 들어 미니시리즈의 제1회 또는 제2회까지의 내용은 4막-24블록의 플롯구조에서 제1막, 즉 처음 여섯 개 블록(오프닝이벤트-주인공의 소개①-주인공의 소개②-도입이벤트-이벤트의 후유증-후유증의 일시적 해소)을 담고 있다. 이 내용을 하나의 메인 에피소드로 구성한다.

　하나의 시즌은 어떻게 구성될까? 최근에는 시즌별 16부작으로 제작하는 경우가 많지만, 시즌제의 본질을 고려할 때 12부작을 하나의 시즌으로 가정한다면, 보통 전체 12회 중 첫 번째 1회 또는 1~2회가 4막 구조의 제1막을 담는다. "서론은 짧게!"라는 격언에 충실한 구성이다. 2회부터 5회까지가 제2막의 즉자적 욕망을 구성하고, 6회가 전환점, 이후 10회까지가 제3막의 대자적 욕망을, 11~12회가 제4막의 결사항전과 대단원의 내용으로 구성한다. 이렇게 미국 TV드라마의 구성을 보면, 한 시즌의 스토리마다 4막－24블록의 정의를 연속되는 회별로 충실히 구현하고 있음을 알 수 있다. 다시 말해서, '기승전결'의 완결성을 갖는 모든 스토리는, 그것이 소설이든 영화든 TV드라마든 웹콘텐츠든 4막－24블록의 규칙에 기초해 분석할 수 있고, 창작할 수 있다고 생각하면 된다.

　미국 TV드라마(미니시리즈)를 재미있게 보는 첫 번째 방법은, 매 시즌의 첫 회를 어떻게 설정하느냐에 주목해서 보는 것이다. 즉, 앞에서 강조했던 '캐릭터를 앞세운 스토리셋업'에 관해 살펴보고, 이런 스토리셋업이 어떤 주제의식(주제)을 가지고 4막 구조를 어떻게 구성해 풀어나갈 것인가를 예상해 보고 관찰해 보는 일이다. 〈워킹데드〉의 시즌 1 에피소드 1(1회)을 보자.

　"세상 사람들이 좀비로 변해버린 상황에서 오랜 혼수상태에서 깨어난 주인공이 가족을 찾으러 떠난다. 다행히 가족이 살아 있음을 확인하지만, 정작 아내는 주인공의 친구와 새로운 '관계'를 시작하고 있다."

　〈워킹데드〉의 설정은, 전쟁의 사지死地에서 살아 돌아왔더니 둘도 없던 친구가 아내의 애인이 되어 있다는 〈홈랜드〉의 설정과 다르지 않다. 온갖 비난과 고뇌 끝에 치프 의사와의 사랑을 시작한 주인공에게 찾아온 치프 의사의 아내, 주인공 메러디스가 사랑한 치프 의사가 유부남이었다는 설정의 〈그레이 아나토미〉도 본질적으로 다르지 않다. 한국 TV드라마의 막장을 욕하지만, 미국 TV드라마에서도 이런 막장 설정은 시청자를 현혹시키는 데 적극적으로 활용된다. 세상을 구할 소명을 부여받은 주인공에게 결코 사소할 수 없는 개인적 고뇌를 던져줌으로써, 딜레마의 상황을 더욱 부각시키는 유용한 설정이라 할 수 있다. 핵심은 막장에 있는 것이 아니라, 주인공이 빠진 딜레마의 늪을 풀기 어려운 문제로 설정하는 데 있다.

미국 TV드라마를 재미있게 보는 두 번째 방법은, 스토리 창작의 테크닉과 관련해서 에피소드플롯과 주제플롯이라는 두 개의 축을 중심으로 살펴보는 것이다. 매회 에피소드가 어떤 의미를 담고 있는지 해석해 보면, '4막-24블록'의 플롯구조를 어떻게 구현하고 있는지 흥미롭게 유추해 볼 수 있을 것이다.

세 번째 방법은, 스토리구성의 에디팅Editing에 주목해 보는 것이다. 알다시피 한국의 지상파 TV드라마를 제외하고, 세계 어느 나라든지 TV드라마는 매회 42분 내외의 러닝타임으로 구성된다. 보통 42분 러닝타임인 미드에서 메인 에피소드는 네 개의 단락(기-승-전-결)으로 전개되는데, 각 단락은 42분의 러닝타임을 1/4로 나누어, 즉 10~15분씩 구성된다. 미국에서는 지상파라고 해도 중간광고를 허용하기에, 이 시간 배분은 비교적 엄격하게 지켜지고 있다.

미국 TV드라마의 경쟁시스템

나는 오늘날 스토리 콘텐츠의 세계 최고봉은 미국 TV드라마라고 생각한다. '제2의 미드 열풍' '미드 르네상스'라고 해도 과언이 아닐 만큼 왕성한 제작과, 세계시장 점유율로 본다면 단연 미국 TV드라마를 꼽지 않을 수 없다. 그래도 서운해할 일은 아니다. 세계에서 두 번째로 높은 봉우리는 한국영화고, 세 번째가 한국 TV드라마며, 네 번째가 할리우드 영화라고 생각한다. 그렇다면 한 편의 미국 TV드라마는 어떻게 탄생하고 성장할까? 미국의 TV드라마를 온전히 이해하기 위해서는 그들만의 치열한 경쟁 시스템을 이해하지 않으면 안 된다.

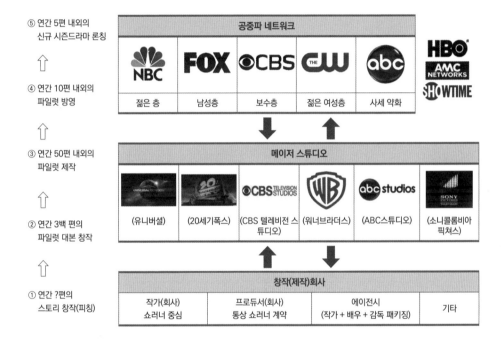

미국에서 TV드라마를 방영하는 채널은 몇 개나 될까? 미국의 시장 규모가 한국의 스무 배 정도 되는 것을 감안하면, 한국 채널에 비해 최소 다섯 배 이상은 될 것 같지만, 실상 한국과 비슷한 규모다. 다섯 개의 공중파 네트워크를 비롯해, HBO와 ShowTime 등의 케이블 채널 등 한국과 비슷한 수의 채널들이 한국의 스무 배 규모의 시장을 만들어내고 있는 것이다. 무엇이 미국 TV드라마의 경쟁력이 되고 있는가? 그들 고유의 '파일럿 제작'과 그를 가능하게 만드는 '스튜디오시스템'이 아닐까?

미국 TV드라마의 시장진입 경로를 살펴보면, 256쪽 그림에서 보듯, 크게 다섯 단계를 거친다. 엄청난 투자를 통해 만들어진 파일럿이 1년에 약 50편이라고 볼 때, 최종적으로 TV 전파를 타는 파일럿은 다섯 편 남짓에 불과하다. 그러면 나머지 약 45편의 파일럿은 어떻게 되나? 그냥 쓰레기통에 버려진다.

2010년 소니콜롬비아픽처스의 부사장을 만난 적이 있다. 그에 따르면 미국에서 매년 만들어지는 파일럿의 편수는 50편에 이른다고 한다. 미국 TV드라마의 평균 회당 제작비는 2010년 기준으로 약 3백~4백만 달러였는데, 일단 시장조사 차원에서 만들어지는 파일럿의 제작예산이 평균 제작비의 두세 배라고 보면, 편당 한 회만 제작한다고 치더라도 '50편×약 1천만 달러=5억 달러'다. 우리 돈으로 환산하면 5천억 원이 넘는다. 2010년에 한국 공중파와 케이블 채널에서 방영된 모든 TV드라마의 제작비를 산출해 본 적이 있는데, 8천억 원 정도였다. 그렇게 본다면, 한국에서 공중파 세 개 채널과 케이블 두세 개 채널에서 방영되는 아침드라마·일일드라마·미니시리즈·주말드라마 등 모든 TV드라마를 만들 수 있는 제작비의 절반 이상을 파일럿을 만드는 데 투자한 셈이다. 더구나 그 돈의 90퍼센트, 즉 4천억 원 이상을 쓰레기통에 버리고 시작하다니! 그러고도 세계 1등 콘텐츠를 만들지 못한다면, 그들은 자본주의자가 아닐 것이다.

한국 TV드라마의 경우는 어떨까? 미국의 시스템, 편의상 5단계 시스템이라고 정의하면, 그에 비해서 한국의 경우에는 1단계에서 바로 5단계로 뛴다. 단순비교를 통해서 보면, 한국의 TV드라마가 얼마나 어리숙하게 만들어지는지 한숨이 나올 지경이다. 그러나 외부로 드러나는 시스템의 차이만으로 비교하기는 어렵다. 미국의 5단계 시스템이 운영되기 위해서는, 그에 상응해 엄청난 자본을 필요로 하기 때문이다. 창작을 위한 창작자 집필계약부터 파일럿 제작에 이르기까지 엄청난 자본을 감당하는 역할은 순전히 메이저 스튜디오의 몫이다. 메이저 스튜디오의 존재를 생각하지 않고서는 미국 TV드라마의 5단계 시스템은 유지될 수 없고, 나아가 글로벌 경쟁력은 만들어지지 못한다. 이것을 통칭해 '스튜디오시스템'이라고 한다.

TV드라마의 스토리 창작 방법론:
'미드' 형 TV드라마

이제부터는 한국 TV드라마의 스토리 창작에 집중해 보자. 앞에서 미국 TV 드라마 미니시리즈는 'TV드라마의 전통적인 형식인 에피소딕 시리즈와 완결성이 있는 스토리로 구성된 영화의 콜라보레이션'이라고 했다. 이것은 미니시리즈의 시즌 전체 스토리가 영화의 내러티브를 따르고 있으면서도, 회별 주인공의 미션 해결(에피소드)이 스토리텔링의 주안점이 된다는 사실에서 확인할 수 있다. 여기에서 '미드' 형 TV드라마를 어떻게 창작할 것인지 유용한 지침을 확인할 수 있다. 우선 스토리의 메인플롯은 4막-24블록의 플롯구조에 기초해 구축하면 된다. 물론 이것만으로는 당연히 부족하다. 회를 이어 연속하는 TV드라마의 스토리를 창작하기 위해서는 메인플롯만큼이나 서브플롯을 중요하게 결합시켜야 한다. 더구나 '미드' 형 TV드라마에서 현실적으로 중요한 과제는, 매회마다 주인공의 미션 해결(에피소드)를 세팅함으로써 회별 재미를 극대화시켜야 한다는 점이다.

한 걸음 더 들어가보겠다. 영화나 소설 등과는 달리, TV드라마의 스토리텔링에서 핵심적인 특징은 풍부하고 다양한 에피소드로 말한다는 것이다. 일반적으로 20~40분 분량의 완결성을 갖고 있는 사건을 뜻하기 때문에, 미국 TV드라마에서는 우리의 회回 개념을 '에피소드'라고 정의한다. 즉, 미국 TV드라마는 매회 주인공의 메인플롯을 드러내는 '메인 에피소드'와, 로맨스 파트너 또는 조력자들의 서브플롯을 드러내는 '서브 에피소드'로 구성된다. 이 중에서 특히 '메인 에피소드'는 주인공의 메인플롯을 드러낸다는 점에 대해서 좀 더 자세한 설명이 필요하다.

한국에는 전통적인 TV드라마의 스토리텔링은 일일 연속극이나 주말 연속극에서나 볼 수 있는 상황에 이르렀다. 이제는 TV에서 방영되는 드라마이든 OTT에서 서비스되는 드라마이든, 미국 TV드라마를 닮은 새로운 형식의 스토리텔링이 대세를 이루고 있다. 〈굿 닥터〉(2013)와 〈열혈사제〉(2019), 〈빈센조〉(2021)를 쓴 박재범 작가는 '미드'형 TV드라마를 개척한 선구자로 기록될 만한 작가이다. 나는 KBS에서 방영된 〈굿 닥터〉를 보면서 한국에도 미드형식의 드라마를 쓰는 작가가 있다는 사실에 너무 놀라웠고, 〈열혈사제〉나 〈빈센조〉에서 미드의 형식에 한국의 민중주의 가치관을 담으며 진화했다는 사실에 감탄을 금치 못했다. 본인이 어떻게 생각하든 미드의 전형적인 스토리 셋업을 가장 매력적으로 활용하고 있는 작가이다. 그러나 이제는 누구든지 그렇게 스토리를 창작하고 있다. 전통적인 한국 드라마의 스토리텔링은 더 이상 설 자리가 없는 것 같다. 〈D.P〉 〈오징어게임〉 〈경이로운 소문〉 〈모범택시〉 〈더 글로리〉 등 화제를 불러일으키는 드라마는 새로운 패러다임의 문을 열어젖히고 있다. '미드'의 형식과 한국의 민중주의 스토리가 결합하면서 더 높은 차원에서 진화하고 있다.

전통적인 TV드라마와 '미드' 형 TV드라마의 형식이 다르기 때문에, 그를 창작하는 발상과 방법론에서도 차이가 있을 수밖에 없다. '미드' 형 TV드라마를 창작할 때에는 원칙적으로 실제 미국 TV드라마의 창작 방법(집단창작시스템)을 따르는 것이 옳다고 생각한다. 실제로 〈별순검〉 시리즈를 비롯해 몇몇 작품은 실제 미국 TV드라마의 창작 방법과 별반 다르지 않게 작업한 것으로 알고 있다. '미드' 형 TV드라마에 필요한 창작시스템일 뿐만 아니라, 현대같이 복잡한 세상에서 다양한 개성과 요구로 콘텐츠를 호흡하는 시청자의 정서와 요구를 종합적으로 이해하기 위해서도 집단창작시스템이 현명한 답이 될 수 있다.

미국 TV드라마의 집단창작시스템

미국 TV드라마를 이야기하면서 가장 중요하게 다루고 싶은 주제는 '스토리 창작에서의 집단창작 또는 집단지성의 힘을 어떻게 활용할 것인가?'에 관한 문제다. 위키피디아의 설명에 따르면, '집단지성'이론은 1910년대 하버드 대학 교수이자 곤충학자인 윌리엄 모턴 휠러William Morton Wheeler가 개미의 사회적 행동을 관찰하면서 처음 제시했다. 그 이후 피터 러셀Peter Russell에 의해 사회학적 정의가 이뤄졌는데 특히 프랑스 철학자, 피에르 레비Pierre Levy는 사이버 공간에서의 집단지성 개념을 정리했다. 인터넷이라는 네트워크 속에서 서로 알지도 못하는 사람들끼리 존중을 바탕으로 만들어지고 유지되는 '만남'에 대해, 피에르 레비는 오늘날 새로운 '지식의 나무'라고 정의하면서, 『집단지성: 사이버 공간의 인류학을 위하여』란 책에서 집단지성에 대해 "그것은 어디에나 분포하며, 지속적으로 가치가 부여되고, 실시간으로 조정되며, 역량의 실제적 동원에 이르는 지성"이라고 정의한다.

미국 TV드라마의 집단창작시스템을 보면, '집단지성'의 정의에 부합하는 효과가 어느 수준까지 활용될 수 있고 증폭되는지 알 수 있다. 예를 들어 한 시즌에 열두 개 에피소드, 즉 12부작의 TV드라마라면 원칙적으로 열두 명의 작가가 투입된다. 실제로는 여덟 명 정도의 작가가 투입된다. 매회 민감하게 갈등하고 변화하며 고뇌하고 성장하는 인물을 다른 작가가 이어 달리기를 하듯 쓴다. 어떻게 이것이 가능할까?

회별 메인집필 작가들은 '작가룸'에서 늘 서로의 생각을 공유하고 진화시키며 통합한다. '작가룸'은 '집단지성'의 산실이자 가장 중요한 마당이다. 쇼러너는 스토리의 원안자이기도 한 까닭에 스토리 창작의 헤게모니를 쥐고 창작의 목표와 방향을 이끌어 나가는 선장과 같다. 쇼러너는 작가들을 구성하고 작가들에 대한 지원과 관리, 지휘에 주안점을 두지만, 자신이 직접 중요한 회(에피소드)를 집필하기도 한다. 미국작가조합의 규정에 따르면, 메인 집필작가의 보수는 회(에피소드)당 2만 5천 달러 이상이다. 쇼러너는 대표작가이면서 동시에 제작자Executive Producer이기도 한 까닭에 작가조합의 규정이 존재하진 않지만, 회당 4만 달러 내외가 지급된다. 물론 제작자로서의 수익지분은 별도로 제공된다. 더불어 쇼러너는 회별 메인 집필작가를 비롯한 작가진을 구성하고, 나아가 해고할 수 있는 권한도 가지고 있다.

2011년에 한국콘텐츠진흥원의 초청을 받아 한국을 찾은 모니카 메이서[1]라

---

1   모니카 메이서Monica Macer 1993년 대학을 졸업하고 연극무대에서 활동하다, 20세기폭스 사의 작가양성프로그램에 들어가, 〈24〉 시즌 1과 시즌 2의 어시스턴트 프로듀서로, 〈로스트〉 시즌 1의 보조작가로 활약한 후에 〈프리즌 브레이크〉의 스토리 에디터이자 작가로 활동하며 이름을 알리기 시작했다. 현재까지 작가이

는 작가를 만난 적이 있다. 그때 나는 "집단창작시스템에서는 작가와 작가, 심지어 쇼러너와 작가 간에 스토리에 관한 의견이 다를 경우도 있을 텐데, 그럴 경우 어떻게 조율을 하는가?"라고 질문했는데, 모니카 메이서의 답변은 매우 단순명쾌했다. "쇼러너가 작가를 해고한다!" 그냥 해고를 한다니! 그러면 작가 입장에서는 무척 가슴 아픈 상황일 텐데, 참 어려운 상황이겠다고 위로를 해주었다. 모니카 메이서의 반응은 놀라웠다. "어차피 모두의 목표는 작품의 완성에 있고 성공에 있다. 그에 관한 공동의 이해와 인식이 있기 때문에, 설령 개인적으로 안 좋은 상황이라고 해도 수긍해야 한다고 생각한다." 아! 이들의 가치관과 사고방식, 갈등해결의 관점과 태도가 우리의 정서와는 너무나 다르구나!

이처럼 쇼러너에게 막강한 권한이 주어지기 때문에 집단창작시스템이 운영될 수 있다고 보는 사람도 있지만, 그 이상으로 '작가룸'의 운영에서부터 효과적인 보상시스템에 이르기까지 미국 TV드라마의 집단창작시스템은 '집단지성'의 이론을 거의 완벽하게 구현한 환경과 조건·시스템을 구축하고 있다. 그 성과가 2000년 이후 20여 년 가까이 전 세계에 새로운 미드 열풍, 미국 드라마의 르네상스를 열어 젖힌 원동력이 되었다.

집단창작에서의 저작권 이슈

한국에서는 '형제 간에도 동업은 하지 마라'는 말이 있을 만큼, 함께하는 작

자 프로듀서, 스토리 에디터로 왕성한 활동을 하고 있다. 모니카 메이서의 아버지는 주한미군이었고, 어머니가 한국인이어서 한국과 매우 인연이 깊다.

업에 대해 지레 꺼리고 부정적으로 생각하는 경향이 강하다. 더욱이 문화예술 창작의 영역에서는 전통적인 1인 창작의 고정관념이 공동창작(집단창작)을 더욱 어렵게 만든다. 여기에 창작자 개개인의 지적재산권과 그에 관한 지분문제까지 끼어들면 문제는 더 복잡해진다. 그러나 시대의 흐름은 한 명의 창작자가 복잡해진 세상을 이해하기 어려워지고 있음을 말해 주고 있다. 물론 뛰어난 한 명의 창작자가 성공적인 스토리, 흥행이 되는 작품을 만들 수 있다. 예를 들어 로맨스 장르의 스토리라고 하면, 다수의 창작자가 함께하는 공동작업보다는 1인 창작이 더 유리하고 효과적이라고 생각할 수 있다. 그것은 그것대로 엄연한 현실이다. 그러나 그런 성공의 기회가 모든 창작

(소수점 이하는 생략)

단계	(단계별 성과의) 형식	지분 관계 (예시)			
		창작자A (기획)	창작자B (집필①)	창작자C (집필②)	합계
원천 소재	공개되거나 성문화된 문서(원안)	-	-	10%	10%
크리에이션	(저작권 등록) 원천 스토리	7%	10%	3%	20%
① 중간 합계 (보통 이 단계에서 제작회사에 판매 / 양도)		7% (23%)	10% (33%)	13% (43%)	30% (100%)
디벨로프먼트	콘텐츠 형식에 걸맞은 시놉시스 / 트리트먼트	5%	12%	3%	20%
대본	콘텐츠 형식에 걸맞은 대본 집필	4%	26%	10%	40%
각색 및 윤색	대본 완성	3%	5%	2%	10%
② 최종 합계 (창작 전 과정 완주 / 콘텐츠 제작 착수 전 단계)		(12%) 19%	(43%) 53%	(15%) 28%	(70%) 100%

가정 사례: 기획창작자A는 처음 원안 스토리를 픽업하고 창작을 주도하는 창작자다. 창작자C는 원안 스토리의 창작자다. 다만 창작자C의 상업적 집필능력/경험이 낮아서, 그에 대한 보완책으로 스토리 개발과 메인 집필자로서 창작자B가 참여했다.

자에게 공평하게 부여되는 것은 아니다. 다시 말하면, 스토리 창작에서 다양한 형태와 방법이 공존하게 될 것이고, 창작자는 순수한 1인 창작에 대해서도, 나아가 다수의 창작자가 함께 참여하는 집단 창작에 대해서도 열린 마음으로 받아들일 수 있어야 한다.

현실적인 문제는 지적재산권에 관한 권리소유 관계를 정리하는 일이다. 할리우드의 경우에 보통은 원안자이자 쇼러너가 지적재산권을 소유하고, 회별 메인 집필작가는 저작인격권 외에 지적재산권을 갖지 않는 경우가 대부분이다. 지적재산권을 양도하는 대가로 그에 상응하는 집필료를 지급받는다. 이처럼 원안자가 한 명이거나 원안자가 곧 쇼러너가 되는 경우에는 별다른 문제가 없다. 그러나 원안자가 여러 명이거나 원안자가 쇼러너가 아닌 경우, 즉 원안(원천) 스토리를 제작회사에 판매(양도)하는 경우에는 어떻게 정리하는 게 좋을까? 더욱이 좀 더 세분화해 기획창작자와 집필창작자가 함께 참여하는 공동작업에서 창작의 단계를 구분해 각 단계에서 창작자가 기여한 공헌도에 따라 지적재산의 지분을 나눌 것을 권장한다.

세 명의 창작자가 공동작업을 하며 각 단계별로 각각의 기여에 따른 공헌도를 265쪽의 표와 같이 합의(확인)했다고 가정해 보자. 모두 같이 창작 전 과정을 완주했다고 하면, 맨 아래의 최종 합계별로 나누어지겠고, 그에 따라 창작의 대가를 배분할 수 있다. 예를 들어 위의 세 사람이 공동 창작한 스토리를 콘텐츠 제작회사에 판매(양도)했다고 생각해 보자. '①중간 합계'의 지분비율에 해당한다. 만일 제작회사로부터 1천만 원의 대가와 제작회사의 지분 중 얼마를 받는 조건으로 양도했다고 보면, 일단 1천만 원에 대해서 기획창작자A(230만 원), 집필창작자B(330만원), 원안자이자 집필창작자C(430만

원)로 배분하면 된다. 별도로 받은 제작회사의 프로젝트 지분에 대해서도 마찬가지 비율로 배분하면 좋겠다. 기획창작자와 두 명의 집필창작자가 함께 팀을 이루어, 콘텐츠 제작의 단계, 즉 대본 집필에 이르기까지 함께 완주를 했다고 가정하면 어떻게 될까? 이는 ②최종 합계의 지분비율에 해당한다. 만일 제작회사로부터 1억 원의 대가를 받았다고 보면, 기획창작자A(1,900만 원), 집필창작자B(5,300만 원), 원안자이자 집필창작자C(2,800만 원)로 배분하면 된다.

물론 창작작업에서 가장 큰 몫을 가져가는 집필창작자가 큰 용단을 내려서 "공동작업에 참여한 세 명 모두 균등하게 나누자!"고 합의할 수도 있겠다. 얼핏 보면 대단한 양보고 미덕이랄 수 있지만, 나는 별로 권장하지 않는다. 왜냐하면 한 번의 큰 양보가 계속 이어지기는 쉽지 않기 때문이다. 대개의 경우 오해와 다툼이 생길 가능성이 매우 높다. 창작의 단계를 세분화하지 않은 채 전체적으로 누구 얼마, 누구는 얼마 하는 식으로 두루뭉술하게 배분하는 방식도 마찬가지다. 가급적 공동작업의 초창기에 이런 배분비율을 합의해 놓고, 약속에 기초해서 합리적으로 정리하는 게 바람직하다.

오랜 대장정 같았던 글쓰기

"당신은 어떤 창작자가 되려고 합니까?
고단하고 어려운 현실 속에서 살고 있는
많은 사람들의 결핍을 위로하고, 건강한 욕망을 응원하는,
그런 창작자를 함께 꿈꾸지 않으시렵니까?"

이 책을 유익하게 읽었기를 바란다. 그보다 더 중요한 것은 재미있게 읽었기를 바랄 뿐이다. 이 책이 나오기까지의 과정을 설명할 필요가 있겠다. 사실이 책의 초고는 2014년에 나왔다. 내 강의를 들은 많은 분들의 격려와 응원덕분이었다. 그러나 강의와 출판원고는 달랐다. 내 마음이 흡족하지 않았다. 담고 싶은 내용을 다 정리했다고 생각했는데, 조금 쉽게 읽힐 수 있도록 하겠다는 욕심에 별스럽지 않은 내용들이 들어가다 보니 분량은 길어지고, 때로는 나조차도 이해하기 어려운 말들이 난무했다. 이렇게 책을 낼 수는 없는

일이었다. 많은 작가들이 글부터 쓰고 보는 습관을 나조차 벗어던지기 힘들었다. 반복해서 쓰고 수정하기를 계속 했다. 모르긴 해도 아마 열 권 분량의 책을 쓴 느낌이다. 그런 과정에서 글의 미로에 빠졌다. 그럴수록 차분한 마음으로 다시 읽고 수정하기를 계속했지만, 나의 집중력은 늘 몇십 쪽을 넘어가면서 쉽게 흐트러졌다.

초심으로 다시 돌아가 보았다. 무엇이 문제일까? 왜 쓸 때는 나름대로 재미있게 쓰고 있다고 생각했는데, 막상 다 쓴 글을 복기해 읽으면, 문맥의 개연성과 일관성이 없이 중구난방으로 오락가락할 뿐일까? 내가 스스로 정해놓은 플롯(플롯구조)을 이 책에 적용해 보기로 했다. 마치 스토리를 창작(설계)하듯이, '욕망의 레시피'에서 정의한 4막－24블록 플롯구조에 맞추어 나의 출판원고를 설계했다. 스토리가 아닌 이런 출판물에 대해서도 마치 스토리를 창작하듯이, '욕망의 레시피' 플롯에 기초한 작업과정을 진행하였다. 그 작업과정을 밝히는 것이 나로서는 대단한 도전이고 시험이다. 기획(집필)의 의도부터 4막 구조의 러닝타임에 이르기까지 구조적으로 나름 잘 구축된 나의 이론서가 어떤 평가를 받을지 궁금하다. 나의 소양과 탐구해 얻은 지식이 충분치 않기에, 일정 부분 내용의 부족함에 대해서 지적하는 것에 대해서는 어쩔 수 없는 일이다. 다만, 지금 이 대목을 읽는 시점까지 독자의 입장에서 그런대로 재미있고 흥미롭게 집중해서 읽을 수 있었다면, 그것은 내용의 문제 이상으로 나의 작업을 이끌어준 플롯(플롯구조)의 힘 덕분이라고 믿는다.

내가 20년 동안 경험한 콘텐츠산업은 다른 산업과 비교해서 그나마 정직한 산업이다. 실력이 성공을 부르고, 그렇게 만들어진 성공이 명성과 부까지 얻을 수 있게 해준다. 어떤 실력이 필요할까? 결국 스토리 기획창작에 관한 안목과 역량이 핵심이다. 기획창작자에게는 우리 시대를 살아가는 세상 사람들이 어떤 위로와 응원을 받고 싶어 할지, 그래서 어떤 카타르시스를 나눌 것인지 판단하고 선택하는 실력이 필요하다. 집필창작자에게는 기획창작자에게 요구되는 실력에 덧붙여서 관념 속의 사상을 현실의 글로 구현하는 실력이 필요하다. 연출창작자에게는 당연히 글을 영상으로 옮기는 실력이 요구된다.

나는 이 책을 통해서 특히 스토리 창작의 사상과 이론을 통해서, 기획창작에 관한 실력을 키워나갈 방법을 제시하고자 했다. 스토리 창작의 완성된 표현 형태는 우선 글이다. 그래서 글을 쓰는 일의 중요성이 강조되지만, 근본적으로 스토리 창작은 새로운 하나의 세상을 창조하는 일이다. 다시 말해서 창작자의 머릿속에 상상과 허구의 세상을 만들어놓고, 그 세상으로 독자이자 관객이며 시청자인 사람들을 초대하는 일이다. 초대에 응하게 만드는 것이 '후크'라면, 초대에 응한 사람들이 창작자가 만든 세상에서 만족하게 만드는 것이 '플롯'이다. 결국 스토리 창작의 실력은 '플롯과 후크의 마술'을 얼마나 잘 활용하고 발휘하는지에 달려 있다고 해도 과언이 아니다.

성공에 대한 요구와 기대들은, 이미 충분한 실력을 갖춘 검증받은 창작자에게도 언제나 적지 않은 중압감으로 작용할 터이니, 이제 걸음마를 뗀 신인 창작자들이야 오죽할까? 그러나 내가 보기에, '잘해야 된다' '성공하겠다'는 목표의식도 중요하지만, 나는 '잘하고 있는가'라는 질문과 '무엇이 성공인가' '성공을 통해서 얻고자 하는 것이 무엇인가'라는 좌표를 확인하는 일이 훨씬 더 중요하다. 콘텐츠산업이 다른 산업에 비해서 비교적 정직하다고는 하지만, 다른 한편 그 누구를 백만장자로 만들어줄 수 있는 산업이라고 하기는 어렵다. 물론 유명세를 구가하는 몇몇 창작자라면 몇 십억, 몇 백억 원의 부를 축적하며 갑부가 될 수도 있다. 그러나 내가 하고 싶은 말은 콘텐츠를 만드는 일이란, 결코 부를 얻고자 덤벼들 일이 아니란 것이다.

나는 이 책의 서두에 김구 선생의 '문화강국론'을 설명하며, 이 글이 나를 콘텐츠산업으로 이끌어준 나침반이었다는 말을 했다. 문화강국에 대한 나의 생각이 곧 초심이다. 누구든지 콘텐츠산업에 몸 담아 일하겠다는 결심을 했을 때 가졌던 생각이 있을 것이다. 그 생각이 어떤 것이었든지, 인생의 좋은 시절에서든 곤란한 시절에서든 떠올려 스스로를 가다듬어야 한다. 초심은 나의 출발점을 되돌아 살펴보게 해주는 추억과도 같은 것이지만, 그 이상으로 창작자로서의 내가 오늘 현재를 바르고 즐겁고 행복하게 살 수 있게 해주는 나침반이기도 하다. 적어도 나에게는 그렇다.

창작자가 꿈꾸고 창조하는 세상은 많은 경우 정의와 사랑이 넘치는 곳이지만, 우리가 사는 현실은 그런 상상과 기대와는 전혀 다른 세상이다. 때로는 정반대인 불의와 부정과 부패와 미움이 승리하는 곳이기까지 하니까. 현실이 비극이라고 해서 우리의 스토리가 비극이어야 하는가? 만일 우리의 현재가 비극이어서 미래조차 비극적일 게 뻔하다면, 현재의 삶을 멈추고 싶을지도 모른다. 오늘보다 나은 내일이 있을 것이라는 희망과 믿음이 있기에, 우리는 오늘도 열심히 살고 있는 것이다. 그렇듯이 많은 사람들이 스토리를 듣고 보고 소비하고자 하는 까닭은 현실의 결핍과 비극을 채우고 치유하며 위로받고 싶기 때문이다. 그래서 창작자는 세상의 결핍을 위로하고 욕망을 응원하는 스토리의 창작자가 되어야 하고, 나아가 그를 자신의 기쁨과 행복으로 삼는 사람이 되어야 한다. 그것이 창작자에게 주어진 숙명이다. 그 숙명을 기쁘고 반갑게, 즐겁고 행복하게 받아들일 수 있는 창작자들이 많아지기를 기대하고 상상하며 글을 마친다.